预防职务犯罪“以案释法”丛书

医药卫生领域
职务犯罪预防与警示

池　强·主　编
卢　希·副主编

法律出版社
LAW PRESS·CHINA

图书在版编目(CIP)数据

医药卫生领域职务犯罪预防与警示/池强主编. —北京:法律出版社, 2013.10(2014.7重印)
ISBN 978-7-5118-5761-3

Ⅰ.①医… Ⅱ.①池… Ⅲ.①医药卫生人员—职务犯罪—预防犯罪—研究—中国 Ⅳ.①D924.304

中国版本图书馆CIP数据核字(2013)第292080号

责任编辑/许 睿 装帧设计/李 瞻

出版/法律出版社 编辑统筹/法规出版分社
总发行/中国法律图书有限公司 经销/新华书店
印刷/北京中科印刷有限公司 责任印制/吕亚莉

开本/710毫米×1000毫米 1/16 印张/19.5 字数/308千
版本/2013年10月第1版 印次/2014年7月第4次印刷

法律出版社/北京市丰台区莲花池西里7号(100073)
电子邮件/xr@lawpress.com.cn 销售热线/010-63939792/9779
网址/www.lawpress.com.cn 咨询电话/010-63937329

中国法律图书有限公司/北京市丰台区莲花池西里7号(100073)
全国各地中法图分、子公司电话:
第一法律书店/010-63939781/9782 西安分公司/029-85388843
重庆公司/023-65382816/2908 上海公司/021-62071010/1636
北京分公司/010-62534456 深圳公司/0755-83072995

书号:ISBN 978-7-5118-5761-3 定价:46.00元

《医药卫生领域职务犯罪预防与警示》
编委会名单

编者的话

近一段时间来，福建漳州73家医院涉及药品回扣、广东高州市人民医院9个科室39名医生收受药品回扣近300万元、葛兰素史克等跨国药企被曝涉嫌商业贿赂等事件的发生，再次引发人们对医药行业腐败的关注和思考。当前，中国卫生事业在加快发展，深化改革、取得巨大成就的同时，也暴露出很多腐败问题。商业贿赂泛滥、医药监管权力寻租……这些违规违法和腐败问题不仅给国家造成了巨大的经济损失，而且直接侵害了民生民利，激化了医患矛盾，不利于社会的和谐稳定。如何有效遏制当前医药卫生领域腐败的易发、多发态势成为十分紧迫的问题。

为了进一步加大医药卫生领域职务犯罪的惩防力度，提高该领域职务犯罪预防的针对性和有效性，北京市人民检察院立足全市查办的案件，组织预防系统精干力量，深入分析了近年来立案侦查的医药卫生领域职务犯罪案件。通过查阅案卷、走访调查、讯问犯罪嫌疑人、开展座谈、组织专家评审等方式，完成了医药卫生领域职务犯罪专项预防调查，并在此基础上，精选了30个医药卫生领域职务犯罪案例，分别从医药购销、药品保管、医药监管、新型农村合作医疗（以下简称新农合，后同）、财务管理、工程建设、涉密信息泄露七大环节进行分类剖析。每个案例分析分为五个部分，包括案情介绍、案例评析、警钟长鸣、法律解读和对策建议。案情介绍部分通过查阅案卷、与承办人交流，采用叙事手法全面介绍案件全貌；案例评析部分主要针对案情介绍，围绕案件特点、案发原因、发案规律等问题进行评述；警钟长鸣部分针对医药卫生领域人员这一受众群体，突出发案后的警示；法律解读部分对相关的法律规定和法律条文进行了详细阐述，引导医药卫生领域工作人员知法懂法、明辨法理，自觉提升拒腐防变的意识和能力；对策建议部分针对案发的原因，着重从堵漏建制方面提出建设性意见。

本书所析案例，全部来自于北京市检察机关查办的医药卫生领域的真实案件。都是在我们专项调研的基础上，对案件材料深入研究，对案件的查办过程、处理结果和法律依据逐个分析解读，并结合社情、法理，提出职务犯罪预防建议和警示。总体上力求引用相关法律法规准确无误、分析透彻恰当、对策针对性强，以期能够对医药卫生领域的职务犯罪预防工作有所裨益，为净化医药卫生领域市场环境、促进社会经济的健康发展做出检察机关的一份贡献。

另外，为了满足不同读者的需要，同时按照检察纪律要求，我们在出版本书时发行两个不同版本：涉密版仅在检察系统内部发行，所有案件均保留了案件的全貌，作为检察干警廉政法制课的教材；公开版面向社会各阶层发行，作为社会各阶层的警示教育图书，所有案件在尊重基本事实的基础上，出于保密等考虑，对当事人、相关单位的信息均作了化名处理，但又能最大限度地带给读者以原汁原味的阅读体验和引申思考。

习近平总书记在中共中央政治局就我国历史上的反腐倡廉进行第五次集体学习时指出：提高反腐败法律制度执行力，让法律制度刚性运行。要加强对典型案例的剖析，深化腐败问题多发领域和环节的改革，最大限度弥补体制缺陷、堵塞制度漏洞，通过深化改革不断铲除腐败现象滋生蔓延的土壤。本书的出版，是北京市检察机关立足检察职能，深入贯彻落实党的十八大以来党中央和习总书记关于反腐倡廉建设的一系列重要指示的集中体现。预防职务犯罪是一项长期的社会化工作，希望各界同仁及广大读者与我们一起共同为预防医药卫生领域职务犯罪工作做出努力。

《医药卫生领域职务犯罪预防与警示》编委会

2013 年 10 月

序

医药卫生事业是党和国家工作大局的重要组成部分,是十分重大的民生工程,它不仅关系国家发展和民族进步,更直接关系人民群众的生命与健康,与民生保障、社会和谐息息相关。新中国成立以来,特别是改革开放以来,我国医药卫生事业取得了显著成就,覆盖城乡的医药卫生服务体系基本形成,疾病防治能力不断增强,医疗保障覆盖人口逐步扩大,卫生科技水平迅速提高,人民群众健康水平明显改善,居民主要健康指标处于发展中国家前列。

但是,医药卫生行业在快速发展的同时,所暴露出来的突出问题更值得我们关注。2008 年—2012 年,北京市检察机关共查办医药卫生领域职务犯罪案件 75 件 92 人,呈现出案件数量上升、犯罪数额偏大、窝串案现象明显、社会危害严重等特点。案件反映出医疗保障制度不健全、药品生产流通秩序不规范、医院管理体制和运行机制不完善等问题依然制约着医药卫生事业的健康发展,已成为人民群众关注的突出社会矛盾之一。医药卫生领域的腐败问题不仅降低了医生的职业道德水准,断送了医疗卫生专家、人才的前途,造成了医药人才资源的浪费,毁坏了整个医疗界的形象,而且阻碍了医疗科学的进步、技术水平的提高。因此,加强医药卫生领域职务犯罪预防工作,对于推进惩治和预防腐败体系建设、切实服务和保障民生、维护社会公平正义具有十分重要的意义。

十八届中纪委二次全会报告中指出:“加强对典型案件的剖析,建章立制、堵塞漏洞。”作为法律监督机关和查处腐败的专业机构,检察机关肩负着为经济社会发展和国家法治建设保驾护航的重任,对于预防医药卫生领域职务犯罪,我们义不容辞。近年来,北京市检察机关立足检察职能，积极与医药卫生系统建立共同开展职务犯罪预防工作机制，切实找准检察机关服务和保障医药卫生事业发展的着力点和结合点。针对医药卫生领域存在的突出问题，通过开展职务犯罪预防工作，深入剖析医药购销、药品保管、医药监管等重要环节职务犯罪的发案特点和规律，分析研究预防对策，协助党委、政府部门完善各项规章制度，从源头上铲除腐败问题滋生蔓延的土壤。

此次编写《医药卫生领域职务犯罪预防与警示》是北京市检察机关充分运用案件资源优势，服务医药卫生事业的又一重要举措，其目的不仅在于教育广大医药卫生领域从业人员严于律己，树立勤政廉政的工作和生活作风，更在于力求揭示医药卫生领域在体制机制上的漏洞，坚持标本兼治、综合治理的方针，秉承“防错助对”的理念，强化警示教育效果，加大源头防治力度，为有效减少和预防医药卫生领域职务犯罪的发生作出不懈的努力。

北京市人民检察院副检察长：卢希

2013年10月

目　　录

第三章 医药监管环节

第四章 新型农村合作医疗环节

第五章 财务管理环节

第六章　工程建设环节

第七章 涉密信息泄露环节

北京医药卫生领域职务犯罪
调研报告

医药卫生事业是党和国家工作大局的重要组成部分,不仅关系到国家发展和民族进步,更直接关系到人民群众的生命与健康,与民生保障、社会和谐息息相关。因此,加强医药卫生领域职务犯罪预防工作,对于推进惩治和预防腐败体系建设、切实服务和保障民生、维护社会公平正义具有十分重要的意义。为此,北京市人民检察院对本市检察机关2008年—2012年查办的医药卫生领域职务犯罪案件进行了梳理,总结归纳了该领域职务犯罪案件特点和易发、多发环节中存在的突出问题,并在深入分析案发原因的基础上,有针对性地提出了预防对策建议。

一、医药卫生领域职务犯罪案件基本情况

2008年—2012年,北京市检察机关共查办医药卫生领域职务犯罪75件92人,涉案人数占同期查办案件总人数的3.98%。该领域案件具有如下特点:

(一)案件集中在医药购销环节

75件案件中有38件发生在购销环节,占比例为50.67%。主要表现为收受药品采购回扣、药品开单提成、医疗器械采购回扣等,犯罪主体多通过收受回扣、红包、购物卡、"好处费"等多种名目进行犯罪。另外,医药监管、医疗退费、新农合、工程建设、财务管理、药品保管等环节也有多起案件发生。

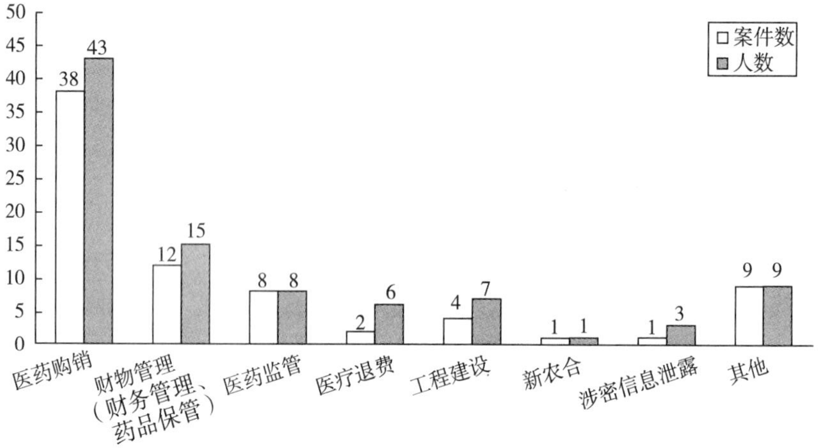

2008 年—2012 年北京医药卫生领域职务犯罪发案环节分析图

（二）案件类型集中在贿赂、贪污、挪用公款犯罪

从案件类型来看，贿赂犯罪案件为 51 件 59 人，所占比例为 68%，包括受贿罪、非国家工作人员受贿罪、行贿罪等；贪污犯罪案件为 17 件 22 人，所占比例为 22.67%；挪用公款罪为 5 件 7 人，所占比例为 6.67%；故意泄露国家秘密案 2 件 3 人，所占比例为 2.67%；玩忽职守案 1 件 1 人，所占比例为 1.33%。由此可见，贿赂型犯罪是医药卫生领域职务犯罪的主要表现形式。

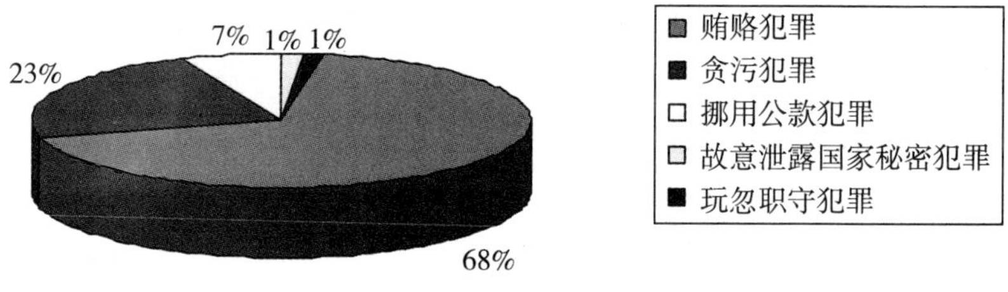

2008 年—2012 年北京医药卫生领域职务犯罪涉及犯罪类型图

（三）涉案主体多为单位和部门负责人

涉案 92 人中，有 58 人是掌握着进药、采购、财务、基建等决策权或审批权的单位领导或医院业务科室负责人，占涉案人数的 63.04%。单位“一把手”、检验科、麻醉科、门诊部、住院处等岗位为职务犯罪高风险

岗位。

（四）犯罪窝案、串案突出

通过办案发现，常常是一个行贿单位向多名医务工作者行贿或一名医务工作者接受多家单位给予的贿赂，甚至在有些医院中形成“上下多条线、科室一大片”的格局。例如某生物制品检定所和某食药监系统7人受贿案，由江苏省江阴市某医药生物技术有限公司董事长、总经理陈某某非法经营案牵出。再如，2010年，检察机关通过一封匿名举报信成功侦破了王某行贿、对单位行贿、对非国家工作人员行贿案，涉案金额达500余万元，该案涉及全市多个区县的疾控中心及医院工作人员，最终共立案侦查23件26人。

（五）医药卫生领域存在管理制度漏洞

分析发现，医药监管、医疗退费、新农合、工程建设、财务管理、药品保管等环节发生的多起案件暴露出相关环节的制度漏洞。例如，在医院医疗退费环节，医院工作程序规定退费需要特定负责人签字才有效，但在实际操作过程中，大多数人如放射科技术员签字，医院也予认可；又如权限设置问题，这些案发单位都没有明确退费的网络系统操作权限，大多数工作人员均可进入工作站的确认系统进行操作，甚至还能够删除医疗项目的记录。

（六）社会危害性大

医药卫生领域的职务犯罪不仅玷污了医药卫生行业的形象，也损害了广大人民群众的切身利益。据了解，药品经销商用以行贿的费用约为药品利润的10%—15%。由于药品高额回扣的存在，一些医生在出诊看病时受利益驱动，不是对症下药、按需用药，而是施展“豪华疗法”开大处方、高价药，导致患者的医疗费负担过重。

二、医药卫生领域职务犯罪高发环节及案发原因

（一）医药购销环节

医药购销环节是医药卫生领域最常见的犯罪环节，主要包括医疗设备、医疗器械和耗材、药品的购销，并且因采购对象不同，其运作方式亦有所不同。

以常见的药品运作方式为例：有权决定用药的负责人或医疗机构负责开具处方的人员，在采购药品、使用药品的过程中，利用职务之便，收受销售人员以各种名义给予的回扣。收取的这些回扣，一般有两种

处理方式：一是有些医疗单位将收取的回扣存进本单位的“小金库”，用于支付、处理不方便在正规财务账户中报账的项目。二是流入了医疗机构负责人或处方医生个人的腰包中。同样以药品为例，推销人员的行贿手法一般有六种：一是向药剂室的主任行贿，让其指示将药品送交临床试用，或者将该药品列入进药计划；二是向药物试用相关科室行贿，敦促主任或者医生向药事委员会提出用药的申请；三是在药事委员会开会前买通各成员，确保用药申请能够通过；四是进药计划批准之后，向采购、库管员、财务人员行贿，促使这个医院尽快进货和结算货款；五是向统计人员支付统方费，了解医生处方用药的情况；六是根据药房统计，给医生按药价的5%—15%，或者更高的比例回扣，诱使医生多开药。

随着2009年3月18日国务院《医药卫生体制改革近期重点实施方案（2009—2011年）》的出台，这一期间医药卫生系统重点抓了“初步建立国家基本药物制度”等五项改革，医药购销领域的大肆行贿、受贿现象已经逐步得到控制并有所好转。但仍然在以下结点存在职务犯罪：

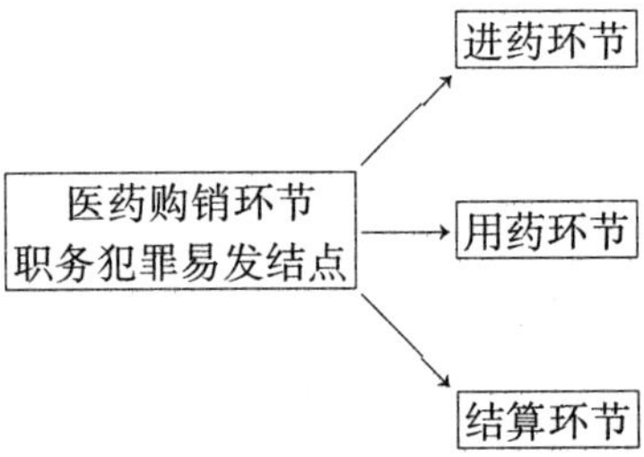

1. 进药环节。目前，北京市医院的药品采购多通过统一的采购平台进行招投标，医院组成由专家、教授、主管院长及有关部门负责人的药事委员会，对投标的几家厂商的药品进行评审和投票，最终确定采购的药品厂家。然而这个流程并未严格加以执行，如一些新品种药仍需要由医生提出要采购的药品名称，向药剂科提出申请，申请通常会被批准，这就给医生提供了收受回扣的机会。而在某些药品无法进入医院药品销售体系的情形下，科室主任与医药代表私自串通，将“回扣药”以“医疗器械”的方式计入“治疗费”，间接实现药品销售，共谋非法利益。如北京市朝阳区某医院中医科原主任李某受贿案，其利用负责中医科

医疗器械申请、验收、审核的职务之便，为“健一祛痛贴”的代理商提供帮助，使该产品顺利进入该医院，开方使用并结清款项，且按照与代理商事先谈好的条件，分多次收取好处费和回扣款。同时，李某还协助邀请科内人员参加医药代表宴请，其间提示大夫多开此药，并指定药品保管发放员与药量统计员，以便回扣款的结算。李某涉嫌构成受贿罪和非国家工作人员受贿罪，最终被判处有期徒刑2年8个月，缓刑3年。

在医疗设备、医疗器械和耗材采购中：医疗器械单笔金额较大，目前也有一套较为规范的采购流程；而对于医疗设备，医药代表通常通过对招标委员会的人员进行行贿，以保证自己的医疗设备能够中标。而医疗耗材的采购，由于缺乏规范的招投标程序，采购随意性较大，甚至出现一所医院的不同科室使用不同厂家同种类耗材的情况，因为缺乏规范性和必要的监督，为商业贿赂提供了可乘之机。

2. 用药环节。用药环节收受回扣的手段大致可以分为两种：一种是医药代表直接找到有开处方权的医生，跟医生商议回扣额度，医生就尽量多在方子上开这种药，隔一段时间统计药量，统一收取“回扣”；另一种是医药代表直接找到医院相应科室的负责人，跟负责人谈该科室开出多少量的该药品，将按一定比例给予负责人回扣，负责人利用自己的权力控制医生开方时多开该种药品，医药代表结账时直接把回扣钱给负责人，由他来分配。正是由于处方用药环节药品回扣的广泛存在，一些医生便利用开处方的机会，或小病大治，或延长疗程，并故意选择贵重药品，在提高药品销售额的同时非法收受回扣。如北京某专科医院门诊科的医生胡某、高某、陈某等人在2006年4月—2010年4月间，按照每瓶结核丸返利人民币15元的比例，分别收受医药代表王某给予的回扣款17万元、35万余元、23万余元。

另外，由于医药代表给医生或科室负责人药品回扣都是依据开出的药品量为准，医院信息系统是医药回扣数量的重要参考，这就决定了医药代表还需要向有统计药方权限的工作人员进行行贿，以得到药方量。因此，“统方员”也是医药购销领域商业贿赂链条上非常重要的角色。如北京某专科医院信息中心原主任黄某收取“统方费”案中，黄某利用统方的工作便利，按行贿人姜某、谭某、张某等提供的名录，每月为50余名医药代表统计各类药品的月处方量，并按每个品种300元收取统方费，先后收取谭某支付的“统方费”65 笔计 41 万余元，收取张某支付的“统方费”45 笔计 24 万余元。

此外，药品补货环节也是药品供应链上一个腐败风险点。正常情况下，在药品储备不足时，药品采购员应及时通知补货。而药品采购员不通知补货，就会直接导致药品用量的减少，甚至会通过建议或与医生勾结，造成药品“难看”的利润数字，而迫使一些药商退出该医院药品销售市场。一些药品采购员鉴于药商为了维持业务，就会利用手中的这点权力，非法收取回扣。

3. 结算环节。为了能及时顺利的与医院结清药费，个别医药代表还对主管财务的工作人员行贿。如某高校医院药剂科原主任李某某受贿案。李某某在担任药剂科副主任、主任期间，利用其负责医院药品采购计划审核、药品日常管理和药品结款审核的职务之便，为两家药品批发公司提供保证药品配送业务份额和顺利结清药款的帮助，分多次索要、收受该两家公司客户专员给予的购物卡等财物，构成受贿罪。

综上所述，医药购销环节职务犯罪盛行的原因有：

一是巨额的药品利润空间驱动药品批发公司或医药代表进行“营销公关”。在查办案件的过程中发现，从药品定价到医生开药，药厂、药品批发商、医药代表、医院和医生层层加码，生产成本实际只占最终药价的 30%，医院、零售商的利润占 30%，其余 40% 都是流通成本，而流通成本中 30% 以上属于回扣等公关成本。如王某行贿案，王某以北京某医药发展公司的名义与甘肃天水某药业有限公司签订《结核丸代理销售协议》，通过北京市医药采购招投标，结核丸（规格 1 瓶 200 粒、1 件 120 瓶）中标，中标价：57.4 元/瓶，医院零售价：66 元/瓶，而药厂按每瓶 12 元卖给王某，所以王某销售结核丸每瓶药的毛利润竟达到 45.4 元，这其中单单向医生“返利”的标准大多为 15 元每瓶，占中标价的 26.1%，占医院零售价的 22.7%。正是由于药品的价格空间大、利润高，为活跃的个人代理商行贿提供了经济动因。

二是医疗改革还需要进一步深入开展。目前，医院可以在药品采购价基础上再加价 15% 销售，多出的这 15% 就归医院所有。由于药品价格越高，医院留存的 15% 数额也就越大，因此这从客观上刺激了医院青睐高价药、多开药，为医院容忍“潜规则”提供了强烈的利益驱动。

三是医药产品的价格监管漏洞为“潜规则”网开一面。在药品监管上，虽然国家需要对基本药品价格和种类等进行审批，但是由于药厂虚列成本，将“潜规则”下需要涉及的各环节利益都列入成本，造成药品价格虚高。而申报新药也成为企业提高药品价格的一种简单手段：不少企业把原来的药品换个名称、换个包装剂量就能申报，而价格则是原来的数倍甚至数十倍。

四是部分医院对医务人员缺乏管理和教育，放任自流。一些医务人员对法律法规及相关政策了解不足，将收取的回扣定性为“灰色收入”而作模糊化处理，或者认为医药回扣“潜规则”由来已久、法不责众，从而也放松了对自己的廉洁要求。而部分医疗单位担心查处职务犯罪会损害医院形象，对相关人员姑息迁就；还有的单位认为医药回扣现象是社会顽疾，其根源在于落后的医药体制，根本不从自身反思问题所在。

五是医生职业的高风险和低待遇，客观上造成部分人员心理失衡，继而无视党纪国法，丧失医德底线。医疗卫生系统是技术性强，知识密集，高学历人才云集的行业，按一般规律而言，一名医学本科毕业生要在临床一线摸爬滚打 15 年，才有可能晋升到高级职称。况且，在这 15 年当中，要经历无数次夜班、抢救、手术和繁重的医疗工作，而又不能出任何差错，责任重大。这种高风险的职业，工资待遇却与学成医术所花费的时间和精力不成正比。因此，一部分医生滋生了“有机会能捞就捞一点”的心理，开始放弃原则，开大处方、用高价药，加入“潜规则”运作当中，逐步丧失了医生的职业道德。

(二)医药监管环节

医药卫生领域的行政审批、监管权主要集中于卫生行政管理部门和食品药品监督管理部门。前者主要负责执业资格审批，新建机构以及化妆品、消毒产品生产企业卫生许可，生产消毒剂、消毒器械卫生许可，供水单位卫生许可，涉及饮用水卫生安全的产品卫生许可等；后者主要负责药品注册，保健品、药品再评价，淘汰药品的审核等。此外，还有一些相关单位，如某生物制品检定所，由于其权限大，涉及的利益空间广，一些医药监管部门的腐败分子，利用行政审批、技术检验、稽查处罚等权力，实施贪污贿赂。如某食药监系统注册司生物制品处原调研员卫某受贿案。卫某在担任安全监管司药品生产监督处、药品注册司生物制品处调研员期间，于 1997 年—2010 年长达 13 年间，收受贵阳某生物制品有限公司、上海某生物科技股份有限公司等10余家公司送来的147万余元贿赂款，并为上述公司提供便利。据行贿人证实，他们之所以行贿卫某，就是看中了卫某在注册司的权力和他的影响，正如他们所说，“卫某主要负责生物制品注册审批工作，包括血液制品、疫苗、重组产品、血源筛查等四类。卫某在技术上非常权威，在行业内也很有影响。”

深究医药监管环节职务犯罪频发的原因，主要是：卫生行政部门负责监管医疗单位，药品监督管理部门负责监管药品，在医院“医药合一”的运行模式下，需要两个监管部门协作配合。然而管理部门多，职权交叉，使得监督力度不足。再者，行政执法部门内部管理体制不健全，部门职能和执法人员权责不明确，执法者之间缺乏相互制约，使得个别行政执法人员权力过大，以权代法，受贿、索贿、玩忽职守，不认真履行对医疗单位和医药企业的监督管理职责。据了解，我国医药企业有6000家左右，企业竞争激烈，而某些医药单位为了使产品尽早获得检验、认证、注册审批或通过现场检查，以尽快投产获取经济效益，而采用各种形式多次给予相关监管机构公职人员现金或礼品，这种“潜规则”在医药卫生领域一定范围内的存在不仅影响了企业的健康发展，腐蚀了一些药监系统的公职人员，更是关系到医药产品的质量，关系到人民群众的身体健康和生命安全。

（三）医疗退费环节

医疗退费环节的案件不多，但也暴露出医疗单位的制度漏洞，造成了财产流失。如某医院医生、护士、收费员等5人贪污案，根据医院规定，住院的患者在医院开了药品，住院期间换成其他药品或者没有用的情况下，患者可以将药品退还给医院，住院处护士核实情况后在电脑系统中作退费申请并向患者出具退费单，患者再去收费处退钱。医院住院处的结算员王某某发现这个情况后，开始想着怎么为亲属、朋友“省医药费”，她找到了该医院骨科医生盛某、外一科医生孙某、内五科护士王某、外三科护士姜某某，他们相互勾结，通过医生开药、护士退药、自己退款打通了违规退药的环节。2008年—2010年间，上述几人合伙违反某医院医疗退费管理规定，将实际医疗费用50多万元违规作平账或退费处理38.7万元。

深究医疗退费环节职务犯罪的原因，主要是医疗单位管理制度松散、医疗人员行为不规范，特别是众多医院存在医疗退费程序不完善的问题。一是退费涉及的部门和岗位较多,没有制定或明确相关职责和权限,导致责任不明,权限不清,无法形成相互监督和制约。二是退费的程序设计有缺陷,缺乏必要的财务审核程序,或者审计和对账不严,造成程序漏洞。如很多医院都仅凭医生或护士与住院处结算员、信息科网络管理员的手工操作就能退费,有的甚至退费申请单没有医生签字、未填写退费原因,但只要有退费申请单和相应的票据,退费人员就直接给予退费,从而为某些居心不良的人利用病人遗弃的发票进行退费牟利留下隐患。三是各环节衔接监管不力。大部分医院由于分科较细、病患较多、涉及的记账部门与人员非常多,每天产生的费用记录多达几千条甚至上万条,如果没有完善的制度和各环节的衔接机制,监管部门就无法及时做到的跟踪管理,便会给违规行为留下缺口。

(四)新农合环节

新农合环节的犯罪体现为,乡镇新农合工作人员利用职务便利单独或伙同他人骗取新农合资金予以侵吞。如某乡新农合医疗原专管员代某贪污案。代某在2010年4月—2011年9月间,利用负责新农合基本医疗的审核、报销等工作的职务便利,通过虚报参保人员报销信息、篡改基本医疗报销费用明细表的方式,骗取该乡基本医疗报销款共计人民币193万余元。

新农合环节的职务犯罪暴露出制度原因:一是新农合医疗费用报销审核与发放工作机制存在不足,外部监督乏力。具体表现在新农合资金在筹集时对乡镇财政依赖较大,医疗费用报销款的发放权停留在乡镇一级,甚至整个新农合实际工作重心即在乡镇一级,区一级新农合机构虽有统筹、审核、监督职责,但其审核和监督流于形式,一般仅进行网上抽查,缺乏实质效能。一旦村一级或者乡一级新农合工作人员在费用报销的原始票据环节作假,区一级审核往往很难发现,犯罪极易得逞。此外,新农合报销存在区里联网的电子信息系统和纸质材料两套程序,区一级新农合机构偏重电子信息系统,而乡镇一级新农合办事机构在报销发放工作中依赖纸质材料,两套程序存在脱节现象,导致监督经常落空。如在代某贪污案中,代某作为乡一级新农合专管员,仅仅修改了纸质版的报销统计表,即顺利骗取新农合报销款。二是人员紧张导致职权界分不清,一人包揽多项工作,内部监督缺位。新农合全面覆盖之后,北京市自区一级、乡镇一级到村一级成立了新农合工作机构。

由于新农合工作量较大，现实中各级新农合机构的工作人员虽有名义上的分工，但职权界分并不明显，加之失职渎职现象严重，导致内部监督基本处于缺位状态。三是发票、公章管理不严，财务管理混乱成新农合领域重大廉政风险隐患。从犯罪手段看，医疗机构发票管理不严格，乡镇一级财务公章使用缺乏监管，其中漏洞被犯罪分子所利用，为职务犯罪留下可乘之机。在代某贪污一案中，代某伪造虚假的报销表格骗取新农合资金的一个重要便利即是相关财务公章无人监管，代某可以对虚假的报销表格随意盖章确认。

（五）财务管理环节

财务管理环节的职务犯罪，主要表现为医疗单位的负责人或者财务人员，利用单位日常资金的流动量大和财务管理制度的漏洞，采取收入不记账等手段贪污，采取收回款项不上缴的手段挪用公款归个人使用，或者私分国有资产。

从医疗单位发生的财务管理环节职务犯罪案件分析表明，共存在以下问题：一是出纳、会计分工不明，制度存在漏洞。特别是存在会计和出纳不按规定核对账目，不做银行调节表，票据不入账等问题，给犯罪留有可趁之机。如某高校医院财务处原对账组会计王某某贪污案。王某某所工作的部门仅设有 2 名工作人员，没有相互制约和牵制，该单位及外部医保部门不会再进行二次审核，提交的文件和证明材料较简单，报销流程的规范性及透明性较差。正是看到了这一漏洞，王某某伙同田某，以负责为本单位退休人员报销住院医药费的职务之便，开具假发票骗取报销款，两年间作案 96 起，贪污公款 34 万余元。二是未认真遵守财务工作规范、未严格执行日清月结等财务制度。如某区疾病预防控制中心财务科原科长韩某挪用公款案。韩某没有认真执行日清月结制度，伙同出纳丁某挪用公款长达 4 年之久，金额达到 400 余万元。三是监督机制不健全，监督检查流于形式。如前述韩某案，该区卫生局财务科每年都要到案发疾控中心检查账目，该疾控中心的会计也要定期向区卫生局财务科上报报表。另外，每年年底审计部门都要审计该疾控中心的所有账目，但多数检查都一带而过。四是财务管理不规范，报销环节有漏洞。如某医院原院长兼某社区卫生服务中心原主任王某贪污案中，王某多次在没有发生实际业务、未出示入库单的情况下用伪造发票报销，财务人员对此却没有警觉。后经查证，部分情况属于虚报冒领的贪污行为，甚至发现在财务报销环节连空白支票申请单上的金额和用途只做书面的形式审批，而对于支票的实际去向，却无人掌握。该案反映出医院财务人员对报销环节的审核、控制不力。

（六）药品保管环节

一些药品保管环节发生的职务犯罪案件，也反映出药品保管系统存在漏洞或者药房管理制度执行不力、监督不到位的问题。如某高校医院中心药房原组长耿某贪污案。耿某负责该医院中心药房药品的请领、供应、发放及审核，执行贵重药品的管理，后来耿某发现药房发药系统有漏洞，因为其主管向手术室发麻醉药品，于是就在手术室的护士来拿药的时候，在电脑上擅自加大手术用药量，一般护士拿完药之后不会再查看电脑。耿某就在每个月药品盘点后，把与这个月虚增的麻醉药品同等价值的普通药拿出来，将这些药品兑现，耿某先后共贪污药款30余万元。

（七）工程建设环节

近年来医疗单位的基础设施不断得到改善。一些医疗单位的负责人和基建部门的经办人员，利用管理和经办基建工程的职务便利，在工程承包、基建材料采购、工程验收、工程款支付过程中，与承包商相互勾结，索取或收受贿赂，大肆捞取非法利益。如某建筑公司医院原副院长林某受贿案。林某于1999年4月—2005年1月担任该医院副院长，主管医院基建施工工作，之后该医院更名，林某不再担任副院长职务，但仍然协助院领导分管后勤工作。在此期间林某多次利用职务便利收受施工单位的贿赂。其中在医院供氧设施改造过程中，收受施工单位北京某设备有限公司总经理沈某的贿赂款人民币2万元；在医院空调工程安装、结算过程中，多次收受施工单位北京某制冷空调设备有限公司经理褚某的贿赂款人民币11.8万元。

还有的单位负责人和直接经办人员在基建工程的发包、招投标过程中利用职务便利，通过直接指定承建商或者将工程分解，逃避招标，以及与承建商串通投标等方式，为承建商谋取利益，收受贿赂；或者在工程结算过程中索贿；或者与承建商串通，采用虚报冒领的手段贪污公款。如北京某专科医院基建处原管理员于某某受贿案。于某某于2003年间，利用担任基建处管理员、负责与施工单位进行技术洽谈等职务便利，在该院手术教学培训广播系统工程招标过程中，收受北京某科贸公司贿赂款40万元，帮助行贿人疏通关系，并参照行贿单位设备的技术参数制作招标文件、向行贿人提前泄露招标信息，里应外合，协助行贿人最终中标。

工程建设环节职务犯罪的原因，一方面在于工程建设环节往往涉及巨额的资金流动，易成为滋生腐败的高发环节。如林某从1999年起，在医院一直负责后勤及基建工程工作，随着在该管理岗位任职时间越来越长、对"人、财、物"的权力也越来越集中，与施工单位的人员交往也越来越频繁，最终使年届退休的他滋生了"捞一把"的想法，从而陷入了犯罪的深渊。另一方面与工程建设环节监管不到位存在直接关系。如于某某虽然只是医院基建处管理员，但其职责内容十分广泛，包括环卫基建项目规划、报批、组织招标、与施工单位进行技术洽商、向施工方反馈医院各科室的施工要求、工程的监督、检查、协调验收等相关工作，可以说基建工程项目的所有环节尽在其掌握。与此同时，又没有相应的制度和相应的人员对其形成监管，由此滋生腐败。

（八）医师资格考试泄密环节

随着就业压力的增加，国家职业医师资格考试成为医学院学生顺利找到工作的"敲门砖"，由此产生了围绕此项考试的利益链条，并暴露出医师资格考试泄密案件。如2007年度执业医师资格考试题泄露案中，某考试中心原工作人员王某在担任四川某口腔医院材料教研室主任期间，于2007年9月从某考试中心试题开发一处工作人员孟某处非法获取2007年度国家执业医师资格考试口腔类试题，并泄露给他人，由于考题泄密，致使原定于2007年9月22日进行的考试暂时停考，造成恶劣的社会影响及重大的经济损失。王某、孟某均构成了非法泄露国家秘密罪。

三、医药卫生领域职务犯罪预防对策建议

（一）建立和完善有效的药品耗材流通监管制度

一是改革药品价格形成机制，压缩医药流通环节的利益空间。合理调整政府定价范围，改进定价方法，提高透明度，利用价格杠杆鼓励企业自主创新，促进国家基本药物的生产和使用。严格控制药品流通环节的差价率，对医院销售药品开展差别加价、收取药事服务费等试点。加强医用耗材及植入类医疗器械流通和使用环节价格的控制和管理。健全医药价格监测体系，规范企业自主定价行为。对单种病实行

最高限价并进行公示，接受群众监督，降低患者看病费用。二是加强对医药器械采购的集中管理。设立医药器械采购中心，作为政府非营利性采购平台，进行集中采购，并进行全程监督管理，将其纳入政府主导的制度化轨道上来。健全和规范采购工作流程，确保采购工作公开、透明、公正。特别是对目前还没有市场参考价的进口设备，可以通过价格认证中心等专业机构，对产品价格进行论证，并给出较合理的价格区间，这样既可以确保价格的合理性，又可提供给相关部门对价格进行审核和监督。三是建立健全监督制约机制，堵塞制度漏洞。针对内部医疗设备、医用耗材等采购容易出现问题的环节和关键人员，应完善用药申请和专家评议等机制，制定切实可行的相互监督和相互制约的防范制度；应切实加强对招标采购的药品及医疗设备在中标单位配送环节的监督，简化配送等流通环节，制定相关防范制度和措施；医疗机构内部纪检监察部门要充分发挥自身的监督职能作用，将制度监督、职能部门监督、群众监督有机结合，形成监督合力。

（二）规范医药监管部门的权力运行，避免权力寻租和失控

考虑到医药卫生领域监管关系民生健康，应结合业务技能和政治素质的双重工作性质，建立和完善人员培养、考察、任用的一整套廉政考察办法，选派思想作风正派、廉政意识坚定和业务技能有水准的人员担任重点岗位要职，构筑廉政监督、约束机制和自我保护的立体防线。逐步完善从检验监督、课题研究到行政管理等工作规范。如建立相应的平台、程序和管理方法，完善承担检验工作的人员接触医药企业代表的事先告知制度，检验报告的会签制度，对于企业的技术咨询、服务由单位统一安排、由单位主管领导选派或批准相关技术人员、业务人员按照岗位职责到接待处有针对性地进行业务工作或技术咨询，并建立检验回避制度等，避免个别工作人员固定或长期的接待某些厂家医药代表，或者违规私自接触医药代表、厂家代表，形成不正当利益关系。坚持对相关职能部门日常工作中的常态化监督，特别是对具有高风险、易发腐败的关键岗位加大检查、抽查以及审核等监管力度，防止出现不认真、不严格、不正确履行职责的现象，将监督落到实处。

（三）构建医疗机构科学合理的权力运行机制

一是进行权力分解，对过于集中的权力，要从决策、执行、监督三个方面实施相对平等的分解，构建能够相互制约的权力平衡体系。深入

推进医院院务公开制度，落实民主决策，凡涉及重大决策、招标采购、基建工程等重大事项，必须由领导班子集体讨论决定，并向社会公开，接受质询。二是防止权力固化，对药品申请、处方管理以及药品采购等容易滋生腐败的重点部门和重点岗位的人员，要定期交流、轮岗、调换，并形成制度。三是强化权力监督，加强对药品采购、工程建设、招投标、用药等重点环节权力主体及其运行的监督制约，将可能发生腐败的领域、环节予以明示，便于警醒和监督，将权力行使者自律和他律紧密结合，降低权力腐败的风险，加强对制度执行情况的督促检查，将制度落到实处。

（四）深入推进廉政风险防控机制建设

加强廉政风险防控，其核心是解决权力使用过程中被滥用的风险问题。应针对医药卫生领域职务犯罪案件的特征，查找职务犯罪风险点，制定和落实风险防控措施，做到时时动态监控，及时发现各种苗头性、倾向性问题，并有效化解。在排查廉政风险全面防控的同时，应加强重点防控，突出重点对象、重点岗位、重点环节，按照结构合理、配置科学、程序严密和制约有效的要求，加强对制度执行情况的督促检查，将制度落到实处。加强内控机制建设，健全预防腐败工作长效机制，从源头上遏制职务犯罪的发生。同时，在医药卫生领域的基础设施建设、重大物资和医疗设备、器械、药品采购中积极推行行贿犯罪档案查询，充分发挥检察机关行贿犯罪档案查询系统的作用，实行廉洁准入，防止有行贿劣迹的单位和个人进入医药卫生领域。

（五）加强医药卫生领域廉洁自律教育

医药卫生领域从业人员法律意识的缺乏是职务犯罪多发的深层主观原因。一些医疗机构重业务、重创收，对工作人员的法律教育不充分，导致医药卫生系统人员法律意识淡薄容易引发犯罪。因此，医疗系统要进一步抓好领导干部教育、监督和廉洁自律，把反腐倡廉工作融入到业务工作建设中，根据医药卫生部门的具体职能，制定切实可行的廉洁自律教育制度，定期对重点岗位人员进行警示教育，不断提高抗腐防变的能力。通过对重点部门和重点岗位职务犯罪风险点的自查自纠，增强自律意识，自觉抵制不当利益的诱惑，使奉公守法的观念深入人心。注重宣传教育活动的针对性和实效性，营造廉洁从政、廉洁从医的舆论氛围。

第一章　医药购销环节

【导读】

民生问题无小事，百姓利益大于天。医药卫生领域关乎百姓的生命安全，“看病难、看病贵”的问题备受关注。近年来医药购销环节商业贿赂案件频发，在药品器械采购中相关医务工作者收受回扣行为危害巨大，不但直接推高了药品的采购价格，相应的药品售价也会水涨船高，为之埋单的便是广大医疗患者。本章选取的医药购销环节商业贿赂犯罪的五个典型案例，暴露出该环节存在医药卫生领域工作人员药品回扣好处费泛滥、药品定价机制存在漏洞、药品采购监督制度不健全等方面的廉政风险点。涉及的案例包括：北京丰台某医院检验科原副主任唐某受贿案，北京某疗养院采购中心原副主任杨某受贿案，北京市某医院中医科原主任李某、外科原主任袁某受贿、非国家工作人员受贿案，北京某医院药剂科原主任朱某受贿案，医药代表王某行贿、对单位行贿、对非国家工作人员行贿案。本章通过对这几起典型案例进行分析，力求做到深入浅出，将其中涉及的法律问题和警示意义呈现给读者，并针对医药购销环节职务犯罪的预防提出具体对策。

检验主任难敌诱惑　收了小钱反吃大亏

——北京丰台某医院检验科原副主任唐某受贿案

【案情介绍】

唐某，女，1955年3月出生，中共党员，北京丰台某医院检验科原副主任。

医院采购专用试剂　医药代理公司盯紧检验科长

早在2003年，美国某医药公司免费提供给丰台某医院一台免疫法光分析仪，主要用于检验肿瘤疾病，但是这种仪器只能使用该公司的专用试剂，故丰台某医院检验科一直购买该种试剂。陆某经营的公司在2006年取得了美国某医药公司在华北地区的代理权，于是丰台某医院检验科也开始从陆某的公司购买该试剂。

唐某是检验科副主任，主管科室全面工作，聪明的陆某非常注意与唐某搞好关系，因为他明白在他与丰台某医院检验科的合作关系中唐某具有举足轻重的地位，所以陆某经常到唐某的办公室与其聊天，沟通感情，二人相处得很是融洽。从此，在唐某的办公室里会经常出现陆某的身影。2008年4月的一天，当陆某再次来到医院拜访唐某时，听唐某抱怨说自己的儿子在国外上学挺辛苦的。说者无心，听者有意。为了让自己的公司能够一直向丰台某医院销售该种试剂，随后陆某立刻兑换了2000美元送给了唐某。

行贿方频打“亲情牌”　女领导终于“被公关”

2008年下半年，丰台某医院需要购进一台全自动生化分析仪给检验科使用。按照医院规定，检验科负责提供购买该仪器需要的技术参数、推荐入围竞标单位。为此，多家公司都找到唐某，联系参与招标事宜，唐某都以“做不了主，要看医院领导和专家的意见”为由一一回绝。

陆某得知此事后也多次找到唐某，表明自己的公司也有这种产品，希望唐某从中帮忙，但最初唐某也没有答应。在闲聊中，陆某听说唐某的儿子最近要从国外留学回来休假，便立即从自己的卡里取出3万元人民币送给了唐某。第二天唐某打电话告诉陆某，她会向医院方面推荐陆某的公司入围竞标。

推荐权一人说了算　竞标名单藏“技巧”

2008年11月，专门招标公司对丰台某医院拟购进全自动生化分析仪项目进行公开招标，唐某代表检验科向医院推荐了包括陆某公司在内的3家竞标单位。因为其中一公司代理的全自动生化分析仪的试剂成本很高，中标的可能性极小，这就意味着中标公司只能在陆某公司和另外一家公司之间产生。在后期评标时，唐某因为有事委托本科室其他人向评标委员会表达了上述意见。虽然给了唐某好处费，但最后陆某的公司竞标失败。

在谈到为何给唐某3万元人民币时，陆某讲道，“对医院购买哪家仪器，唐某说话是有一定分量的，她对我们销售这种仪器是有帮助的。所以，就借着其儿子回国的理由给送过去3万元，唐某要不是检验科的主任，也不会给她钱……知道这是在行贿，知道这样做不对，但是没有办法，这个行业就是这种风气。”唐某在收下陆某送来的3万元后，拿出1万元给了远在美国的儿子做了生活费，剩下的钱一直放在自己的办公桌抽屉里，直至案发。

2009年9月，北京市丰台区人民检察院在调查其他案件时，找到唐某进行谈话询问。在谈话中，心理压力巨大的唐某交代了自己收受陆某公司贿赂的事实。此时离她退休只有6个月。2010年2月，北京市丰台区人民法院以受贿罪判处唐某有期徒刑二年，缓刑三年。

【案例评析】

一、对入围竞标的推荐权设置过度集中

根据丰台某医院规定，医疗器械的采购工作由医疗器械处负责，检验科既负责报送全自动生化仪需要的技术参数，又具有推荐3家单位入围竞标的权力，所以许多公司都曾找过唐某，因为只有通过了唐某这关，才有可能入围竞标。医院对提供技术指标、推荐入围单位的权力设

置过度集中，唐某向医院推荐陆某公司入围竞标，并没有在本检验科开展讨论，医院对科室推荐单位入围竞标也没有审查复核，全凭其一人说了算。唐某既是检验科的副主任，又是该医院采购委员会的成员，面对各种不良社会现象和诱惑不能正确对待、进而产生动摇，明知陆某有求于自己，还陆续收下其美元2000元、现金人民币3万元。收钱后，利用自己的职权，将陆某公司推荐为招标单位，并在3家入围竞标单位中，故意将一家使用检测试剂成本很高的代理公司列为其中之一，使中标单位只能在陆某的公司和另外一家公司这两个参选单位之间产生，大大提高了陆某公司的中标概率。

二、对医药器械的招投标活动公开、公示的力度不够

丰台某医院购买医疗器械实行公开招标，但在检验科提供该仪器需要的数据参数、推荐招标单位这一环节却没有实行对外公开，而是由检验科直接把要购买全自动生化分析仪技术参数，3家公司的材料上报至丰台卫生局采购办公室。实际上，丰台某医院采购这台仪器只是实行了部分公开，一些竞争力强的供应商因为没有得到相关消息而被挡在了招标竞标程序之外，这就限制了丰台某医院对供应商的“优中选优”权，相应的采购招投标效果也就大打折扣。同时，这也给唐某暗箱操作，将陆某的公司列为推荐单位之一创造了条件，这也正是陆某为何频打“亲情牌”行贿唐某的主要原因。

三、医院对推荐招标审核把关不严

检验科向器械科提供的技术参数、推荐的入围单位，对本次招投标来说非常重要，也是很关键的一个工作环节，但是丰台某医院并未对这一环节及结果进行审查核实。正是由于缺少审核这一关，直接影响到采购需求的科学性和合理性，易产生限制竞争、排挤其他投标人、使某个利益相关者中标的现象，导致采购需求带有倾向性。客观上也为权钱交易、权力寻租提供了条件。

四、尚未对重点岗位实行廉政风险防控

丰台某医院并未对招投标重点岗位、主要风险点进行防控，提前预警。在购进医疗器械过程中，对任意一个环节如果监督防控不到位，都会出现风险，引发腐败，检验科负责人这一岗位的风险就非常高，但是该单位并没有对该重要岗位和关键部门采取风险防控措施，进行风险预警、风险分析，充分发挥科室、岗位人员作用，实施常规监控、自我监控。

【警钟长鸣】

绝对的权力导致绝对的腐败

唐某在医院检测岗位工作几十年,2010 年本应顺利退休,享受国家给予的社会保障,却在此时因抵不住诱惑收受贿赂,最终拿到的却是法院的一纸判决。

阳光照耀之处,正是腐败难以生存之地。实践表明,权力运行公开、透明是防治腐败的一剂良方,透明度越高,对腐败的制约也就越有力。要提高权力运行的透明度,不断完善各类公开办事制度,“要加强对权力运行的制约和监督,把权力关进制度的笼子,形成不敢腐的惩戒机制、不能腐的防范机制、不易腐的保障机制。”

从根源上说,腐败是权力失去制约和监督导致的权力滥用、以权谋私行为。把权力关进制度的笼子,就是把权力运行纳入制度轨道,用制度监督、规范、约束、制衡权力,保证权力正确行使而不被滥用。要织密制度“笼条”,围绕限定权力范围、厘定权力界限、减少自由裁量、规范权力运行、建立健全制度,使权力授予、行使、监督全过程和各环节都有制度规范。“笼子”要透明,阳光是最好的防腐剂,权力运行的过程和结果都要公开,要“晒权”、“亮权”。要对制度心存敬畏,自觉按制度用权,按制度办事,依法履职,让权力在制度的轨道上行使。把权力关进制度的笼子里,是一种束缚,更是一种保护。

【法律解读】

一、陆某的公司没有中标,唐某为何仍构成受贿罪?

本案中,唐某收下陆某给予的 3 万元人民币,并推荐该公司参与竞标,但最终陆某的公司并未中标,唐某没有为陆某谋取到利益,为何还构成受贿罪?

我国《刑法》第 385 条规定,国家工作人员利用职务上的便利,索取他人财物的,或者非法收受他人财物,为他人谋取利益的,是受贿罪。而根据最高人民检察院《关于人民检察院直接受理立案侦查案件立案标准的规定(试行)》中规定,非法收受财物的,必须同时具备为“他人谋取利益”的条件，才能构成受贿罪。但是为他人谋取的利益是否正当，为他人谋取的利益是否实现，不影响受贿罪的认定。

最高人民法院《全国法院审理经济犯罪案件工作座谈会纪要》中规定，为他人谋取利益包括承诺、实施和实现三个阶段的行为。只要具有其中一个阶段的行为，如国家工作人员收受他人财物时，根据他人提出的具体请托事项，承诺为他人谋取利益的，就具备了为他人谋取利益的要件。

唐某收受陆某所给现金后，不仅答应会向院方推荐陆某公司的产品，而且在上报招标单位时，也将陆某公司列为 3 家入围竞标单位中的 1 家，该行为已具有为他人谋取利益的承诺、实施的行为，因此陆某公司虽未中标成功，唐某的行为仍构成受贿罪。

二、唐某为何被判处有期徒刑二年缓刑三年？缓刑如何执行？

经法院审理，唐某犯罪后自首，并积极退赃 4.4 万元，有认罪、悔罪表现，对其予以从轻处罚并适用了缓刑。

根据《刑法》第 72 条规定，缓刑的适用条件为被判处拘役、3 年以下有期徒刑的犯罪分子，同时满足犯罪情节轻微、有悔罪表现、没有再犯罪的危险、宣告缓刑对所居住社区没有重大不良影响。本案中，检察机关在办理其他案件时，找到唐某了解情况，在对其询问过程中，唐某主动说明了利用检验科副主任的职务便利，收受回扣的行为。因此，法院根据唐某具有自首情节，积极缴纳违法所得人民币 4.4 万元，认定其有认罪、悔罪表现，对其予以从轻处罚并适用缓刑。

根据《刑法》第 76 条、第 77 条的规定，对宣告缓刑的犯罪分子，在缓刑考验期限内，依法实行社区矫正，如果没有犯新罪或者发现判决宣告以前还有其他罪没有判决的，缓刑考验期满，原判的刑罚就不再执行，并公开予以宣告。反之，被宣告缓刑的犯罪分子，在缓刑考验期内，违反法律、行政法规或者国务院有关部门关于缓刑的监督管理规定等，情节严重的，应当撤销缓刑，执行原判刑罚；犯新罪或者发现判决宣告以前还有其他罪没有判决的，撤销缓刑，依法数罪并罚。因此唐某是否最终还要执行 2 年有期徒刑，取决于对唐某 3 年的缓刑考验是否合格。

【对策建议】

一、建立重点岗位风险防控机制

一是通过采取办事公开和岗位廉政承诺等前期预防措施，主动接受监督。二是完善中期监控机制，严格执行民主决策制度，凡涉及重大事项决策、重大项目等，必须集体研究决定。三是积极采取后期处置办法，对有明显风险表现的个人进行及时纠错和提醒，对群众有举报、社会有反映、不按照规定落实风险防控措施的，采取谈话提醒、诫勉纠错、责任追究等手段，帮助和督促相关人员及时纠正工作中的失误和偏差。

二、完善落实对推荐竞标环节的监管

一是为解决确定投标单位存有倾向性和投标厂家少的问题，采取使用单位、招标主管部门、相关业务部门和监督部门共同确定投标单位的方法，通过邀请招标等方式，提高推荐竞标环节的竞争性和透明度，保证公开、公平、规范竞争。二是医院分管领导、药械管理部门、使用部门必须共同参与推荐竞标的复核审查，高度重视制度执行与落实，各负责人互相监督，形成环环相扣、内控紧密的监管模式。三是纪检监察部门要全过程参与，明确具体权责，实行责任到人，严肃查处弄虚作假、串标、围标的违规违纪行为。

三、加强对评标人员管理，完善评标人员入库考核管理制度

一是加强对评标人员规范化管理，严格审查评标人员入库资格。信息库要实行动态管理，对不适宜继续承担评标工作的人员要进行实时调整，经审查批准的人员要及时入库。二是定期组织评标人员学习和培训，加强职业道德教育，不断提高评标专家的业务水准、工作专业性水平，要定期对评标人员情况进行综合评价，并将相关信息报监督部门。三是实行评标专家动态考核管理制度，建立评标专家个人档案，将评标效果、评估结论记入个人信用档案。评标人员在参与评标过程中，应当依法严格保密，因泄密而影响评审工作的，应追究有关责任人的责任。

四、加强对投标单位的考察工作，全面掌握投标单位的相关情况

一是要切实做好正式招标前对投标单位的前期考察工作，熟悉其资质、诚信、产品、设备质量、价格和技术性能等相关情况。二是要通过多种方式了解其他同类产品、设备的价格和技术性能，并进行比较鉴别，真正掌握当前市场价格。三是要了解投标单位的产品、设备在其他单位的使用情况和质量问题。为确定投标单位及招标过程中的询标、定标提供足够的资料和数据保证。

疗养院里细水长流　收受钱款中饱私囊

——北京某疗养院采购中心原副主任杨某受贿案

【案情介绍】

杨某，女，1968 年 8 月出生，群众，北京某疗养院采购中心原副主任。

疗养院里不消停　深挖探出女蛀虫

2009 年的冬天，对于北京某疗养院（以下简称疗养院）来讲，注定是一个不平静的季节。检察院反贪局的侦查员在办理该疗养院副院长受贿案中，经过深挖锁定了一个存在重大受贿嫌疑的人，那就是刚被提拔为采购中心副主任 3 个月的杨某，她亦存在收受他人贿赂的问题。于是，41 岁的杨某被“请”进了检察院的提讯室。

十年辛苦磨一剑　护理员也有春天

1988 年中专毕业之后，20 岁的杨某开始了在疗养院长达 10 年的临床护理工作。为了提升自己，她没有埋没在纷繁复杂的日常琐事中，而是自修考取了经济管理专业的大学专科文凭，之后一步步从护理员，升任为客房部经理。又过了 10 年，她又迎来了工作的新挑战，被调任到采购中心工作。2009 年 8 月，杨某走上了采购中心副主任的领导岗位。

贪念来时挥不去　伸手拿卡不犹豫

初到采购中心，采购员这个职务对于曾经是护理员的杨某来讲，可能有些陌生。但是能够负责采购医疗器械和为供应商结算货款毕竟是不小的权力，可见领导对她极大的信任。最初在采购员岗位上的杨某兢兢业业、认真干好本职工作，但直到一个名叫李某的医药器械供应商的出现，改变了杨某的后半生。

2008年春节的一天，李某得知杨某是采购员之后，来到杨的办公室，将一个牛皮纸信封递给杨某说："快过节了，一点儿心意，不买东西了，给你点儿钱意思意思。"杨某没有犹豫，收下了5000元现金。第一次收钱的快感让杨某兴奋不已，正所谓"贪念来时挡不住，欲壑难填难收场"，从这之后，仅向供应商李某一人，杨某就分6次收取了贿赂款2.8万元，并4次收取了购物卡1300元。

蝇头小利不放过　不矜细行铸大错

如果说收取供应商李某的5000元现金是挡不住面前的诱惑，那杨某之后的行为就更加让人痛心。在金钱和利益面前，杨某的表现是那样的卑劣：大到千元现金，小到超市的百元购物卡，杨某都是"来者不拒，多多益善"。即便是几十元的购物卡，杨某也照收不误。她吃下去的是美食，丢掉的则是医务人员的廉洁操守，可谓代价太大。30岁的杨某怀揣抱负成长成才，40岁的杨某贪图小利锒铛入狱。

2010年5月，北京市石景山区人民法院依法对杨某作出判决，认定其构成受贿罪，判处有期徒刑二年，缓刑二年。

【案例评析】

一、疗养院人事管理松懈，干部选任考察不细致

杨某从担任采购员就开始多次收受他人给予的钱款。在两年多的时间里，其所在单位对杨某的违法行为居然毫无察觉，也没有采取任何措施，这样一个劣迹斑斑的人，居然在两年后被提拔为采购中心的副主任，暴露出疗养院在人事管理上的松懈，该院在干部选任环节中，没有细致的考察制度，也没有专门的监管机制。

二、重大节日成为杨某收受贿赂的密集期

传统佳节对普通百姓来说是举家团聚的好时节，对于一些职务犯罪分子而言，这也是他们收取利益、权钱交易的"最佳时期"。杨某多次利用春节、"五一"、"国庆"等节假日大肆敛财。供应商李某称，每到逢年过节她都要去趟疗养院，就是为了能和杨某搞好关系，也是找个借口送点礼，自己公司也能多挣点钱。李某在2008年年初至2009年10月间，借春节、"五一"、"十一"、中秋等重要节日，以拜访探望的名义共给予杨某贿赂款人民币2.9万余元。

三、"卡腐败"成为杨某受贿案的重要表现

"卡腐败"在贿赂型犯罪中可谓是屡见不鲜，收取购物卡确实也在杨某受贿的财物中占有一定比重，其共计 8 次收受价值两千余元购物卡。作为一种特殊的支付凭证，各种代金卡、购物卡具有不记名、携带方便和结算便捷等特点，比起厚重的现金和易被发现的记名银行卡要"安全可靠"的多，犯罪分子正是看中这点，导致购物卡型职务犯罪逐年增加。究其原因，主要有以下三点：一是受贿人的侥幸心理作祟。他们往往认为购物卡只是人情往来，与犯罪毫不相干。二是犯罪方式隐蔽。毫不夸张地说，行、受贿人在握手间就能完成交易。三是购物卡所在的商家自我约束力差。受金钱利益的驱使，在制售发行购物卡时，使购买门槛最低化，取消基本的登记制度，从而使行贿人能够轻易购买非实名购物卡，这也为滋生犯罪提供了"温室"。

四、医药购销行业潜规则盛行，对非法取得的竞争优势缺乏惩处机制

当前一些药品器械经销单位在激烈的市场竞争中，许多时候，单凭着质优价廉的药品器械、诚实信用的经营难以取得市场优势和供货合同，往往是以私下高额回报开路，诱惑医院负责人或采购人员购买他们的产品。当前我国对医药企业、购销人员以高额回扣、暗中送钱等不正当方式虽有明确的处罚机制，但是对于已经通过此种方式取得的竞争优势没有相应的制裁措施，守法企业在竞争中被侵害的权益无法得到救济。

【警钟长鸣】

勿以权小而放纵　勿以钱少收囊中

在同事或者其他普通人眼里，杨某仅仅是北京某疗养院采购中心的一名科员。她虽没有常人想象中的高官特权，但是在供应商眼中，她却是搭建销售平台的"桥梁"。在讯问中，当谈到供应商为什么会给她钱的时候，杨某说："我虽然是医院采购中心工作人员，但负责医院对外采购耗材及给业务客户结款，我觉得他们给我钱和购物卡是因为医院和他们所在的公司有业务往来，给我购物卡和钱就是为了跟我搞好关系，希望还能跟我们保持业务关系，能够持续给医院供货。此外我们医院每个月不能保证按时给每个供应商结款，所以供货商希望在我们资金允许的情况下，及时给她们公司结款。"由此可见，采购员的权限是采购部门权力链条上的重要一环,不能放纵使用。

“不矜细行,终累大德”,语出《尚书旅獒》,意思是:不顾惜小节方面的修养,到头来会伤害大节,酿成终生的遗憾。在采购中心任职期间,杨某除了分6次收取李某给予的钱款2.8万元之外,她还4次从李某手中收取购物卡共1300元。从其他供应商手中,小到100元的蛋糕卡,她都收入囊中归个人所有。钱虽少,卡虽小,杨某正是在第一次受贿时没有把持住,不顾日常小节,最终酿成大错,一步步走上了犯罪的道路。

【法律解读】

一、涉案购物卡的犯罪数额如何计算?

在杨某受贿案中,所涉及的购物卡中,1500元面值的物美购物卡,500元面值的华堂购物卡需原价购买;而100元和200元面值的味多美购物卡实际需要85元、140元人民币购买。根据最高人民法院、最高人民检察院《关于办理商业贿赂刑事案件适用法律若干问题的意见》第7条规定,“商业贿赂中的财物,既包括金额和实物,也包括可以用金钱计算的财产性利益,如提供房屋装修、含有金额的会员卡、代币卡(券)、旅游费用等。具体数额以实际支付的资费为准。”因此,杨某受贿案中,认定其收受购物卡的数额应是购买购物卡的实际费用,即2225元。

二、为他人谋取利益的性质为什么不影响受贿罪的认定?

根据最高人民检察院《关于人民检察院直接受理立案侦查案件立案标准的规定(试行)》中规定,非法收受他人财物的,必须同时具备“为他人谋取利益”的条件,才能构成受贿罪。但是为他人谋取的利益是否正当,为他人谋取的利益是否实现,不影响受贿罪的认定。

因此,为他人谋取利益的性质不影响受贿罪的认定。杨某明知请托人给予其现金和购物卡的目的是为了与本单位保持业务联系或结算货款,仍收受对方现金和购物卡,之后在其负责采购期间,仍与对方公司保持业务关系,且由其经手为对方结算货款,是其为对方谋取利益的体现。虽然杨某为请托人谋取的看似正当的利益,但该利益是否正当并不影响其受贿罪的构成。

【对策建议】

一、着重加强节前廉政教育，有效遏制“节日腐败”

杨某受贿案再次证明了节假日是滋生腐败的易发、多发期。为了遏制这种现象，一是该疗养院要开展具有针对性和时效性的廉政教育工作。放假前，需组织全体职工开廉政会、读廉政书、看反腐教育宣传片、参观案例展等。节假日期间，以发送廉政短信等方式，提醒党员干部“把好自己的门，管好家里的人，做一道清廉的菜，过一个安心的节”。假期结束后，可以及时听取汇报，发现廉政问题，及时上报相关部门。二是针对“节日腐败”的特点加大监督力度，完善监督机制。该疗养院纪检监察部门可以开通专人值守的举报电话。节假日前夕和假日期间，不定期开展走访检查活动，对“节日腐败”实行“零容忍”，不论何时发生，不论职务高低、数额大小，都应严肃处理，绝不姑息迁就，坚决做到“发现一个，查处一个”。

二、科学构建管控体系，规范药械购销行为

一是规范药品器械采购方式。针对采购对象的特质、数量、金额等因素差异，明确规定与其相匹配的采购方式，不断健全招投标采购方式的管控制度，同时逐步创立、完善竞争性谈判、邀请招标、单一来源等其他采购方式的制度体系，实现采购方式科学化、明确化、规范化。二是建立采购人员间、采购岗与其他岗位间的双轮岗制度。如任职满 3 年到 5 年在采购部门内部轮岗、任职满 5 年到 10 年与其他部门轮换，同时不断补充、培养采购人才，在稳步推进业务开展的同时，最大限度实现采购人员流动，从而避免形成盘根错节的非法利益关系网。三是建立廉洁准入制度。对医院享有自主采购权的项目实行廉洁准入，即拟定的药品、耗材、器械等物资供应商及其法定代表人、负责人、经办人，经资质审查，能够遵守法律法规，在规定年限内的经营活动中没有行贿犯罪记录的，方具备承接采购项目的准入资格。

三、用制度规范购物卡，压缩“卡腐败”空间

为减少不实名购物卡腐败问题，购物卡生产企业应推出代金卡、购物卡买卖实名制、消费实名制、限制公款购卡等举措，堵塞以此为名的贿赂犯罪的源头。如 1998 年 12 月，国务院纠风办和中国人民银行等部门多次发出通知，严格限制印刷、发售、购买和使用各种代币购物卡；2011 年，国务院办公厅转发了中国人民银行等七部委《关于规范商业预

付卡管理的意见》;2012 年以来,《支付机构预付卡业务管理办法》、《单用途商业预付卡管理办法(试行)》等对代金卡、购物卡的约束措施不断出台。金融、工商、司法等各部门必须进一步加大工作力度、齐抓共管,坚决遏制此类职务犯罪的发生、发展。

医药购销藏蛀虫　科室主任终下马

——北京市某医院中医科原主任李某、外科原主任袁某受贿、非国家工作人员受贿案

【案情介绍】

李某，男，1958年12月出生，中共党员，北京市某医院中医科原主任、副主任医师、药事委员会委员。

袁某，男，1966年6月出生，中共党员，北京市某医院外科原主任、副主任医师。

年轻力壮正当年　同院骨干齐被抓

李某，从70年代起就一心向医，在放射科度过了10年光阴，后开始悉心研究中医医学20余年，长期担任北京市某医院中医科主任，并被选任为药事委员会委员。他是该医院技术骨干，是医院最成熟稳重的优秀代表。

袁某，一个从小就品学兼优的好孩子，中学时勤奋努力，考取了某知名医科大学医疗系。毕业参加工作后，因为业务精湛，39岁就开始担任外科主任，从一名普通医生逐步走上了领导岗位。

然而，检察机关反贪局侦查人员的到来，打破了这个医院的宁静，在李某和袁某被带上警车之后，身后留下的是一片叹惋唏嘘之声。

相逢何必曾相识　全因"健一"陷囹圄

袁某和李某虽然是同一个医院的同事，但由于业务方向不同，在工作上鲜有交集。但二人却因为同一个人而联系在一起，这就是医药经销商赵某。正是这个人，通过各种非法手段，将自己代理的"健一祛痛贴"稳稳地打入了该医院的多个科室。

从2010年三四月份开始，赵某以个人名义从北京某医药科技有限公司购进“健一祛痛贴”，并以该公司名义将此药销售给该医院。为了扩大销路，赵某绞尽脑汁：一方面通过宴请普通医生，推荐自己的药品，希望医生利用处方权在开药时多“照顾”，增加开药量；另一方面，他精心选择科室负责人作为“下手对象”，以达到销售药品的目的。最先被他拉下马的是中医科的李某，赵某用每盒药品提成12元并每盒多给科室主任5元好处费的巨大利益，让李某同意在他主管的中医科推广“健一祛痛贴”。在赵某的金钱攻势下，李某“终被拿下”，不但在自己主管的科室内引进“健一祛痛贴”，而且作为医生的他，也积极地给患者开出此药。

在“攻下”李某之后，赵某又瞄上了外科主任袁某，这次他以同样的手法取得了更好的效果，年轻的袁某很快也倒在了他的金钱“枪口”之下。

巧手包装掩耳目　非法获利饱私囊

“健一祛痛贴”，这个看似平常的药，经过经销商赵某和某医院医生“巧手包装”之后，无论从身价还是功效上，都有了突飞猛进的提高。原本从医药公司只需用十几元钱就能买到手的普通药，因为经销商的牟利、医生的回扣、科室主任的红包，到患者手中就变成了几十元的高价药。不仅如此，同一种药品，同样是“健一祛痛贴”，在中医科就成为了骨痛消法，在外科就变成了穴位贴敷疗法，恐怕连最初的生产厂家也没有想到，一个普通的药贴，能在中西医领域具有如此之大的疗效。然而比厂家更疑惑的是普通患者，同种药品不同疗效，让人捉摸不透。

2012年9月，北京市石景山区人民法院对李某、袁某分别作出判决：二人均构成受贿罪、非国家工作人员受贿罪，李某、袁某受贿罪的犯罪数额分别为43700元、34428元；非国家工作人员受贿罪的犯罪数额分别为1万元、42900元。最终对李某决定执行有期徒刑二年八个月，缓刑三年；对袁某决定执行有期徒刑三年，缓刑三年。

【案例评析】

一、医院监管缺失，导致药品、医疗器械销售“偷梁换柱”

在某些药品不符合药品管理规定、无法通过医院药品流通体系实现销售的情形下，医药代表或者经销商会积极为科室主任“献计献策”，采用“偷梁换柱”的方法，形成利益联盟，实现药品在医院顺利销售。本案中，起初中医科主任李某以“健一祛痛贴”不在某医院的药品名单里、不走普通的门诊用药的常规流程为由，拒绝了赵某提出的将其引入中医科的要求，后赵某提出可以治疗费的名义，将此药品以“医疗器械”的名义计入处方，普通患者一般不会察觉。赵某、李某等人正是利用医院药品引入及医疗器械的管理漏洞，改变药品性质，使得“健一祛痛贴”得以顺利地在该院中医科公开销售。

在打开中医科销售渠道后，赵某又将销售目标锁定在药物使用量较大的外科。外科主任袁某先是拒绝了赵某的要求，后在得知中医科也使用的情况下，袁某做出了“效仿”的决定。为了多拿回扣，袁某邀请外科全体人员参加赵某的宴请，在席间向科室大夫们提出多开此药的希望，并确定药品保管发放员与药量统计员，以便于日后药品回扣款的结算。

二、医院对于医生开处方的行为缺少监管

医生应该结合诊疗行为，针对患者的具体病情和症状来开药，但在李某、袁某所在的科室，情况却大不一样。为了尽可能多的收取回扣，这两人所在的中医科和外科的医生仿佛变成了以多开药为根本目的的“药贩子”。在李某、袁某成功将“健一祛痛贴”引入科室之后，这种药一下子变成了抢手的“山芋”。据统计，仅袁某所在的外科，在 7 个月间，竟然开出了 9 万多贴药。但是，对于这种异常情况，院方却并未察觉，更谈不上采取措施。某种药品的用药量短期内非正常增加没有引起院方的重视，医院对医生诊疗行为缺乏监管，给医药回扣的存在留下了隐患。

三、医院在药品器械采购工作上存在管理制度不健全、采购方式不科学等问题

药品以器械为名进入医院的程序过于简单，采购制度设置没有监管。比如“健一祛痛贴”这种药品，变成器械进入医院的流程只需要三步：第一步是代理商直接将“健一祛痛贴”送到临床科室，由科室主任李某、袁某签收；第二步是代理商拿着发票到器械科办理入库手续，器械科仅由财务人员审核发票上的数量和金额数与出入库的金额数是否相符，如果相符就将发票和出库单一并交给院财务；第三步就是医院财务收到单据后给代理商结款。

作为药事委员会成员之一的李某，在引进“健一祛痛贴”时，仅是听从了经销商赵某的设计，便让这种药变成了一种器械，体现在患者身上成为一种治疗方式。正因为这样，另一处室的袁某也顺利将“健一祛痛贴”引入自己所在科室，可见药品器械采购的监管存在缺失。这也体现出北京市某医院在药品器械采购工作上存在管理制度不健全、采购方式不科学的问题。

四、法律意识淡漠和对社会负能量的认同引发犯罪

袁某本是一个受过高等医学教育的高材生，但在业务水平提升的同时，却忘记了加强法律方面的学习。他认为医生拿回扣是普遍现象，虽然自己内心认为这不是一个好行为，但一想到自己在工作中承担了风险，就认为拿些“回报”是正常的，由此走向了职务犯罪的道路。

【警钟长鸣】

亲而不俗　交不为利

人，不可能生活在真空之中，作为社会上的人，结交朋友是必不可少的。然而，朋友的好与坏，对一个人的影响很大。“匹夫不可以不慎取友”说的就是人生在世须谨慎交友这个道理。

官员也是人，同样不可避免地要面对“交友”的问题。众所周知，一个人当了领导干部以后，交际面自然会越来越广，愿意结交的人也会越来越多。这时候，和谁交朋友，怎么交朋友，就显得非常重要。交到“益友”，算是官员人生之大幸；交到酒肉朋友，官员却也只能自己面对。某些心术不正、趋炎附势的人往往会以朋友的名义结交你，千方百计地接近你，挖空心思地投你所好，这些自诩为“朋友”的人根本就是瞄着你手中的权力而来，他们千方百计和你交朋友的目的，就是为了谋取非法利益。称兄道弟之间，嘘寒问暖之际，达到了自己不可告人的目的。如果我们的领导干部丧失警惕，与这些人成为朋友，说不定最后就会栽倒在这些“朋友”设置的陷阱里。国家药监局原局长郑筱萸刑前忏悔说：“是那帮朋友害了我啊！”

曾经年轻有为的袁某没有想到的是，他用了5年时间读完医学本科，用了15年时间走上了领导岗位，在结识了赵某这个昔日的朋友之后，仅仅6个月时间，就让他从白衣天使沦为了阶下囚。而作为一名老医生的李某在悔过书中写道：“我认为代理商跟我都是老关系，你给我钱，我给你办事，互利互惠，而且医药代表和医生单线联系，直接到诊疗室、医生家里进行推销，双方结成利益同盟，不会出事。即使出事，为了共同的利益也不会被出卖，自信能够逃避法律的制裁。”正是这样的错误认识及侥幸心理让李某肆无忌惮，最终走上犯罪道路。事实上，这种看似稳固的同盟也仅依靠脆弱的利益链条，再隐蔽的犯罪手段也终将逃不过恢恢法网。

【法律解读】

为什么李某、袁某的行为触犯两个罪名？

李某、袁某最终以非国家工作人员受贿罪和受贿罪被判处刑罚，这也是因为二人的双重身份触犯了多个罪名。

首先，二人的医生身份符合非国家工作人员受贿罪的主体要件。在老百姓心中，贪污贿赂型犯罪的人都是高官，至少是具有一定职务的人。但很多人可能不会想到，作为一名诊病治疗的医生，也可能触犯法律，构成职务犯罪。事实上，李某、袁某在案发期间，一直担任自己医院所在科室的副主任医师，他们的职责范围包括给病人诊疗、开处方，指导病人使用药品、医疗器械，对下级医生进行指导。其所在的医院系非营利性医疗机构，具有合法的医疗机构执业资格。根据《刑法》第 163 条规定，李某、袁某的主体身份属于“公司、企业或其他单位工作人员”，其身份符合非国家工作人员受贿罪的主体要件。他们利用职务上的便利，索取他人财物或者非法收受他人财物，为他人谋取利益，数额较大，因此构成非国家工作人员受贿罪。

其次，二人作为医院的科室主任符合受贿罪的主体要件。李某、袁某所在医院是北京市某区卫生局下属的国有事业单位，二人在案发期间分别担任该医院中医科、外科主任，其职责范围为负责所在科室的全面工作，包括业务管理和行政管理，主要是手术、用药、奖金分配、值班调配以及向药剂科、器械科提出本科室药品及器械的具体使用需求等，并具有对进入科室使用的药品、医疗器械使用数量、质量进行审核、验收、签字确认的权力。根据《刑法》第 93 条第 2 款规定，二人的主体身份属于在国有事业单位中工作的国家工作人员。根据《刑法》第 385 条规定，国家工作人员利用职务上的便利，索取他人财物的，或者非法收受他人财物，为他人谋取利益的，是受贿罪。国家工作人员在经济往来中，违反国家规定，收受各种名义的回扣、手续费，归个人所有的，以受贿罪论处。

综上所述,一方面,李某、袁某二人作为处室领导,在行使管理职权的时候收受贿赂,其行为构成受贿罪。另一方面,他们作为医生,在看诊时行使处方权,向患者开具“回扣药”处方,与普通医生一样领取回扣,已经构成了非国家工作人员受贿罪。根据《刑法》、最高人民法院、最高人民检察院《关于办理商业贿赂刑事案件适用法律若干问题的意见》,可以认定李某、袁某具有双重主体身份,既符合受贿罪的主体要件,又符合非国家工作人员受贿罪的主体要件,则分别构成双重罪名。

【对策建议】

一、健全“用药预警”系统,强化用药情况技术监控

一方面,要强化科室用药情况的技术监控。将科室新药使用情况、月用药量浮动超过20%的科室纳入重点监控范围,对异常用药科室下发《用药质询通知书》,无合理解释或不按期反馈的,对科室主任进行处罚。

另一方面,要强化医生用药行为技术监控。利用医院信息管理系统,对医生用药频次、数量、销售金额、药品收入比例数据进行统计分析,及时发现超时、超量、超金额等用药异常情况并做出处理。建起“合理用药监测信息平台”,临床医生开出处方,提交前由这个“电子医师”先把关,审核后再发药。这一平台包括用药信息、处方审核、管理三大系统,储备药物说明、用药政策和规定、不良信息、使用文献等。当医生开处方时,系统会自动调出病人基础疾病、用药史,供医生参考用药及用量。如医生选用药物之间有“禁忌”,或与病人使用的其他药物成分有相似,或者用药超时、超量,系统会在3秒钟内自动提醒风险,并禁止开出处方。系统还会提供特殊通道,让医生填写理由,备案待查,以便倒追责任。除此之外,还可以通过设定相关金额标准来监察医生的用药量。例如,监察人员把“大处方”的金额标准设定为500元,那么只要输入一个特定的时间段,系统就能把在此时间段内所有金额超过了500元的处方全部显示出来,内容包括开处方医生的姓名、科室、处方的具体内容等。系统还能对医生的用药量和用药时间进行监督,如果某位医生的用药量超过了参考用量,或者使用某种药的时间超过了7天,系统也会给予提示。

二、加强内部监督，提升医院对科室主任及普通医生的管理层次

从药品管控入手，加强医院自身的内部监督，健全用药监察系统，通过电子信息化手段对药品供应链、使用链和监管链实施全过程管理，实时掌握药品采购情况、药品使用价格、医院处方数目、医生用药数量等情况，提高医疗服务质量和治疗成效，促进依法用药、规范用药、科学用药。

一方面，加大对科室主任及普通医生用药督察，在医院内部信息系统中编制用药监察功能，通过对科室、科室主任及普通医生的药品使用情况按照药品数量或金额进行排序，同时统计环比、用药频次及药品收入比例，对于用药异常情况进行相应的处理。有了电子监察系统，过去一些医生非常隐蔽的用药违规行为现在也无所遁形。例如，某院有一位医生的处方，单独看是没有问题的，但通过系统调出他近两三个月以来的用药情况一比较，就能发现这位医生某种药的用量非常大，远远超过用药常规。最后经过专家组的调查和评估，医院认为这位医生的用药确实存在问题，对他处以了取消处方权两个月的处分。另一方面，强化对科室主任引进药品的权力监督。进一步规范进药、用药流程，规范药事委员会、医疗器械管理委员会的职责和权限，加大各委员会对药品器械引入的管理力度。

三、强化药品采购监管，科学构建"阳光购药"机制

一方面，建立健全与药品相关的采购平台，统一将检验试剂、部分药品及医学消耗品均纳入到正规的采购平台上。另一方面强化药品采购流程技术监控。以医药供应商为基础单位，建立药品比例、库存分析、药品消耗等动态分析报表制度，对医药供应商及具体药品采购情况进行实时监控，及时发现采购、消耗的异常情况，必要时做出警告、限量采购或暂停采购的处理，避免出现少数供药商短时间内销售额突增而医院不自知的情况，对苗头性、倾向性问题及时进行预警、干预，提升药品采购环节的监管效能。

签字权字字值钱　购物卡张张涉腐

——北京某医院药剂科原主任朱某受贿案

【案情介绍】

朱某，女，1966 年 7 月出生，中共党员，北京某医院药剂科原主任。

账款结算需签字　药剂主任受追捧

2009 年，年仅 43 岁的朱某成为北京某医院药剂科主持工作的副主任，负责该院药品日常管理、采购和药品结款审核。在如此重要的岗位上，中医药大学科班出身的她想利用这个重要的平台努力工作，干一番事业，为自己日后的晋升打下良好的基础。

北京某医院是一个年用药量较大的医院，为了使药品货款能够顺利结算并保持份额的持续扩大，各大医药公司绞尽脑汁，全力“攻关”，而对药品采购、结算拥有重要话语权的药剂科主任朱某成为各大医药公司追捧的对象。在平时的业务往来中，一开始，朱某对各医药公司种种“示好”还能够做到不乱于心、严词拒绝，但是随着朋友请托、领导招呼纷至沓来，在一些医药商“小恩小惠”的笼络之下，一贯坚持原则的朱某逐渐放松了警惕。

过节频收购物卡　渐入险境浑不觉

2009 年国庆节前，某药业股份有限公司（以下简称“某公司”）客户专员魏某来到朱某办公室，说：“姐，我看你那手机快不行了，给你换个用。”说罢，便将一部新的黑色摩托罗拉触屏手机放到了桌上，朱某客气了几句便将手机收下。收下手机后，有心的朱某还去附近的电器店看了一下，知道这部手机大概值三四千元。2010 年春节前，魏某又到朱某办公室说：“朱主任，感谢您平时对我们的帮助，快过节了，我能给您和你们科里办点什么事?”想到医院每年采购某公司的药品价值两千多万元,某公司应该好好表示一下,她便对魏某说:“我们科里一共49人,那就给科里每人办张200元的购物卡吧。”魏某答应了,便在节前把购物卡拿到办公室交给了朱某。胃口渐大的朱某拿到这49张购物卡后并没有分给科里其他人,而全都用于了自己消费。

另外,2010年国庆节前和2011年春节前,朱某还再次收受了魏某给的共计4000元的购物卡。2011年上半年,负责某公司与北京某医院联系的业务专员由魏某换成了杨某。对朱某脾性早有耳闻的杨某在2011年国庆节前、2012年春节前共送来4000元的购物卡以感谢朱某对公司业务的支持。

抛开本职行便利　一朝梦醒坠深渊

在朱某的直接关照下,某公司在该医院的销售份额稳中有升,从2009年到2011年有了20%的增长,而且相比于其他公司3个月的药品资金结算时间,某公司结款时间最长时限仅有30天。这些直接的帮助不仅对该公司有利,同时使魏某、杨某的奖金收入也有增加。

然而,莫伸手,伸手必被捉,朱某最终为自己的犯罪行为付出了代价。2012年9月,北京市石景山区人民法院以受贿罪判处朱某有期徒刑一年六个月,缓刑二年。

【案例评析】

一、药剂科采购、配药权力大且监督不完善,易成为滋生腐败的温床

在医药领域职务犯罪案件中,一般来讲,医药代表对药剂科主任行贿的主要目的有两个:一是拿到所代理药品的统方;二是防止其代理的药物被药剂科延误采购,导致其在医院的占有量下降。本案中,某公司销售专员之所以对朱某行贿,是希望自己代理的药品能够在该院的销售量稳定并扩大份额。虽然医院对药剂科药品的采购行为有制度规范,但在具体操作中,药剂科主任对药品的选购依然拥有较大权力,其在配药中对某种药品的数量有一定的权力。因此,本案的发生与医院对药剂科药品采购和配药权力监督不完善有关。

二、药品结算周期弹性过大,为相关人员受贿提供了便利

医院对药品的结算需要一定的周期,但是周期的长短具有较大的弹性,能够快速对药品进行结算,这对医药公司的资金及时回笼非常重

要。本案中，医院对中标药品结算周期没有具体的规定，一般医药公司拿到药品回款的周期为3个月，而某公司回款周期最长30天，而这一时间的长短主要由药剂科主任签字速度的快慢决定。因此，如果药剂科主任能够及时签字同意结算，则对医药公司资金早日回笼，投入研发和再生产意义重大。本案中，某公司的医药销售专员魏某、杨某对朱某多次行贿，也是希望其能够压缩药品的结算周期，早日回款，两人也能获得较高的公司奖金。医院药品结算周期弹性过大为医药公司通过行贿方式早日回款埋下了制度上的隐患。

三、药品购销环节“潜规则”盛行，医务人员法律意识淡薄

近年来，医药购销领域“潜规则”盛行，医务人员的法律意识淡漠，对医药购销环节的职务犯罪认识不足，是导致卫生系统大面积发案的重要原因。很多涉案人员把医疗回扣视为劳务所得，认识不到其受贿犯罪的性质，或者认为医疗回扣是行业规则，随波逐流甚至争相效仿。他们对罪与非罪的界线认识不清，错误地认为他们自己能够在有一定决定权的环节收受一点回扣、“好处费”是潜规则，而非犯罪。如在本案中，朱某始终不解，尽早给某公司药品回款清单签字是自己的权力，自己也并没有违反医院关于审核清单的相关规定，而对方出于感谢送购物卡为什么会构成犯罪？这充分说明，对法律的无知是本案发生的重要原因。

【警钟长鸣】

莫让“潜规则”抵消“正能量”

朱某，一位在45岁便负责一所三级医院药剂科工作的正处级干部，最终被药品购销领域的不正之风所刮倒。落马前两年，朱某刚刚走马上任，成为主持该院药剂科工作的副主任，一位女性能在40岁刚出头便成为一个主持医院重要部门工作的处级干部，是何等的令人羡慕。那时的她也曾踌躇满志，希望通过自己的努力工作为将来的进一步发展做好铺垫。长期从事药剂工作的她熟知药品购销领域的“潜规则”，为此，她也时时告诫自己要远离那些不正之风，对自己要求严格，认为自己一定不会犯那些错误。但是，能够“攻关”医院并中标的医药代表也非“等闲之人”，通过各种方式对她进行软磨硬泡，碍于情面的她开始放下“身段”。渐渐地，她放松了警惕，习惯了医药代表的小恩小惠，并开始适应这些"潜规则",在随后的交往中,她的胃口也越来越大,开始主动利用"潜规则"为自己牟利。在私欲的膨胀和购物卡的累进中,她越走越远,慢慢忘记了自己当初的理想和追求,生命中的各种正能量在她运用"潜规则"为自己谋私的过程中黯然失色。当检察机关的侦查人员出现在她面前时,她瞬时失语,并伴随着深深的惊恐和不安。获刑后的她现在是否还记得,曾经全身燃烧着正能量为理想奋力拼搏的自己!

【法律解读】

一、朱某以科室名义收受49张购物卡为何构成个人受贿?

本案中,2010年春节前,朱某以药剂科的名义,让某公司销售专员魏某为其科室全体人员每人办一张购物卡,但其收到49张购物卡后没有发给科室其他人员而用于个人消费,后法院认定其为个人受贿而不是单位受贿,法院为何如此认定?

单位受贿罪的主体是单位,而且只能是国家机关、国有公司、企业、事业单位、人民团体等国有单位。那么医院的内部科室能否构成单位受贿罪的主体?根据最高人民法院《全国法院审理金融犯罪案件工作座谈会纪要》有关单位犯罪认定的规定,单位的分支机构或者内设机构、部门实施犯罪行为的处理。以单位的分支机构或者内设机构、部门的名义实施犯罪,违法所得亦归分支机构或者内设机构、部门所有的,应认定为单位犯罪。不能因为单位的分支机构或者内设机构、部门没有可供执行罚金的财产,就不将其认定为单位犯罪,而按照个人犯罪处理。因此,本案中药剂科作为国有医院的内设机构是可以成为单位受贿罪的主体的。

但是,根据最高人民法院《关于审理单位犯罪案件具体应用法律有关问题的解释》第3条的规定,盗用单位名义实施犯罪,违法所得由实施犯罪的个人私分的,依照刑法有关自然人犯罪的规定定罪处罚。同时,根据最高人民检察院《关于人民检察院直接受理立案侦查案件立案标准的规定(试行)》(高检发释字〔1999〕2号)规定,单位受贿的数额应在10万元以上的,或者虽不满10万元,但有其他恶劣情节的才能构成。本案中,朱某将收受的49张购物卡共价值9800元均据为己有,且没有相关的恶劣情节。因此,朱某以科室名义收受魏某49张购物卡行为应认定为个人受贿,而不是单位受贿。

二、关于朱某收受魏某所送手机的价格如何认定?

本案中,朱某供述称2009年国庆节前,某公司销售专员魏某送给她一部黑色摩托罗拉触屏手机,手机的型号不详,当时她去电器店看到同款式手机的标价是人民币3400元左右。而魏某证言则称其送给朱某一部黑色摩托罗拉触屏手机购买时的价格为3800元,其也记不起来这部摩托罗拉手机的型号,也没有留存购置手机的相关凭证。那么,在这种情况下,这部手机的价格究竟该如何认定呢?

在手机原物已灭失,手机型号不清,又无相关购买凭证及购物发票的情况下,无法通过价格鉴定等方式准确认定手机的价值。经过对行、受贿双方关于手机的多次询问、讯问,供证前后一致,购买价格和朱某到市场看到同款手机的市场价格差距不大,供述及证言可以相互印证,具有较高的可信度。本着刑事诉讼过程中存疑有利于被告人的原则,对手机价格的认定应当就低不就高,应当按照朱某所见的同款手机的市场价格人民币3400元认定该赃物的价格,这也是刑法谦抑性的一种体现。因此,法院最终认定该手机的价格为3400元。

【对策建议】

一、进一步规范药剂科的药品采购行为,消除药剂部门腐败滋生的温床

针对本案中朱某提供便利,帮助某公司扩大其药品在该医院的市场占有这一情形,建议医院应从以下两个方面规范药剂科的药品采购:一方面,建立药品余量公示制度。药剂科应该在医院信息告知栏实时更新每种药品的余量,方便各医药公司及时查询并与药剂科进行联系。另一方面,药库工作人员根据药品库存、临床需要及医院基本用药目录制定采购计划,不得针对某种药品多采购或者少采购,必须保持每种药品药房上的库存能够满足患者的需要。

二、规范和缩短药品的结算周期,打压腐败空间

本案发生的另一个重要原因是药剂科对药品结算周期具有重要的决定权。对此,建议医院对药品的结算周期进行详细的调研,对不同种类的药品销售情况进行摸排,在考虑医院流动资金的基础上,针对不同种类的药品制定一个详细的结算周期表,药剂部门在规定的时间内必须对负责的药品进行审核,不能审核的必须出具书面说明,同时要求财务部门必须在规定期间内向医药公司结算，浮动不能超过 2 天或 3 天，不得提前或延迟结算，打压药剂部门在回款周期上的弹性，消除其利用还款周期的弹性进行腐败的可能。

三、协助医药企业建立信用体系，加强行业自律

纪检、检察、卫生、工商和物价部门应当协助药品行业协会制定相关廉洁自律规定，药品企业应当严格自律，增强自我约束意识，建立从业人员行为准则和职业道德规范，自觉遵守公平竞争的规则，反对采用不正当竞争手段，自觉接受群众监督、遵守法律法规、规范商业行为、倡导商德诚信、杜绝商业贿赂，在医药的生产、销售、服务以及有关的从业活动中，开展合法、公平、正当、有序的竞争。同时，要积极推行反商业贿赂承诺制，药品行业协会应当将行贿药品企业进行公布，予以谴责和制裁。

四、落实中标药品零售价格公示制度，让全社会对招标药品零售价实际执行情况进行监督

为了遏制医院中标药品可能被业务科室主观随意选择的弊端，建议各医院建立和完善中标药品零售价格公示制度。一是公示的中标药品必须标明药品厂家、商品名、通用名、规格、剂型、数量、价格。二是要在醒目位置设立公示栏、公示牌、价目表（册）或电子屏、电子触摸屏等。三是凡药品价格有变动的，价格主管和物价员应在规定的时间内更新价格库。四是对病患者及社会反映的有关医药价格问题，院方应认真听取和解答，必要时向政府价格主管部门报告。

小药丸掀起大风暴　大药商行贿进监牢

——医药代表王某行贿、对单位行贿、对非国家工作人员行贿案

【案情介绍】

王某,男,1967年9月出生,群众,甘肃天地药业有限责任公司(化名)医药代表。

王某曾经是一名结核病医生,后来转行做了药品代理商。最初卖药时他没有去行贿,但销量惨淡。后来他"领悟"到,治疗结核病的同类药品有许多,如果不给采购方回扣,药很难被采购。就算药品被选进采购名录,医生在开处方时也会选取其他药品,所以他在售药时开始给予医生回扣,此后他代理的药品果然销量大增。四年间,王某向北京多个区县的结核病防治所(以下简称结防所)、北京某专科医院等单位医疗人员行贿共计307万元,导致多名受贿医生被判刑,当时这一系列案件被称为京城最大医药商业贿赂案件。

匿名举报引注意　药品回扣现端倪

2009年9月,某区人民检察院收到举报信,反映该区疾控中心结防所所长郭某在药品采购中非法收受药品回扣,结合举报内容,侦查人员通过调取郭某的账户记录,发现该账户在每月月初都有一笔现金存款,且每笔金额都在数百元至2000元上下不等,结合郭某的身份,侦查人员判定这些资金往来可疑,通过获取全部交易凭证后,侦查人员发现,存款人均为王某。

王某是谁?为什么每个月都给郭某汇钱?

在调取某区结防所的药品采购记录后,发现王某为该结防所的药品供应商,在结防所销售药品过程中,药商王某可能存在按一定比例给

予郭某"药品回扣"的犯罪事实。随后侦查人员对某区结防所所长郭某立案侦查,据郭某交代,由于传染病依法归口管理,所以只要是辖区内的结核病人都必须到本地结防所来治疗。当时有大量的病人是其他医院转来的,他们的治疗方案里都用过结核丸这种药,而且病人强烈建议结防所购进结核丸。由于当时某结防所还没有此药,为了满足病人要求结防所开始购进结核丸,但购进该药更重要的原因是王某曾经向她推销过结核丸这种药,并许诺可以给予一定的回扣,面对诱惑郭某就向疾控中心领导打了报告,申请购进这种药。

兵贵神速捉药商　流水账里藏玄机

根据郭某的供述,王某在销售结核丸过程中采取银行转账汇款的方式给予回扣,检察院及时调取了王某的银行交易记录。自 2007 年以来王某每月向四个区结防所的 5 名工作人员银行账户汇款、转账,金额合计达 100 余万元。在初查中,侦查人员对所有资金往来制作了汇总表,摸清了犯罪脉络并在获取大量关键证据后,认为接触药商王某的时机已到。

2010 年 5 月 11 日,侦查人员找到王某让其到检察院协助调查,王某同意配合工作。但当时王某神情紧张,赶快把手中的棕色皮包递到了妻子手中,这个动作引起了侦查人员的注意,皮包内一定暗藏玄机。于是侦查人员当机立断,追上王某妻子说:"王某的随身物品现在由我们保管。"皮包到了侦查人员的手上,王某的皮包里到底有什么重要的东西? 回到检察院后,侦查人员对王某包内物品进行了检查,在一个优盘里,"结核丸资金流水账"的电子表格引起了侦查人员的注意,打开一看,果不其然,里面是王某记录的药品回扣的流水账,笔笔行贿事实清楚地呈现出来。

至此,以王某为中心点的药品采购商业贿赂犯罪的事实浮出了水面。

主任牵线巧搭桥　药商"报恩"送回扣

2010 年 6 月,随着医药代表王某被捕,很多人成了热锅上的蚂蚁,某区结防所原副所长韩某、门诊原主任刘某、财务科原科长李某也在其中,其实他们也没有着急多久,因为几天之后,这个腐败"三人组"就纷纷伏法了。

时间回到 2007 年,刘某到南京参加防痨大会,结识了时任某区结防所所长，该所长向刘某热情介绍自己所内使用的结核丸，并把这种结核丸的药商代理王某介绍给刘某。2007 年年底，刘某主动与王某联系，希望将结核丸业务发展到某区结防所。王某称自己也有这个想法，但是某区结核病防治所所长不接待他。刘某就给王某提供了一条锦囊妙计——找副所长韩某。

某结防所进药先由门诊主任或病房主任提出申请，由药械委员会人员商议，确定是否使用，然后在新药审批单上签字后报给所长，所长签字同意药商就开始供货。药械委员会由副所长韩某、药房主任王建军等人组成。其中韩某负责纪检监察工作，主要对进药全过程把关，对所里药品进出具有话语权。

在得到刘某的建议后，王某立即将“火力”对准了副所长韩某。王某在与韩某接触交流中吹嘘结核丸的疗效，更重要的是，提出药品回扣这一“杀手锏”，一箱提成 300 元。韩某刚开始还能坚持立场，但经不住王某的软磨硬泡，禁不住药品回扣的现实诱惑，于是答应并帮助王某顺利通过进药审核，结核丸开始源源不断地进入某区结防所。

能够打开某区的药品销售市场王某很是兴奋，这次成功不仅是回扣这一杀手锏的功效，也是好姐姐刘某的“锦囊妙计”助其一臂之力。“知恩图报”的王某自然不会忘记帮自己出谋划策的好姐姐刘某，提出给她的回扣为每箱 200 元，另外大夫每开一瓶提成 7 元。刘某对王某更是“有情有义”，指出对财务科科长李某也得有所表示，因为这样可以方便结账。至此结防所副所长、门诊主任、财务科长形成了同盟。作为门诊主任的刘某为了增加用药量，收取更多回扣，还利用自己的职务便利让所内的医生多给病人开结核丸，并悄悄将医药回扣均分给所内的医生。

顺藤摸瓜找规律　整体部署扩战果

对王某的讯问仍在紧张地进行着，随着王某心理防线逐渐被突破，开始“竹筒倒豆子”一般的交代，除了郭某、某区结防所“三人组”外，一个个受贿人的面纱逐一被揭开，一张以药品代理商王某为中心点的医药购销商业贿赂犯罪网络渐渐清晰。经查个体药商王某自 2006 年代理销售结核丸以来，部分区县结防所、北京某专科医院等医疗机构销售结核丸的过程中，为谋取药品销售竞争优势，按不同比例分别给予上述单位负责人、科室主任、财务科长、门诊医生等药品回扣，共计人民币

300 余万元。

2012 年 1 月,北京市第一中级人民法院作出终审判决:王某犯行贿罪、对单位行贿罪以及对非国家工作人员行贿罪,数罪并罚,决定执行有期徒刑十五年,并处罚金十万元。同时,被王某“拉下水”的“白衣天使”们也一一受到了法律的制裁,其中某区结防所所长郭某因受贿罪被判处十年有期徒刑;某区结防所副所长韩某因受贿罪被判处五年有期徒刑,门诊主任刘某因受贿罪被判处二年有期徒刑、缓刑二年,财务科长李某因受贿罪获刑一年六个月、缓刑二年;其他医疗人员也因受贿罪、非国家工作人员受贿罪分别被追究刑事责任。

【案例评析】

一、商业竞争“潜规则”为医药购销职务犯罪频发推波助澜

由于我国药品市场大、利润高,从事药品、医疗器械的生产、流通企业数量众多,竞争激烈。个别经营者为了占领市场或获取高额利润,在推销药品过程中不惜铤而走险,采用商业贿赂的办法促成交易实现。本案中,药商王某将新药打入医疗单位的重要手段就是首先要对院长、药剂科主任、主任医师等关键人物进行“公关”,打通药剂科、财务科等多个科室后,并在供药中及时送上回扣,这是他药品“畅销”全市多个区县医疗机构的秘诀。在医疗系统“潜规则”的诱惑下,许多医务人员,对收受医药代表的回扣等好处费的法律后果认识不足,或者虽已明确知道这是违法犯罪行为,但是经不住诱惑,如某区结防所郭某明知收受药商回扣是不对的,但是在医院中这种现象十分普遍,看着身边靠“潜规则”富起来的同事和朋友,侥幸心理和从众心理占据了上风,认为不会出事,于是迷失了自我,丢失了医德,跟风作案。

二、行贿犯罪手段简单、技术含量低,但“屡试不爽”

许多医药代表商业贿赂犯罪手段基本上可以分为两种:一是医药代表找到有开处方权的医生,直接跟医生商量一盒药品将给予多少回扣,医生就尽量多在处方上开这种药,隔一段时间统计药量统一收取回扣。如王某在向北京某专科医院推销药品时,直接联系门诊部、急诊科大夫,明确提出可以给予回扣,推销药品。二是医药代表直接找到医院科室负责人谈该科室开出某种药品,统计药品总量后统一给予回扣,于是科室负责人利用权力要求医生开处方时多开该种药品,在医药代表

结账时直接把回扣给负责人，由他来分配。医药代表之所以找科室负责人要求统一给回扣的原因是因为部分医院制定的“三级查方制度”中规定了科室主任对用药方案有最终决定权。以上两种给回扣的犯罪手段简单，技术含量低，但“屡试不爽”。一般情况，在经过医药代表几次“攻势”下，通常大多数医护人员会被拉下水，按照医药代表的意思多进药、多开药、多收回扣。

三、财务人员成为医药购销商业贿赂犯罪链条中的重要人物

在药品采购中通常是医药代表向医疗单位负责人、有处方权的医生等人员给予回扣，而财务人员对采购药品的数量和种类没有决定权，所以一般情况下药商不会给财务人员回扣。但是本案的涉案单位结防所是疾控中心所属科室，没有独立财务权，业务经费均由疾控中心支出。王某在向某区结防所销售结核丸期间，为了让该单位财务科尽快结账，同样承诺给予财务科科长每箱结核丸 200 元的好处费。可见，医药代表为了更加畅通无阻的打开药品销路，绞尽脑汁，只要是能够对推销药品有所帮助的人员统统“一网打尽”，使得财务人员同样成为医药代表行贿的重要一员。

四、医疗体制存在深层次问题，为医药代表提供可乘之机

长期以来我国对医疗单位的投入不足，医疗机构为弥补空缺，客观上形成了“以药养医”的体制。医院通过“以药养医”得到的收入用于院务开支和发放职工福利，因此医疗人员对收取药品回扣行为并不抵制。而这一客观事实使医院成为药品企业、医药代表的“兵家必争之地”，在药品销售过程中明着给医院让利，暗着给医务人员回扣成为推销商有效的营销策略。一种药品要想进入医院销售，必须“过五关斩六将”，层层疏通关系，才能最终进入药房。但是，这仅仅是药品销售的第一步。为了让医生多开药，医药代表各显神通，竞相争夺医生手中的“处方权”。在利益诱惑下，不少医生和药商结成了“利益共同体”。本案中王某不仅找到许多区县结防所科室负责人，明确提出按照购药量给予医生予回扣，同时提出按照处方开出的药量给予医生回扣，从购药、用药两个环节下手，扩大销售量。由此可见，许多医疗人员收回扣行为与“以药养医”的体制是密不可分的。

五、医药购销环节监督制约严重缺位

从近年来查处医药购销领域商业贿赂案件的情况看，医疗单位个人权力过分集中、内控不足，存在内部监督制约缺位。本案中多个区县结防所负责人权限较大，可以自行决定采购药品的种类和数量，医药经销商据此拉拢腐蚀部门负责人，使他们滑入了犯罪泥潭而不能自拔。在某区结防所所长王某受贿案中，王某本身就是药事委员会成员。药商找到王某推销并承诺返利时，王某随即表示同意。不久，王某组织和主持召开了药事委员会，专门讨论采购结核丸事宜，药事委员会成员表决一致同意，随即王某通知药房按正常程序从医药公司采购结核丸。所以通常在打通了医疗单位负责人这一关节后，就可以畅通药品的销路。

【警钟长鸣】

医药回扣推高药价　打击贿赂任重道远

在我国，药价虚高是一个公开的“秘密”，零售价高于出厂价数百倍的药品并不罕见。商业贿赂，成为药价虚高的幕后“推手”。在巨大的利润“蛋糕”中，很大一部分是给医院和医生的回扣。羊毛出在羊身上，药品回扣只能摊在成本里，最终埋单的还是患者。

近年来，我国不断打击医药领域的商业贿赂，不少医务人员因收受回扣而锒铛入狱。尽管如此，药品回扣之风依然盛行。2010 年北京市检察机关查办了全市结核病防治系统医药购销商业贿赂犯罪窝串案，多个区县结核病防治所、北京某专科医院等医疗机构负责人、科室主任、财务科长、主治医师因收受医药回扣而被追责，正是“医药行业回扣是潜规则，大家都是这么干的”这一侥幸心理作祟，使这些医疗工作者没有把握住职业道德，因收受回扣触犯了刑律，被追究了责任，从而失去了今后的生活保障，落得晚节不保。

北京某专科医院主治医师胡某在接受检察机关调查时忏悔地说道：“我真没有想到事情会发展到今天这种地步，我都 55 岁了，工作了这么多年，一直是兢兢业业，谨小慎微，没有出过差错，没想到到了快退休的年龄，虚荣心让我晚节不保，我的行为给医院抹了黑，对不起我们单位，我也对不起我的家人、我的孩子，让他们跟着我蒙羞，当然我最对不起的还是那些医疗患者们，好多人都是从外地借钱来北京看病，甚至有的人拿着我们医生开的方子划完价后，由于买不起药，最终放弃了治疗，是我们这些人的贪婪加重了他们的负担，我良心受责。”

医疗工作者因收受回扣丧失了廉洁底线，落得悲惨下场，而从给予回扣的医药代表角度来看，为了更好的销售代理药品，大肆给回扣的行为同样把自己送进了班房。对于医生和医药代表来说这是否值得，或许只有他们自己心里清楚，此时后悔为时已晚。

药品购销过程中的腐败，对于整个医药行业而言，具有极强的传播性，其蔓延的结果对于社会而言后果极其严重！医药回扣的存在对医生、对医药代表、对患者、对医药卫生行业都是百害而无一利，所以，我们必须做好医药购销领域商业贿赂犯罪惩治和预防工作，营造良好的法治环境。

【法律解读】

为什么医生利用开处方收受药品回扣的行为构成非国家工作人员受贿罪？

根据最高人民法院、最高人民检察院《关于办理商业贿赂刑事案件适用法律若干问题的意见》第 4 条第 3 款规定，医疗机构中的医务人员，利用开处方的职务便利，以各种名义非法收受药品、医疗器械、医用卫生材料等医药产品销售方财物，为医药产品销售方谋取利益，数额较大的，依照刑法第 163 条的规定，以非国家工作人员受贿罪定罪处罚。

在主体上，国有医院属于事业单位，医生在事业单位中不是从事公务的人员，符合非国家机关工作人员受贿罪要求的主体身份。在客体上，医生收受回扣归个人所有的行为侵害了作为非营利事业单位医院的正常管理活动，同时也侵害了医疗市场正常的公平竞争秩序。在主观方面，医生明知收取医药代表回扣的行为违反法律规定，但是面对金钱的诱惑，仍然积极去追求这种危害结果的发生，其主观上对收取回扣具有直接故意的心理。在客观方面，医生利用了职务上的便利，收受药商的回扣。因为处方行为间接决定了药品的采购数量和种类，所以医生的职业特点决定了他在开处方时，有权在不同种类药品、同一种类药品的不同厂家中进行自由选择，并决定药品数量的多少。而且处方行为直接决定了药品的销售。医生一旦选择了某一品牌的药品，就等于在该次临床业务上将选定该类药品的某一经营者，同时排斥了其他同类经营者的竞争机会。因此，医生开处方收受医药代表的回扣是利用职务便利收受贿赂的行为。

综上所述,公办医疗机构的医生,利用开处方的职务便利,以各种名义非法收受药品销售方钱财,并通过开处方的行为,增加药品使用量,为医药产品销售方谋取利益,数额较大的,符合《刑法》第 163 条的规定,应以非国家工作人员受贿罪定罪处罚。

【对策建议】

一、加强制度建设,从制度上治理医药回扣

治理医药回扣问题必须从加强制度建设入手,要针对存在问题进行整改,提高制度落实执行力。一是针对药商向医疗人员送回扣的问题,建立抵制回扣贿赂的相应制度。如建立医药代表院内活动暗访排查制度。医疗机构纪检监察部门、卫生局医政科工作人员可以采取定期或不定期开展暗访排查的方式,及时发现并减少医药代表与医疗人员接触的机会,减少回扣空间。二是建立药品、器械"阳光采购"、"阳光物流"制度,建立药品、器械采购档案,对每次公开招标的原始资料、报价单、采购合同等资料均登记造册、归档备查,形成监督制约机制。三是针对用药不合理、不规范的问题,加快落实"阳光用药"制度。要加强对药品使用的管理和监督,严格规范医生处方行为,完善处方管理和处方点评制度,实行药品用量动态监测和超常预警等制度,纠正不合理用药。四是建立医药代表"行贿黑名单"。在药品招标过程中建立医药购销领域"行贿黑名单",对存在商业贿赂行为的药品生产企业和医药代表实行动态管理,将其不良记录予以公布。对列入不良记录的药品生产经营企业,要坚决取消其所有产品的入围资格,两年内不得接受其任何产品参加集中采购的申请;医疗机构两年内也不得以任何名义、任何形式购入其药品、医用设备和医用耗材,利用"黑名单"对"污点"企业和个人限制市场准入,坚决打击医药购销领域商业贿赂行为。

二、按照实际需求制定采购计划,实行集中招投标采购

医疗机构对药品、医疗器械、医药耗材要实行集中采购,建立健全药事委员会及其工作制度,从采购的层面看是逐步规范药品、医疗器械、医药耗材的采购,就必须坚持药房、药库根据缺药的实际情况,拟定有关的采购计划,提交药剂科主任审定,再提交药事委员会集体讨论,确定到哪家公司进行采购。对供货单位的确定,一定要先注重审查供药单位的资质是否合格,再通过比较多家供货单位的价格,集体讨论确

定,并采用严格的招投标程序。

三、加强医疗机构统方管理,重点防止为商业目的统方

现阶段,部分医疗单位通过内部信息系统对药品、高值耗材的用量进行统计,有偿提供给医药代表,便于其更好的掌握相关医疗单位用药量,形成了"用量统方—有偿提供—集中供药—收取回扣"的利益链条。加剧了医药购销环节商业贿赂犯罪的泛滥。为有效解决这一问题,建议:一是加强对药品、高值耗材统计功能管理。对医疗机构各个部门通过计算机网络查询医院信息的权限实行分级管理,对医院信息系统中有关药品、高值耗材使用等信息实行专人负责、加密管理,采取有效的技术手段,对统方行为进行监控,严格统方权限和审批程序,未经批准不得统方,防止为商业目的统计医师个人和科室有关药品、高值耗材的用量信息。二是严格统方权限和审批程序。医疗机构人员如因工作需要了解用药和高值耗材用量的情况,应严格按照程序审批、查询,未经批准不得统方、查询。三是加强对医疗机构信息系统备份数据信息的管理。对于备份数据应加密管理,防止利用备份数据为医药代表进行统方。

四、加快药品定价和价格审计机制改革,压缩药品回扣空间

一是探索通过医保采购、集团采购和价格谈判机制三位一体工作方式,使药价逐步回归到合理水平。在药品采购中加强政府监督管理,吸纳医保部门参与到药品价格谈判工作中来,形成医保采购、集团采购、价格谈判机制三位一体的采购方式,相互制衡、相互约束,畅通信息沟通,有效降低药品定价,并通过专家学者、企业代表、消费者代表、专业性消协共同参与听证会的方式增加药品定价的透明度和科学性。二是完善药品价格审计管理机构,实现药品定价机构和新药审批部门一体化管理,由质量成本监控机构、药品价格管理机构与负责新药审批、市场准入、运行规程制订的管理机构共同组成药品定价的联合审计机构,对药品的价格进行集中审计,以最终建立完善的药品定价审计管理体制。

五、深化医药体制改革,增加政府对医疗服务事业的投入

通过深化改革,斩断医疗机构、医生和药品营销之间的直接经济利益联系,从源头上防止药品回扣的产生。一是加快医疗机构内部运行机制的改革,搞好工资分配制度改革,逐步建立起分配向优秀人才和关

键岗位倾斜,体现技术要素、管理要素参与分配的符合卫生工作特点的分配制度。通过加大政府投入,适度提高诊疗费用,建立提高薪酬的正当渠道,并由政府对医生分级给予较高诊疗津贴。这样不但可以维持医生较高的生活水平,而且形成正当的多劳多得、以专业技术决定收费的分配机制,鼓励医生通过提高专业能力获得更多报酬,同时也消除了医生"逢人必开药、必开大处方"的利益动因。二是强化医疗机构经济管理,全面强化医药收支两条线管理,逐步扭转"医药不分家,以药补医"的运行机制,积极推进医院后勤服务社会化,逐步建立起社会经营、多元开发、服务优质、保障有力的新型后勤服务体系。三是加大医疗行业管理和经营体制改革的力度,引入市场机制,尽快实现各类医疗机构经营的市场化。四是鼓励更多的个人资本和社会资本以独资、合资等方式进入医疗服务行业,打破行业垄断,使所有医疗机构和药械产销企业公平竞争,让患者有更多选择余地。

第二章　药品保管环节

【导读】

药品保管一直是医院工作的重要组成部分,加强药品保管,确保药品质量是提高医疗质量,保证患者用药安全有效的重要环节。药品保管一直是职务犯罪案件易发多发的环节,而且案件一般都发生在药房的药品保管中。本章选取了药品保管环节三个典型案例,分别是北京市某社区卫生服务中心药剂科原药剂士李某贪污案、北京某医院药剂科原主管药剂师苗某某贪污案和某大学附属医院中心药房原组长耿某贪污案。这些案件有的发生在著名的三甲医院,有的发生在基层社区卫生服务中心,犯罪主体多是药房的管理人员或者药剂人员。通过对这些案例进行分析,暴露出药房保管中存在的诸多弊端:一是对药品保管环节的内控机制不完善,特别是盘点制度落实不到位。二是药品的计算机管理系统落后,药品出入药房信息核对不健全。三是单位内部监督机制不完善,账卡制度不完善。四是一些单位长期不重视医务工作人员的职务犯罪预防教育工作,导致部分医务人员对职务犯罪认识不到位。对此,本章提出了包括加强药品保管内控制度的若干建议,包括完善账卡制度,完善药品计算机管理系统,规范盘点制度等,同时也对如何加强医务人员的职务犯罪预防教育提出了具体的建议和措施。

黑手频频伸药房　监守自盗尝恶果

——北京市某社区卫生服务中心药剂科原药剂士李某贪污案

【案情介绍】

李某，男，1987年6月出生，群众，北京市某社区卫生服务中心药剂科原药剂士。

初入职场动邪念　巧抓漏洞首尝鲜

2005年，李某从北京某卫生学校毕业，被分配到北京市一个医院实习。在实习期间李某十分珍惜来之不易的工作机会，兢兢业业地钻研业务，在实习期结束后，李某成为了该医院的正式员工。得到自己第一份工作的李某本应在岗位上干好自己的本职工作，岂料因为一次偶然的机会，他却动起了偷拿药品的邪念。

李某在医院住院部药房工作，负责给病人摆药、发药，以及定期对医院药房进行盘点。2007年8月，李某在协助药房组长盘点过程中，发现药房库里经常出现盘亏的情况。按正常程序，如果出现盘亏应该把误差情况进行实际核查，并按照相应规定做出处理。但是药房组长并没有这样做，而是直接在电脑系统上把盘亏的药品用盘盈的药品来补平。李某看到这种情况后，灵机一动，心想：既然药房组长不对药品进行实际核查，那么到底缺少哪种药品其实谁也不知道，我何不利用这个机会顺手拿几盒药卖出去捞几个钱呢？于是，李某在下班后，等到药房的人员都离开了，利用自己掌握药房钥匙的便利，先后多次潜入药房并拿走了价值约5万元左右的药品。之后，李某在网上和回收高价药品的人联系，把这些药卖给回收人员，共获利3万余元。

贪欲藕断丝还连　旧习难改频作案

2007年11月，李某离开了医院，来到北京市某社区卫生服务中心（以下简称卫生服务中心）药剂科工作，职责是负责划价和发药，还有药房电脑的系统维护以及向财务负责报表。在新的工作岗位上，“聪明”的他又发现了一个作案的机会。2009年1月初，药剂科更换了工作的计算机系统程序，但在试用阶段经常出现故障。而且一般药房组的成员在登陆之后，没有人会主动退出系统的操作，后来的人不用登录就可以用前一个人的用户名和密码进行操作。李某立马意识到，系统的故障很可能导致电脑中的各项数据记录不准确，可以利用这个机会拿一些药品，并且在电脑系统中对这部分药品数量进行盘亏的操作，使得被偷拿的药品经过电脑正常的盘亏，更不易被别人发现。之后，李某便利用早晨上班前和中午值班人员午休时间偷拿药品，并将药品锁在自己的更衣柜里。为避免被人发现，李某总是用前一天晚上值班人员或其他同事的用户名和密码在电脑上进行盘亏的操作，偶尔也使用自己的用户名和密码进行操作。通过这种方式，李某先后偷拿了若干种类的药物20余次，价值人民币33万余元。拿到药之后，李某通过网络搜索高价收药的帖子，并跟回收人员通过电话联系，约定以市场价2折—5折的价格出售，前后卖出的药品共获利17万元左右。

核对记录出蹊跷　人赃俱获终落网

若要人不知，除非己莫为。李某的犯罪行径终究还是败露了。2009年3月中旬的一天，卫生服务中心药剂科的副主任王某照例组织人员对药品进行盘点，他将反映电脑系统里各种药品库存情况的盘点表打印出来，交给盘点人员后，大家便开始一一进行核对。药房组组长孔某一边在盘点表上勾画电脑记录与实际药品的差异，一边暗自纳闷，“这个胰岛素注射液不是刚进的么，怎么没几天就剩下这么几盒了？”再继续核对，还有几种药也存在同样的问题。孔某立即打开电脑记录，他发现记录中存在多次非正常盘亏。经过仔细查看、分析，他发现存在这样的规律：一是这些盘亏集中在体积小、单价高，且比较知名、抢手的药品上；二是盘亏时间集中在早上大家还没有来上班的时候；三是按照电脑显示，这些盘亏的操作人员并不固定，几乎涉及药房的每个人。他马上向王某反映了这一情况，王某也意识到这个问题很严重。经过初步计算，发现这些非正常盘亏的缺口很大，大概在十几万元左右。单位的主管领导、纪委书记得知此事后，立即做出决定：在严格保密、不打草惊蛇的前提下，调整药房内原有摄像头的位置，对药房实施一定范围的监控。两周后，监控录像显示：在药房工作不到两年的李某几次将药品放在自己的更衣柜里，并经常于早上、中午在电脑上进行操作，行为非常可疑。不仅如此，他上班时打电话特别频繁，还经常不按正常时间上下班。鉴于李某的种种举动，单位领导和同事均认为他存在重大嫌疑。2009 年 7 月的一天，李某再次偷拿药品时，被同事当场发现，并在他的柜子里发现了大量被盗的药品。至此，李某自认为天衣无缝的犯罪行为终于大白天下。

2009 年 12 月，经过北京市某区人民法院的审理，认定李某利用职务之便，窃取本单位药品价值共计人民币 39 万余元，其行为已构成贪污罪，判处有期徒刑十年。

【案例评析】

一、药品盘点工作不规范为作案人员提供可乘之机

本案中，无论是李某在第一次工作的医院还是在卫生服务中心实施的犯罪行为，都是利用所在单位对药品盘点的疏漏。首先，对于盘点过程中发现的账实不符的盘盈盘亏问题，没有执行严格的复查程序。在发现药品盘亏问题之后，简单地以盘盈的药品数量填补盘亏的药品数量。既没有及时对药品和账目进行逐一核查，也没有对每一笔药品盘亏原因进行仔细分析，找出误差的原因所在。其次，在盘点出现误差后，没有按时报送内部财务部门及时进行财务处理，而是逐月累计，造成财务难以进行账务处理而长期挂账的恶果。本案若不是最后药品的财务亏损缺口较大，很难引起相关工作人员的注意。最后，盘点工作没有建立明确的工作规范，导致部分医师随意进行盘盈盘亏的处理。药品盘点工作是药品管理工作的重中之重，每位负责盘点工作的药剂师倘若不对每一笔误差具体负责，将会严重影响药品日常的管理工作。本案中，正因为没有制定对盘点出现的误差责任到人、与工资津贴等挂钩的奖惩制度，才使得随意盘点、随意更改盈亏的现象愈演愈烈。

二、药品的计算机管理环节存在严重弊端，为内部人员作案提供较大空间

首先，药品管理系统权限分配过广，没有专人负责盘点工作的规

定，这样就使得药房内每个登录系统的工作人员都可以进行盘亏盘盈的操作。李某在卫生服务中心工作期间，就是利用这一点进行盘亏操作，从而顺利作案。其次，所有登录此系统的药房工作人员无需审批，仅仅通过计算机输入就可以将一些药品进行盘亏，具有极大的随意性，缺乏发现后立即通报、由主管领导审批进行操作等的限定。最后，缺乏严格计算机管理的安全保密制度。本案中，医院工作人员登录计算机后、在交接班的过程中并没有退出已经登录的系统，执行严格的保密制度，而李某正是利用早晚班和午班的交接时间，利用已经登录系统的他人用户名进行违规操作，这使其操作痕迹不易被发现，具有很强的隐蔽性。

三、对药品管理的财会工作和日常工作的监督不到位，导致损失被逐渐扩大化

首先，内部财会部门过度依赖药品管理网络系统所显示的数据，只注重账账相符，而不注重账实相符，不作深层的核查和监督，忽视药品实物与计算机显示的数据间的一一对应关系，致使医院部分人员可以利用不同种类的盈余的药品填补亏损的药品，为药品管理上出现更大的问题埋下祸根。其次，没有建立一个有力的监督核算机构，用以对财会部门上报的数据和财务账进行进一步的审查和核实，没有树立起一个最后的屏障来避免因为财会部门的工作疏漏而直接导致药品损失。最后，在对接收、盘点、发放药品等日常管理工作中，缺乏医院内部相关部门之间的互相监督，尤其是医院药剂部门、信息中心和财会部门之间的互相监督，就可能导致药剂发放以及盘点工作出现疏漏，导致拖延上报、违规操作的行为更不易被发现，最终使得损失逐步扩大。

【警钟长鸣】

生邪于无意　丧志于无形

李某成长于一个普通的家庭，父亲是一家餐饮公司的职工，母亲则在某购物中心工作。因为是整个家族的独生子，父母、亲戚都对他百般呵护，甚是疼爱，只要是他提的要求，大家都尽力满足。上学的时候，他的虚荣心就比较强，看到别人穿名牌衣服和鞋，就要去买，手机更是接二连三地换。后来参加了工作，他见的有钱人更多，于是在艳羡之余就开始模仿，在囊中羞涩时起了贪念，用他自己的话说，就是“想从药房拿点药、换点钱”。

案发前，李某凭借自己变卖药品的获利而大把地挥霍赃款，衣食住行样样讲究，生活可谓是声色犬马、纸醉金迷。他经常请朋友去酒吧、餐厅消费，最多时一次就能花五六千元；带女朋友去四五星级酒店，每晚的房费至少一两千；随便吃点意大利面也有三四百；平时都带两部手机，用半年就换新的；最初上班、外出游玩都是打车，后来为图方便干脆租车，每周租 3 天，租金 1000 元；最令人不可思议的是，他居然常常让自己的包车司机拉着他在市里漫无目的地闲逛，并请司机吃饭、洗澡、做按摩。除此之外，他还到娱乐场所去嫖娼，曾被行政拘留 15 天。在大家的眼里，李某还特别“爱显摆”，说话“特没边”。他对这个朋友说他爸是开公司的、他妈是银行的，对那个朋友又说他爸妈都是公务员、是副局长；他常说自己家里很有钱，仅房产就值几千万，还把“不靠工资活着”挂在嘴边；他甚至向别人吹嘘自己是药房主任，还说不用多久就能当上院长助理。

这就是一个 22 岁年轻人的生活。一个本该在工作岗位上发光发热、勤学苦练的人，却因扭曲的人生观、价值观改变了自己的一生，除了“骄奢淫逸”，很难再用其他词语来概括。所谓“生邪于无意，丧志于无形”，李某就是这样把双手伸向了药房，把自己送进了监狱。

【法律解读】

李某向所在单位交代自己犯罪事实的行为，为什么没有被认定为自首？

我国《刑法》第 67 条规定，犯罪以后自动投案，如实供述自己的罪行的，是自首。依据最高人民法院、最高人民检察院《关于办理职务犯罪案件认定自首、立功等量刑情节若干问题的意见》第 1 条的规定，“成立自首需同时具备自动投案和如实供述自己的罪行两个要件。犯罪事实或者犯罪分子未被办案机关掌握，或者虽被掌握，但犯罪分子尚未受到调查谈话、讯问，或者未被宣布采取调查措施或者强制措施时，向办案机关投案的，是自动投案，在此期间如实交代自己的主要犯罪事实的，应当认定为自首。犯罪分子向所在单位等办案机关以外的单位、组织或者有关负责人员投案的，应当视为自动投案。”

本案中，李某的犯罪行为被其所在单位发现。在单位领导找其谈话时,李某如实交代了自己贪污药品的犯罪事实。根据司法解释,“自动投案”就要求犯罪事实未被司法机关或所在单位所掌握,或虽被掌握但犯罪分子未受到讯问或采取强制措施时,向司法机关或所在单位投案。在李某作案之后,所在单位的领导和工作人员通过监控录像,已经发现李某偷拿药品的行为,且当李某故伎重演的情况下,被单位工作人员当场抓获,在犯罪事实已经被所在单位握有的充分证据所掌握的情况下,李某向单位如实交代犯罪事实的情况就不属于“自动投案”。可见,李某的行为符合“如实供述自己的罪行”的要件,却不符合“自动投案”的要件,因此不成立自首。

【对策建议】

一、规范药品管理的盘点工作,确保每一项药品盈亏都有据可查

首先,采取责任到人的盘点工作并确立相应的奖惩机制。盘点工作由药房组长、药剂师以及相关医师负责,每年年底或药品流动量大的特殊时期也可以由主管院长带队参与。将药房药品分工到人,每位工作人员承担责任柜的药品盘点工作,若发生严重误差的盘亏以及盘盈的情况,按误差金额一定比例扣除相应工作人员的工资和绩效。其次,盘点结束后,对由于各种原因出现账实不符时,药房组成员应及时做好复查工作。对账实不符的品种进行原因分析以及与药库实物对账等工作。对于某些数量较大且不明原因的药品信息,应该对其进行登记备案,跟踪观察,并及时向上级主管领导汇报。最后,药库和药房在药品盘点后出现盘盈和盘亏的情况,应及时制作盘点清单并向财务部门汇报,确保财务部门的报表做到定期更新和处理,避免账目累积而带来的不便。

二、完善药品管理的计算机操作系统和操作程序,将违规操作扼杀在摇篮之中

首先,完善所有药品库工作人员都有权操作盘亏的权限设置,赋予专人享有盘亏操作的权限,并完善计算机登录的保密功能,采取超时不操作即自动退出登录的操作系统。其次,严格限定盘亏操作的实质要件和具体审批程序。遇到需要盘亏操作时,需先向药房组长以及主管领导汇报,主管领导在药房组成员查实盘亏的具体原因后,才有权指定专人进行盘亏的操作,减少操作的随意性。最后,由于盘亏操作的重要

性，可以在计算机内部添加对盘亏操作的监控软件，对不正常操作在计算机上进行预警提示，必要的时候还可以锁定操作系统。

三、充分发挥药品管理中各部门的监督和协调作用，保障药品管理的有序进行

首先，充分发挥财务部门在药品管理中的内部监督作用。严格控制借药、换药、退药现象，完善手续、规范程序。加强对药剂科相关人员及药品会计的财务、网络等相关知识的培训，将药品管理与财务制度规定、账物处理的要求结合起来，做到及时对账、定期盘点、经常抽查，及时发现问题、堵塞漏洞。其次，设立专门的核算室，直接对药房的库存情况、药品盘点、财务部门的初核结果进行监督管理。每月定期由核算室随机抽查若干种药品的库存情况，验证盘点及财物部门的账目结果，并将抽查结果进行内部逐级报送，保证药品库存的进出量以及财务正常的出入账，做到万无一失。最后，在日常药品管理过程中，医院药剂科、信息中心和财务部门之间应该通力合作，互相监督。三方共同严格控制处方药品品种及金额，财务部门限制科室用药的经费数量，药剂科限制用药比例，信息中心对用药的各科室具体数量和比例进行说明和公开，在对药品比例进行有效监控的同时，对“大处方”药进行有效监控。还可以建立处方管理，由药剂科每天设专人统计药品处方消耗，实行实耗实销，财务部门负责规范药品进、销、存的实物管理、表格填报、会计核算、财务分析等流程，信息中心明确药品实物管理人员、药品会计人员、财务核算人员、药品主管部门各自管理责任，使药品管理内部控制制度化、日常化。

三甲医院“失窃”案　贪念毁掉药剂师

——北京某医院药剂科原主管药剂师苗某某贪污案

【案情介绍】

苗某某，男，1966 年 10 月出生，群众，北京某医院药剂科原主管药剂师。

药品频丢引注意　为查真相装监控

2008 年 7 月 7 日是个星期一，北京某医院（以下简称某医院）病房药房组长张某上班后发现药房肿瘤药柜的药品法码新粉针少了很多，由于 7 月 5 日其值班时法码新粉针还有很多，周末很少发放大量药品，为什么会突然少了这么多？这引起了张某的注意。于是他翻查值班表，发现 7 月 6 日值班的是药房的主管药剂师苗某某，于是将这一情况向西药剂科主任史某某汇报，由于没有直接证据，史某某就让张某多注意苗某某。在接下来的 10 多天里，张某多次发现苗某某负责的药柜药品减少，但是却没有领药的处方单。于是，史某某和张某便想通过摄像头观察药房，但是苗某某每次拿药时都要打开药柜门，挡住摄像头，两人也不能断定是否是苗某某监守自盗。为了进一步核实情况，史某某、张某和医院保卫处秘密商议，在下班后由保卫处秘密安装一个摄像头，正对着苗某某负责的那三个药柜。

引蛇出洞待时机　视频监控现原形

为了能尽快查明药品丢失是否与苗某某有关，2008 年 7 月 29 日下午，西药剂科主任史某某召集药剂科的组长们开会，作为病房药房组长的张某开会前特意看了一下苗某某负责的药柜，等张某开完会回来时发现，苗某某负责的药柜又缺了不少药，张某便将此事汇报给西药剂科副主任沈某，并与医院保卫处一起到中控室查看监控。通过监控录像，他们看到了苗某某偷药的全过程。保卫处迅速与当地派出所驻医院的民警一起找到苗某某，起初苗某某百般抵赖，死不认账，在民警晓以利害后，他承认了偷药的事实，并交代了其前后三次作案的经过。随后，民警在苗某某个人的储物柜和家中，发现了价值6000余元的药品。

天网恢恢疏而不漏　药剂师“盗窃”终追究

苗某某1984年至1987年在北京卫生学校学习，毕业后他顺利被分配到学医之人向往的该医院从事药剂工作，2000年被调至该院病房药房工作。2008年年初，苗某某听说自己要被调到医院新建的干保楼药房工作，由于干保楼的药方是电脑操作机房发药，他不可能偷药，所以他打算提前从药房里拿一些药，到医院的药房换其他常用药品，占医院点便宜。于是，在2008年5月至7月间，苗某某利用管理药房药品的便利，先后三次窃取药房法码新粉针、波立维片、洛赛克粉针等9种药品，价值9000余元。

2009年1月13日，原北京市宣武区人民法院以贪污罪，判处苗某某有期徒刑一年零六个月，缓刑二年。苗某某因为一时的贪念步入歧途，最终受到了法律的惩罚。

【案例评析】

一、药房工作人员分工不细，内部监督制度难以落实

本案中，案发医院病房药房管理制度存在较大漏洞。组长张某是药房的领导，负责药房的全面工作，其他人在具体分工上没有区别，都是做发药的工作，其中苗某某负责肿瘤、止血、安眠三个药柜。每周二，苗某某将自己负责的三个药柜进行清点，看需要补充什么药品，然后打单子给药库，由药库进行补充。药房每个月25日左右盘点一次，每个人将所负责药柜的药品打一个清单，交给张某，张某大致看一看。最后将清单交到药剂师的会计组，会计组进行核算。从整个过程可以看出，药房需要补充的药品由每个负责人分别提供数据，药房组长也只是对清单大致地审核，药房内部再无其他审核环节，这造成了对药柜的具体负责人缺乏监督。

二、药房账目管理混乱，药品管理责任不到位

2008年7月23日，案发医院组织人员对该药房进行盘点的时候，

药房亏空达到十几万元,许多药品不翼而飞,说明该药房长期存在药品丢失问题,而这一问题院方长期没有给予足够的重视。药房账目管理混乱,药品进出药房的具体数目不能有效核对,特别是药剂师对责任药柜丢失的药品不承担责任,药剂补充与分发管理人员所列的药品补充单数目是否正确没有认真核对,这导致药品在该环节丢失后难以倒查,追究责任。

三、药房的账卡制度执行不到位,导致对部分药品监管失去有效手段

本案中,案发医院根据国家医疗管理部门相关规定,在药房建立了账卡制度,对于单价在100元以上的药品要求在发出药品时必须登录账卡。然而本案中,苗某某第一次盗窃的诺雷得缓释植入剂单价2000多元,但是这一药品却没有建立账卡,原因在于诺雷得缓释植入剂原来不是中标药,药品中标后,账卡却未及时建立,而苗某某盗窃的另一种药品法码新粉针,也是按规定应该建立账卡却没有建立。这说明该医院药品的账卡制度并不完善,使院方对药品管理缺乏有效的手段。

四、药房管理不严,私下换药现象普遍

近年来,一些大医院"以药换药"盛行,导致部分药品管理人员盗窃药品换药出售。从外部因素看,这与我国目前不太规范的药品定价体系不无关系。当前,各种新药层出不穷,定价方式多种多样,奇异剂型、奇异规格不断出现。很多药品药效相近但价格差别很大,给换药者以可乘之机。从内部因素看,与医院药房普遍实行粗放的管理模式有关。比如,医院对药品监控多采用销售总额是否与"成本+收益"相符的"金额管理"的方法,而不核实出售药品与其进货的药品数量是否一致,这种管理方法为"以药换药"提供了可能,埋下了隐患。同时,有些医院为了拉医保病人这部分病源,私自允许药房对一些药品进行换药。本案中苗某某称"我偷这些药准备将来换点常用药。在我们医院药房就可以换,瞒着我们药剂科主任,我们私底下都这么干。我看见挺多人都这么干。"这说明该医院"以药换药"盛行,存在违规行为。

【警钟长鸣】

一时贪念毁终生　莫以利小而为之

1966年出生的苗某某身材矮小,自幼性格内向,与自己的亲属来往极少。1984年,18岁的他遵从父亲的意志到北京卫生学校学习,3年后，苗某某毕业，分配到案发医院的药剂科工作。性格内向的他一直四平八稳，安分工作，业余时间，苗某某爱好收集古董，经常到一些古玩市场打发时间，他也收集一些佛教产品，倒手挣些外快，同时他还在北京拥有两套住房，这是多少人向往的快乐平淡的北京生活，而这种平静和美好却被他一时的贪念葬送。

2008 年，已经在该医院从事药剂工作 26 年的苗某某听说自己可能要被调往该院新建的干保楼药房，而干保楼的药房是电脑操作机房发药，想到自己调过去后可能不再回来了，而且自己目前的月收入仅有 5000 元左右，相比之下，一些年轻的医生都比自己的工资高很多。生活平淡的他顿时起了贪念，看到很多人拿药物到单位的药房换药，他便想从自己所负责的药柜拿些药去换些家中的常备药，就在这种贪念的左右下，他忘记了自己的职责，将手伸进了自己负责的药柜，一次、两次、三次。就这样，在贪念的左右下，一份固定的工作也失去了，而且自己还站在了法院的被告席上，不仅被法律责难，还为道德所不齿。苗某某的案例再一次告诫广大的医务工作人员：要一日三省吾身，杜绝贪腐的邪念，还心灵一方净土。

【法律解读】

一、药剂师盗窃药品为何构成贪污罪?

苗某某作为一个负责药品管理的药剂师，为何其盗窃药品会构成贪污罪，而不是盗窃罪?

贪污罪与盗窃罪最根本的区别是两者的犯罪构成不同，贪污罪的主体是国家工作人员，而盗窃罪的主体是一般主体。盗窃罪是指以非法占有为目的，秘密窃取公私财物数额较大或者多次盗窃公私财物的行为。而贪污罪，是指国家工作人员利用职务上的便利，侵吞、窃取、骗取或者以其他手段非法占有公共财物的行为。所谓窃取，是指行为人利用职务之便，将自己合法主管、管理、经手的公共财物，以秘密窃取的方式据为己有的行为，即通常所说的监守自盗。如国有商店的售货员窃取自己经手和管理的货物、货款，银行柜台营业员盗窃自己经手和管理的存款等。本案中，苗某某工作的医院是国有事业单位，苗某某系该单位在编职工，现职称为主管药剂师，符合国家工作人员身份。因此，本案中，苗某某作为药房工作人员，利用自己职务之便，窃取自己管理的药品，应当构成贪污罪。

二、贪污罪适用缓刑应具备什么条件？

本案中，苗某某利用职务之便，窃取单位价值9000余元药品，后被法院判处缓刑，那么对于贪污罪，适用缓刑的条件有哪些呢？

根据《刑法》第72条规定，对于被判处拘役、3年以下有期徒刑的犯罪分子，同时符合下列条件的，可以宣告缓刑，对其中不满18周岁的人、怀孕的妇女和已满75周岁的人，应当宣告缓刑：(1)犯罪情节较轻；(2)有悔罪表现；(3)没有再犯罪的危险；(4)宣告缓刑对所居住社区没有重大不良影响。同时，根据最高人民法院、最高人民检察院《关于办理职务犯罪案件严格适用缓刑、免予刑事处罚若干问题的意见》(法发〔2012〕17号)第2条规定，不适用缓刑的职务犯罪分子包括以下几类：(1)不如实供述罪行的；(2)不予退缴赃款赃物或者将赃款赃物用于非法活动的；(3)属于共同犯罪中情节严重的主犯的；(4)犯有数个职务犯罪依法实行并罚或者以一罪处理的；(5)曾因职务违纪违法行为受过行政处分的；(6)犯罪涉及的财物属于救灾、抢险、防汛、优抚、扶贫、移民、救济、防疫等特定款物的；(7)受贿犯罪中具有索贿情节的；(8)渎职犯罪中徇私舞弊情节或者滥用职权情节恶劣的；(9)其他不应适用缓刑、免予刑事处罚的情形。同时该意见第3条规定，不具有本意见第2条规定的情形，全部退缴赃款赃物，依法判处3年有期徒刑以下刑罚，符合刑法规定的缓刑适用条件的贪污、受贿犯罪分子，可以适用缓刑。

本案中，苗某某在案发后，如实供述了自己的犯罪事实，同时全部退缴赃款赃物，原北京市宣武区人民法院判决其有期徒刑1年6个月，属于3年以下有期徒刑，同时其不具有上述意见第2条规定的相关情形。因此，对其可以适用缓刑。

【对策建议】

一、强化盘点制度，加强药房内部的监督制约机制

本案中，苗某某之所以能够得手，一个重要原因是药房内部的监督机制不到位，药品管理人员对自己丢失的药物不负责任，盘点制度流于形式。对此，应从以下几方面进行改进：一是由药剂科主任组织定期或不定期的检查，重点核对药房是否按处方出药；二是严格药品的计划、采购、入库验收制度和财务制度；三是药房必须定期进行盘点，做到账实相符，逐日消耗统计，发药窗口坚持处方调配、发放制度；四是药品保管人员调动工作时，严格交接手续，交接双方应在有关账卡等表格上签字，以示负责。

二、优化药房传统管理模式，坚决杜绝"以药换药"现象

本案中，苗某某在口供中也称他所在的医院药房经常私下"以药换药"。对此，建议改变药房管理"金额控制"的传统模式，变"金额控制"为"金额控制＋数量控制"。在"数量控制"方面，要采取计算机数量管理，将入库药品信息化，对购进的药品产地、批号、规格等进行详细登记，药房出药时要进行扫码识别，并自动记录，实时反映销售药品的时间、数量、品牌和规格等，并能动态显示药品的剩余量。此外，还要将医院药房、药库、收费采取联网电脑化管理，更好地消除传统的"金额控制"模式难以杜绝以药换药现象的弊端。

三、完善药房管理的账卡制度，加强对大额药品管理

本案中，苗某某所窃取药物中有两类药物是应当建立账卡而未建立的，医院这一制度上的漏洞为苗某某偷拿药物埋下了隐患。对此，建议医院应完善账卡制度，查缺补漏，对所有应建立账卡的药物进行清点，并弄清底数。同时，对售出的药物要及时登记，在计算机账卡管理系统中，应当对当班的药剂管理员授予不同的密码，交接班时，接班人员应当核对账卡药品的实际存量和计算机账卡上的数量，做到账实相符。

克己奉公三十载　药品贪腐失晚节

——某大学附属医院中心药房原组长耿某贪污案

【案情介绍】

耿某，女，1954年12月出生，中共党员，某大学附属医院中心药房原组长。

转业士兵管药房　恪尽职守三十年

1969年12月，年仅16岁的耿某参军，成为一名光荣的医务兵。在部队里，耿某勤于钻研，刻苦好学，很快掌握了大量的药理知识。由于她的优异表现，1973年转业后，耿某被分配到地方医院从事药剂工作。工作后，耿某继续发挥其在部队的优良传统，认真负责、坚守岗位，每天与进进出出的大量药品打交道，从未出现过任何差错。由于工作勤奋，耿某得到领导的肯定和信任，先后在几家医院担任药房的组长。

2001年，耿某被任命为某大学附属医院中心药房组长，负责对中心药房日常工作的全面管理、审查和监督。另外，手术室专用的毒麻类药品的发放、登记、审核、盘点、做账也由耿某一人全权负责。在此期间，耿某发现药房发药的计算机管理系统存在可以修改电子药方的漏洞，但她并没有因此动过邪念，仍然认真、准确地发放、审核每一批药品。然而，耿某的工作和生活从2006年1月开始偏离了正常的轨道，一步步走向了自我毁灭的深渊。

可怜丈夫患绝症　可悲妻子走险路

2005年8月，耿某的丈夫被查出肝癌晚期，已无法进行手术治疗。这一消息如同晴天霹雳，年过半百又是医务工作者的耿某不能眼睁睁看着老伴离自己而去。她四处求医问药，打听治疗方法，当得知灵芝孢子粉、冬虫夏草等名贵药材有疗效后就倾其所有，买入各种药材，很快就花光了家里的积蓄。

就在无奈之时，耿某想到了药房计算机管理系统的漏洞。因为手术室的毒麻药由她一人管理，系统设计漏洞导致她可以私自修改医生输入电脑的电子处方，护士取药时只按医生输入的药量取药，并不与中心药房的电脑进行核对，这样她就可以在无人知晓和审核的情况下虚增药品，再把药卖给药贩子换钱。从2006年1月起，耿某就采取这种手段虚报药品用量，冒领后将卖药的钱给丈夫看病和买补品。然而铤而走险换来的钱仍然没能挽留住丈夫的生命，2006年8月，耿某的丈夫去世。

一纸举报揭谜团 纵有恻隐罪难赎

就在耿某的丈夫去世后的两个月，岂料坏消息接踵而至，她的父亲又被查出胃癌，已经尝到"来钱快"甜头的耿某继续以相同的犯罪手段获取钱财为父亲治病。直到2007年7月案发，为了在短期内获得最多的钱，在近一年半的时间里，她每周都要作案2次—3次，每次犯罪数额少则几千元，多则上万元。为了修改电子药方和拿药时不被同事发现，她经常下班以后"加班加点"，以至同事们误认为她很敬业，为了便于药品出手，她专门挑价格高、易销售的18种药品，进行药方修改，虚增药量最多的某一品种达上千支。为了避免犯罪行为暴露，她从街头小广告中不断寻找新的药贩子、变换新的卖药地点。然而，事实证明，抱着侥幸心理铤而走险，只能是自欺欺人。

2011年2月，检察机关接到一封举报信，反映耿某在任职期间有虚增用药、贪污中心药房药品的行为，数额高达数十万元。该信无论是对被举报人，还是对犯罪手段、犯罪数额都描述得非常清晰，侦查员马上意识到此案的真实度相当高，秘密初查就此展开……经检察机关侦查发现，耿某在2006年至2007年间，采取多记手术患者用药量的方法将多记的药品据为己有，涉及金额多达30余万元。

2012年11月14日，随着北京市石景山区人民法院法槌的敲响，耿某因贪污罪获刑七年。此时，已经58岁的她在失去丈夫后，自己也不得不走向监狱，演绎了一段令人惋惜的人生悲情故事。

【案例评析】

一、药房管理制度执行不严且审计工作落实不力

本案中，医院对药房的管理制度设计上存在缺陷，并且相关监督制度执行存在“死角”，主要体现在以下几个方面：一是案发医院中心药房工作人员在药品请领、发放、盘点等工作中，未遵照药品发放制度执行，造成药品管理混乱，管理情况不公开、不透明。二是在使用单位内部药品管理系统时，没有严格执行专户专用的方式登录系统来管理和发放药品。不仅药房组长在系统中具有修改患者用药量的权限，而且相应的每月药品盘点也是由药房组长牵头进行，缺乏对药房组长工作流程相应的规范管理。三是医院对于药品管理环节的审计监督工作没有落实，耿某在近一年半的时间里连续多次虚报用药量，审计人员竟然毫不知情，不能不说单位审计工作落实不力。

二、耿某作为药房组长，权力过于集中且内部监督难以落实

案发医院《中心药房组长岗位职责》第3条和第7条规定，督促检查全组认真执行毒、麻等贵重药品的管理，安排每月盘点和月报表上报工作。负责本组药品申领计划、药品供应、药品发放及审核。从这些规定都可以看出耿某对中心药房的药品入口、出口、上报具有全面、具体的掌控权。但我们发现，医院在赋予其权力的同时，相对应的监督制约力量并不与之平衡。耿某自己供述：“其他人不能从中心药房套走药品，因为我是中心药房的组长……如果有别人这么干的话肯定能被我发现，而且我主管手术室的药品管理工作，这活别人都不沾边。”耿某手下的组员也都反映：“一开始我们还负责手术室病人用药的发放，但到后期，耿某就不让我们插手手术室用药的网上录入以及用药单据的核对工作了，只由她一个人负责，我们就只负责发放药品。”由此可见，个人权力过于集中，且排斥相关岗位人员的制约和监督，为其虚报药品提供了极大的便利。

三、药品计算机管理系统设计存在严重缺陷，为耿某虚报药品埋下隐患

药品计算机管理系统设计的缺陷是诱发本案发生的重要原因，主要体现在以下几个方面：一是中心药房的手术室处方发药系统存在漏洞，药房人员可随意修改手术室护士输入的处方药量，而护士在领取药物时只会依据医生开的用药单来领药，不会再去检查中心药房计算机

中的数据与用药单是否一致。二是中心药房发药系统与手术室处方发药系统不联网,药房人员修改药方后医生、护士无从发现。三是中心药房的发药系统与财务室的收费系统也不联网,财务室不能对药物的实际支出与收费金额进行比对。因此,药品计算机管理系统设计缺陷也是本案得以发生的重要原因。

四、医务科室医生、财务部门、护士站对药房的监督作用微乎其微

一是按照正常流程,医院财务室每个月对中心药房进行盘点时,发给组长一份盘点表,由组长填写,只要填写的药品和金额能对上就行,财务部门对药品的实际支出量与收入金额是否相符进行审核。二是医生将处方交给患者后,患者到药房领药,而患者具体用药多少,医生也不知情。上述三是护士站只是按照医生开具的处方去药房领药、叮嘱病人服药,而药房究竟有无在处方上动手脚,护士站也不知晓。上述种种因素导致了作为组长的耿某一人负责盘点、统计,其非常清楚每个月虚增了多少药物,而其他科室完全不知道药品实际用量,外部监督缺失是造成本案发生的又一个重要原因。

五、国家相关部门对医药卫生领域的药品流通监管存在问题,导致非法药品交易愈演愈烈

国家卫生部门对各地医院、卫生所等医疗单位进药渠道的管理存在疏漏,滋生出药品地下交易产业链。近年来有"城市牛皮癣"之称的小广告泛滥成灾,其中有很多是药品回收,药贩子与私人之间药品买卖活动非常猖獗,而促生这一非法交易的人群中不乏医务工作人员的身影,耿某就是其中之一。她将药品以市场价 70% 的比例卖给药贩子,在一年多的时间里就获利 30 余万元,不仅损害了本单位和患者的利益,同时对国家药品监督管理工作造成了严重危害。

【警钟长鸣】

眷顾亲情不能罔顾法律

翻开耿某的履历表,映入眼帘是一张面带微笑、眼神自信的中年女性的照片。耿某 16 岁参军,21 岁入党,从部队转业后在医院从事药剂师工作 24 年,其丈夫在某事业单位担任中层领导,可谓人生顺利、家庭美满。然而天有不测风云,丈夫突如其来的重病使这个沉稳的女人迷失了人生的方向,为了亲情,她选择了犯罪。当我们见到等待法院判决的耿某时,57岁的她已是面容憔悴、身材佝偻。在审讯中、法庭上耿某多次痛哭流涕,为自己的行为深深自责,悔恨不已。她忏悔道,“虽然我贪污公款的起因是由于丈夫身患绝症,但是说到底还是贪欲毁了我、我又毁了自己的家,我对不起家人,对不起单位和组织的培养和信任,我愿意接受任何惩罚,我希望用我的事例作为反面教材,告诫我的同行们千万要把握住自己,不要做违法犯罪的事,天网恢恢、疏而不漏”、“如果我丈夫在天有灵,知道我为了挽救他的生命而贪污公款一定死不瞑目;如果我父亲知道我用贪污的钱为他治病要蹲监狱,一定会生不如死”。耿某对丈夫的恩爱、对父亲的孝敬的确令人动容,但她采取的方式却为道德所不齿、为法律所不容。每个人都有亲人,每个家庭都可能面临各种各样的困难,但是以犯罪拯救亲情、解决困境,无异于饮鸩止渴。虽然此案已经结束,但是它带给人们的思考远未结束,它告诫我们,眷顾亲情绝不可罔顾法律。

【法律解读】

耿某接到侦查机关电话通知后自动到案并如实供述犯罪事实,为何认定为自首?成立自首需要满足什么条件?

本案中,石景山区人民检察院在侦查耿某涉嫌贪污案件过程中,电话联系到耿某的儿子,表明身份以及说明理由后,通知其带耿某来院接受调查。耿某在其子陪同下到石景山区人民检察院后如实供述了其于2006年11月至2007年7月间,利用其担任案发医院中心药房组长的职务便利,将该医院中心药房价值30余万元的药物据为已有的事实。那么,对此行为能否认定为自首?

自首的成立需要自动投案和如实供述两个要件。根据最高人民法院《关于处理自首和立功具体应用法律若干问题的解释》(法释〔1998〕8号)规定,并非出于犯罪嫌疑人主动,而是经亲友规劝、陪同投案的;公安机关通知犯罪嫌疑人的亲友,或者亲友主动报案后,将犯罪嫌疑人送去投案的,也应当视为自动投案。本案中,耿某在其子陪同下到检察院,应当属于自动到案,且其到案后如实供述了自己的罪行。后法院依法认定了其构成自首,并对其从宽处理。

【对策建议】

一、规范药房管理制度，明晰职责权限，防止个别岗位权力集中

针对本案中案发医院中心药房管理制度存在的缺陷，建议从以下几个方面进行整改：一是严格药品信息公开制度，医院要及时公开每位患者的用药信息，建立医生和药房信息沟通反馈机制，使医生知晓药房给每位患者实际的药物供给状况，防止药房虚报患者的药物用量。二是在使用单位内部药品管理系统时，严格执行专户专用的方式登录药品管理系统来管理和发放药品，限制药房组长拥有的修改患者用药量的权限。三是建立药房岗位内部监督制度，完善药房组长牵头盘点的工作流程，规定药房药量盘点须有 3 人以上盘点并签字，防止个别人员权力过大，包揽所有事项，以消除药房内部管理缺陷滋生腐败的可能。

二、严格审计制度和财务检查，及时发现药品管理中存在的不端行为

建议从两个方面改进对药房的外部监督工作：一是审计部门必须定期对药房用药量进行审计，重点核查医生所开处方药物使用量与药房药物实际配给数量是否一致，药物总量减去病人配给量后与剩余量是否一致，同时还要核对药物的生产厂家、品牌等具体规格，确保药物按处方发放；二是加强对药房的财务管理工作，建议医院财务部门对药房进药开支、病人用药开支进行定期或不定期核对，密切关注药物使用量异常增长等情况，便于及时发现药房某一药品虚增的情况。

三、升级药品计算机管理系统，便于与药品发生关系的各个医务单位和行政部门相互监督

本案中，药品计算机管理系统设计的缺陷是诱发案件发生的重要原因，针对这一疏漏，建议医院升级药品的计算机管理系统，并使新系统具备以下几个重要功能：一是药房计算机管理系统需要与处方药发放系统、护士站药物领取系统和财务室收费系统联网，便于三方面及时核对药物实际用量；二是该系统应当具有自动对比功能，对以上三个系统对某一病人实际的用药录入出现不符时，系统应当自动提醒；三是系统报警功能，对于药房对比出现的不实数据，必须要有更高权限的人员进行修改，如果有其他人员修改，系统能够进行报警，使院方能够及时发现问题，及时处理。

四、严格执行药品流通环节相关规定，打击药品地下交易行为

本案中，耿某之所以能够将虚报的药物进行倒卖，说明由国家对药品流通环节的管理存在疏漏，导致滋生药品地下交易产业链。针对此种情况，建议国家医药卫生管理部门严格执行相关规定，规范各级药品生产、流通和销售部门的各个环节，规定销售的药物必须通过正规途径进货，严厉打击从非正常途径进货行为，加大对部分医疗部门使用非正常途径购买药物的处罚力度。同时，建议采用公安机关对毒麻类药品进行编号的管理办法，对毒麻类药品流通的每一个环节进行备案，方便事后倒查和责任的追究。

第三章　医药监管环节

【导读】

医药监管部门作为医药用品从生产到投向市场的把关环节，决定着药品器械质量的好坏。近年来，医药监管部门内部屡屡出现贪腐案件，凸显出监管不严、监管不力等问题，致使一些问题药品流入市场，对百姓的身体健康造成了严重的威胁。本章涉及的案例包括：某药品生物制品检定所血液制品室原主任白某贪污、受贿案；某药品生物制品检定所疫苗二室原副主任祁某受贿案，某食品药品监督管理部门药品注册司生物制品处原调研员卫某受贿案，某食品药品监督管理部门药品认证管理中心检查三处原工作人员孔某受贿案，某食品药品监督管理部门药品审评中心信息部原工作人员陈某受贿案。上述案例反映出在医药监管部门中监管人员权力过大，检验程序不规范，缺乏对监管人员的监督和制约等问题。针对这些问题，本章提出诸多行之有效的措施与对策，包括合理分配监管人员的职权、加强对监管人员的监督、建立公平透明的监管程序等。

高端人才利欲熏心　贪污受贿样样不落

——某药品生物制品检定所血液制品室原主任白某贪污、受贿案

【案情介绍】

白某，男，1958年7月出生，群众，某药品生物制品检定所血液制品室原主任。

高学历身居要职　正常购销获“厚礼”

2000年，白某在完成自己的博士后研究后，受国家人事部专家司派遣来到某药品生物制品检定所血液制品室（以下简称药检所血液室）工作。由于白某本身科研水平较高，加之在工作岗位上勤恳认真，很快积累了丰富的工作经验，参加工作两年后，他就被任命为该室副主任。

2003年，科技部分配给药检所一个重点课题，博士后出身的白某自然就承担起了这项研究任务，并负责购买科研所需设备。起初，白某让市场上部分医药用品销售公司报价以及确定交货时间来决定购买单位。不久，北京力德生物医学研究所（化名，以下简称力德所）因为其较低的报价以及合适的交货时间引起了白某的关注。在科技部拨款到位后，白某所在的药检所就向力德所购买了冰箱、紫外灯以及无菌服等用品共计20万元。原本此事该告一段落了，但到了7月下旬，时任某研究所销售员的孙某来拜访白某说：“您帮助我们买了这么多东西，按照我们的行规，这是对您表示的感谢”，说着便拿出了两沓钱共计1.85万元塞给白某，白某在道谢之后收下了这第一笔“财富”。

请托之人频上门　监管放水收红包

自从当上药检所血液室的副主任兼药品GMP检查（质量管理规范检查）专家组的成员后，白某便掌握着对各企业血液产品的监管大权，

这就意味着全国各企业的大多数血液产品的质量审核都需要经过白某之手。通过上一次收钱的经历，白某对金钱的占有欲与日俱增。2004年，白某作为药检所血液室的专家被GMP检查认证中心选派到深圳市卫明生物制品有限公司（化名，以下简称卫明公司）检查。因为此次检查关系到该公司能否通过药品审核从而成功将产品推向市场，总经理洪某便盘算着对白某“意思意思”，以使自己的企业顺利通过审查。现场检查结束后，洪某马不停蹄地来到北京请白某吃饭，并在饭桌上拿出了装有1万元钱的信封给白某，表示这是咨询费，希望以后上级能够多照顾光明公司，白某听明来意后未做过多推辞便收下了这笔钱。之后，白某在没有实际核查卫明公司产品是否符合质量标准的情况下，使其通过了质量审核。2007年，江阴宏博医药生物技术有限公司（化名，以下简称宏博公司）总经理陈某为了能让自己公司送检的产品尽快出检验报告，先后三次分别以投资合作以及过年看望领导的名义和方式共计给予白某2万余元。收到钱后，白某向药检所的有关人员敦促了生物技术公司出报告的事情，之后陈某很快拿到了报告。

实际上，卫明公司以及宏博公司仅仅是众多收买白某监管权力的一小部分公司。从2004年开始到2010年案发，来自全国各地的十几家制药公司看到白某手中权力的巨大“潜质”，为了本公司的产品顺利通过药检所血液室的检验以及GMP检查，纷纷以“感情投资”为名，在药检所或者其他场合向白某送去“咨询费”、“辛苦费”、各种购物卡等共计35万余元。面对众多诱惑时，白某没能把持住自己，对各种“感情投资”来者不拒，统统收入囊中。

目光瞄准课题费　巧借公司来藏款

从2000年开始，药检所血液室承担了国家重点高技术科研项目的课题研究。白某作为血液室副主任承担了一个子课题的研究项目。2005年9月科研项目接近结束，白某便打起了子课题剩余的14万元经费的主意。白某找到自己的好朋友——某药检所评估中心的李某，让李某帮忙推荐一家企业，把剩余的科研经费存起来。在李某的推荐和联系下，白某以北京吉诺公司（化名，以下简称吉诺公司）的名义定购耗材，从药检所领取了一张14万元的支票，打到了该公司账户，吉诺公司也为药检所开出了购货发票，凭借这张虚假的购销发票，白某最后成功将这14万元在药检所的财务上报销。得手后，白某觉得对吉诺公司并不熟悉，为了确保万无一失，他又直接找到了自己的熟人——京科生物技术有限公司（化名，以下简称京科公司）副总刘某，让他帮助接收这笔钱。随后，吉诺公司把这笔钱又通过虚构买卖耗材的方式转到了某京科公司。在这一步完成之后，白某总算是心里踏实了。而京科公司至此就成了白某的随身“钱包”，需要用钱时，白某便从京科公司里支取现金以供花销。

多行不义必自毙，白某的犯罪行为最终还是受到了法律的严惩。2010 年 12 月，白某因犯受贿罪、贪污罪，被北京市东城区人民法院判处有期徒刑七年。

【案例评析】

一、医药监管部门负责人手握各种权力并且缺乏完善的程序机制予以制约，为行贿受贿打开“口子”

一方面，作为药检所血液室主任的白某，不仅从 2002 年就开始负责全国血液产品检验出报告的职责，还是全国药品质量管理规范检查组的专家成员。可以说，他的决策对全国各地医药流入市场起着至关重要的作用。另一方面，监管部门在具体药品监管程序中既缺乏前期的预核、考察、确定入围送检名单、送检、出报告等严格程序，也没有后期检验评估过后的公示、复核等工作。对白某手中权力缺少有力制约，导致作为药品监管部门的负责人白某，在 7 年的领导岗位上，仅仅通过“一声招呼”便可以使得相关企业顺利通过检验并快速为其出具报告。本案中，相关企业代表正是利用了这一点，才一而再再而三地对白某手中的权力进行“投资”。正如某位行贿人所说：“因为他（白某）是血液制品室的主任，负责对我们公司的产品进行检测，给他送钱是想跟他搞好关系，以后我们来药检所办事方便，也能对我们企业有好处、有帮助，公司就能少走很多弯路，节省很多资金，加快报告出来的速度，或者在对我们公司的车间进行检查验收的时候能够顺利的通过。”

二、缺乏对医药监管工作的日常监督，导致厂家代表与监管人员非正常接触的现象时有发生

尽管国家药监部门出台了禁令，明确规定禁止检验、监管人员私自会见企业代表、接收各种形式的礼物的规定，但这些制度在实践中往往难以落到实处。在本案的调查中发现，药检所内部就存在各厂家业务代表在产品送检之前以电话联系，私下交往等各种方式与检验人员、监管人员直接接触、请客吃饭的情况，有的业务代表、厂家代表甚至在工作时间就直接进入药检所的各个检验处室，并以散发购物卡等形式向处室人员公开行贿，或是假借“咨询业务”为由而直接从监管人员的口中“探虚实”以做好行贿的准备。正是由于在监管行业内部缺乏由内而外的日常监督机制，使得不正之风盛行，从而诱发职务犯罪。

三、医药监管部门的财务管理和财务审批制度不够完善

一是药检所财务部门对科研经费的使用事先没有做好具体的预算工作，对于各个子课题预计应当支出的项目、应当购置的物品没有做好事前的明确项目经费支出的明细工作，也就不能很好地把握每个项目的大致支出方向和数额，导致最后部分子课题结余款项较多的情况没有被及时发现。二是药检所对课题经费的管理比较松散，一般都是由课题负责人来全权掌握经费的使用，导致单位财务部门对各课题经费的具体使用情况并不清楚，更无法了解课题结项后的结余情况，给课题负责人贪污经费造成了可乘之机。三是因单位内部财务审批制度不完善，对经费的使用是否符合课题需要，是否是必须支出的项目，是否将结余经费用于其他用途等等没有明确的规定，往往是课题负责人将支出款项报到财务部门，简单说明情况后便可以通过财务部门的审批，使得白某有机会以购买课题消耗品的名义，通过虚构交易，虚开发票的形式贪污课题经费。

【警钟长鸣】

人才陨落悔不该　莫让子孙蹈覆辙

白某于2000年在某军事医学科学院完成博士后研究，之后被派遣到了药检所血液室工作，主要从事“人血液代用品”的研究，于2009年被聘为科室主任。在参加工作的10年中，白某一直从事科研工作，作为课题负责人，先后承担了国家科技支撑计划课题和科技基础性工作专项课题等9项国家级项目研究，发表论文30余篇。作为国家新药评审专家和药典委员，先后多次参加新药审评工作和药典起草、修订工作并提出具有建设性的意见和建议。直到被查获时，白某仍承担着某项国家科技支撑计划专项课题的研究任务。纵观白某熠熠生辉的履历，他的确是国家在药品研究与开发领域内的高新人才。凭借白某扎实的理论功底和丰富的科研经验，在未来他完全有能力在我国医学领域干出一番宏伟的事业。但是世事难料，白某在领导岗位上收受第一笔“辛苦费”之后，思想渐渐发生变化，对自己科研能力上的要求也越来也低，他把重心放在如何利用自己的职务捞取更多的钱财上，就这样一笔又一笔、心安理得地收受全国各地企业送来的“福利”。案发后，白某追悔不已。就在开庭前，白某还强烈要求司法机关让自己的儿子到庭旁听，称自己已经犯错了，决不能让后代再重蹈覆辙，一定要让他来接受教育。但是，后悔已为时已晚，一个在将来医药领域可能会有大作为的人才就此轰然陨落。

【法律解读】

一、白某事后收受财物的行为为何构成受贿罪？

在本案中，白某在购买力德所医疗用品之时，既没有为他人谋利的意思，也没有收受财物，而是在交易完成后才由力德所的销售人员给予白某一定的“报酬”，对于这种事后收受财物的行为应该怎么定性？

《刑法》第385条规定，国家工作人员利用职务上的便利，索取他人财物的，或者非法收受他人财物，为他人谋取利益的，是受贿罪。首先，从法条上看，“非法收受他人财物”与“为他人谋取利益”之间并没有时间上的限定，也就是说，收受财物是“事前”还是“事后”，并不能影响其行为的性质。其次，受贿罪从本质上看是权钱交易的关系，不管是事前还是事后受财，都是国家工作人员因为职务行为获得了不正当利益，即财物与职务行为之间形成了对价关系，侵犯了职务行为的不可收买性。再次，如果国家工作人员在事前无约定，但是事后明知他人提供的财物是对自己以前职务行为的不正当报酬而收受，那么其也就认识到了自己的职务行为被不正当报酬收买的危害后果，也就具有了受贿罪的故意。最后，在事前受财时，国家工作人员可能只是许诺利用职务为他人谋取利益，但在事后受财时，国家工作人员客观上已经利用职务为他人谋取了利益，应当认为，后者的权钱交易的性质更为明显，对其处罚并不失公允。所以，白某在事后收受销售人员财物的行为应该定性为受贿罪。

二、收受“感情投资”为何也属于受贿？

本案中，白某收受的医药公司款项大都打着“感情投资”的名义，请托人以过年看望领导以及咨询费为由给予白某钱财，对于收受这种名义的财物行为是否也属于受贿呢？归根结底是看怎么理解受贿罪中的“为他人谋取利益”这一构成要件。

《全国法院审理经济犯罪案件工作会谈纪要》中认为，“为他人谋取利益包括承诺、实施和实现三个阶段的行为。只要具有其中一个阶段的行为，如国家工作人员收受他人财物时，根据他人提出的具体请托事项，承诺为他人谋取利益的，就具备了为他人谋取利益的要件”。从这个规定中可以看出，国家工作人员在收受财物时，必须有具体请托事项才能构成受贿罪。本案中，虽然各大医药公司是以“感情投资”为由给予白某各种咨询费、辛苦费，但不论是请托人和受托人都清楚，这样的“投资”是为了利用白某担任药检所血液室检验工作以及国家药检质量评审工作的职务便利，为自己企业的产品顺利通过检验提供帮助。即便请托人在送礼时没有说明请托事项，但在双方都明知请托事由的情况下，就构成了默示的“请托具体事项”，符合“为他人谋取利益的要件”。因此，国家工作人员收受“感情投资”时，即便没有明确的具体事项但双方都清楚请托事由的情况下，也属于受贿行为。

【对策建议】

一、完善医药监管行业的内部管理，加强对监管工作的程序保障

一是要合理分配药品监管行业内部的权限，检验部门的负责人原则上不应该再承担其他药品质量考核的任务，在检验工作期间应该充分发挥集体决策机构的作用，将重点决策事项如决定产品检验通过的权限由各部门共同讨论审核决定，避免部门负责人左右检验结果，增强重要决策的透明度。二是完善医药监管过程中的各项程序性规定，如在产品送检之前相关企业应当制作产品质量的初步报告报送到监管单位进行初核；通过初筛的产品再将产品上报到检验部门或由检验部门随机抽查产品检验；然后通过后第一时间出具报告，报告应说明具体不符合的标准以及改进意见并规定在两次检验不合格后取消送检资格，产品检验通过后还可以定期对合格产品进行复检以确保质量。

二、加大对医药监管行业的全程监督力度，严厉打击不正之风

一是在产品送检之前，可以实行在检验人员内部通过随机抽签的方式确定具体检验人员，并且通过不公开检验人员姓名的方式对产品进行预检，并在预检以及实际检验过程中设立不同的检验人员进行检

验。二是在检验过程中，药监部门内部的监察机构可以派员对检验现场进行监督，有条件还可以聘请外部专家如高校教授等人员对检验过程进行监督，并有条件地抽检部分产品。三是在检验结束后，对检验结果可以通过网站、公告等方式向社会公开说明，接受社会的监督，并允许各界人士对检验结果提出异议并进行复核。四是禁止相关企业人员进入药监部门的办公区域，纪检监察部门可以不定期对药检工作进行巡视和抽查，如发现违规现象应立即予以制止和纠正。

三、完善医药监管行业的财务管理以及财务审批程序，保证专项资金的正当使用

一是财务部门应该按照各部门的实际情况做好年度财务、课题经费的预算工作，确保每笔支出的大致方向和金额，保证在实际资金运用过程中不出现资金缺口或者在出现资金支出异常时可以第一时间找到具体负责人。二是进一步明确单位科研、财务等部门及项目负责人在科研经费使用环节中的权限，单位的科研部门和财务部门共同负责科研项目的资金流动，取消个人对经费的管理权限。财务部门对科研经费进行会计核算；科研部门决定具体项目的财务支出的报请；项目负责人负责按财务及科研部门的规定使用经费。三是规范财务支出的审批手续，建立专项资金跟踪预警制度，对经费的支出和报销必须要有项目负责人、科研部门、财务部门以及主管领导多方签字确认；此外，应当设置专款用途真实性审查，除了财务部门要对专项资金的运作实时跟踪特别是要加大对耗费品的实时检查、审核之外，科研、财务以及主管领导还应该通过参与科研、验证发票以及实际考察的方式审核经费的真实用途。

返聘专家心怀叵测　权力寻租“财源滚滚”

——某药品生物制品检定所疫苗二室原副主任祁某受贿案

【案情介绍】

祁某，男，1946年5月出生，中共党员，某药品生物制品检定所疫苗二室原副主任。

2009年12月11日，对于63岁的某药品生物制品检定所（以下简称药检所）疫苗二室副主任祁某来说，这一天的分分秒秒都是那么的难熬，因为他心里明白，要出大事了，以后就不能继续享受幸福的退休生活了。

高级人才有建树　退休回家被返聘

药检所疫苗二室副主任祁某，在病毒学研究以及多种疫苗质量监控方面，可谓是卓有建树的专家。曾经作为课题负责人，他主持了6项国家重点科研课题的研究工作，并获国家科技进步奖3项，省部级奖4项；发表论文百余篇。在新药评审、药典起草、药典修订等方面提出过许多具有建设性的意见和建议。

2008年5月，祁某因年龄原因退休，但由于他超强的业务能力，药检所决定再次聘任其到医疗器械检验处工作，负责审核生物制品检验体系与传染病相关的体外诊断试剂检验报告。

临近退休忙敛财　自由生活渐远离

参加工作以来，在业务上祁某一直是学科带头人、高级专家、领域内的技术骨干，干劲十足的他一心扑在事业上，从没有想到过回报。但是，被多项荣誉光环笼罩的祁某内心却隐隐担忧，因为他即将退休，取得的成绩终将成为历史，曾经的权力也不再属于他，看着周围的人出入有豪车，住着高档小区，祁某的心态渐渐发生了变化。从2006年开始，他心中的天平渐渐出现了倾斜，为了使自己的权力继续创造“价值”，他渐渐接受了送检公司的“敬意”。作为药检所疫苗二室副主任的祁某，利用对体外诊断试剂体系考核进行审核检查的职务便利，多次收受不同单位给予的钱款。然而，祁某这条“广撒网，多敛财”的“发财路”不仅没有给他带来幸福的晚年，相反却使他离安逸自由的生活越来越遥远。

疫苗专家不“免疫”　钱财面前当奴隶

祁某作为检测监管部门的人员，他负责判断某种疫苗或者诊断试剂合格与否，并对质量进行把关。然而，正是这名疫苗领域的专家却在腐败面前失去了免疫力，在贿赂这颗“糖衣炮弹”的攻击下，祁某心甘情愿地做了金钱的奴隶。他在任职及返聘期间，多次收取他人给予的贿赂款，共计人民币5.5万余元。其中包括收受深圳市华科生物工程有限公司（化名）副总经理余某给予的贿赂款5000元，中山大学达因股份有限公司（化名）经理高某给予的贿赂款2.5万元，上海中华生物工程股份有限公司（化名）研发部组长严某给予的贿赂款1.5万元，北京星星生物技术有限公司（化名）董事长、总经理周某给予的贿赂款5000元，江苏省江阴市宏博医药生物技术有限公司（化名）董事长、总经理陈某给予的贿赂款5000元。

依托家属巧帮忙　方便之门被打开

祁某退休被返聘期间，同时担任了外埠一家医药生产单位的顾问。当该药厂产品首次检查没有通过时便找到了祁某，祁某嘱咐曾经在药检所工作的女儿给负责再次检查的同志打招呼，要求给予被检查的单位“照顾”。为什么祁某不亲自出面给检查人员说呢？祁某自己交代，“我是检定所血液室副主任，又担任着被检查单位的顾问，每月定期拿工资，我不好直接去说，又怕暴露又要帮忙，只好让女儿去说了。”由于祁某前期向药检所打招呼，该企业顺利通过了此次考核。

心忧权威沦落，贪心必尝恶果。2011年11月，北京市东城区人民法院对祁某作出判决，认定其犯受贿罪，判处有期徒刑五年。

【案例评析】

一、祁某对违纪违法行为认识模糊，以咨询合作为名收受“合理”费用

祁某本人在违规违纪与违法犯罪问题上存在着严重的错误认识。

第一次拿钱时，他明知这样做不对，因为单位有明确的规定，但他抱着侥幸心理和从众心理，认为大家都拿，我也可以拿，而且数额也不大，应该构不成犯罪。本来单位同一些医药单位签订设备生产或是项目研发业务合同是正常的经营活动，而在祁某看来，“单位能签合同创收，我也能和企业合伙，我贡献了自己的技术，从企业拿钱就是合理的”。由于对法律规定有着错误的认识，认为给企业咨询合作收取费用可以打“擦边球”，祁某心中的侥幸心理和从众心理逐渐占了上风，开始伸出黑手，一发不可收拾，在不到 2 年的时间里 5 次收受贿赂。

二、医药检测领域不正之风盛行，祁某随波逐流是本案发生的主要原因

医药检测本是关系到百姓生命健康的民生问题，检测人员承担着对国家、对人民负责的光荣责任，本应成为捍卫人民群众生命与健康的“忠诚卫士”，但是祁某在医药行业存在潜规则的环境下，缺乏职业道德约束，随波逐流，认为“别人能拿我也能拿”，利用手中的权力，逢年过节大肆收受贿赂，从对收受烟酒、礼品、现金心里不踏实，到“不好拒绝”，再到“习惯了”，面对贿赂逐渐麻木，丧失了抵制腐败的能力，致其最终沦为阶下囚。

三、药检所对聘用人员资格审查不严，且对返聘人员这类特殊群体的监督管理薄弱

祁某早在担任药检所疫苗二室副主任期间，就已经存在受贿的犯罪事实，但其所在单位却并未察觉。在单位考虑对其返聘的时候，只重业务工作能力，而轻廉政道德水平，在没有经过认真细致地考察的情况下就作出了返聘祁某的决定，药检所在人员考察与聘用上没有细致审查被返聘人员的资格，没有把好第一道关口。另一方面，返聘人员的监管没有得到重视，事实上离退休的国家工作人员，在某种情况下重新取得国家工作人员身份，利用新取得的职务上的便利索取或者非法收受他人财物，为他人谋取利益，达到定罪数额标准的，也应当按受贿罪定罪量刑，因此对返聘人员的监管尤为重要。本案中反映出药检所在针对返聘人员这类特殊群体监管力度不足，相比其他正式工作人员失之于宽、失之于软，管理松懈，从而导致犯罪的发生。本案中祁某在返聘后更加肆无忌惮地收受贿赂，就是药检所监督管理缺失的直接后果。

四、以“打招呼”的方式破坏监管制度，违纪现象极易诱发职务犯罪

以“打招呼”的方式请托办事在当前的贪腐案件中是一个常见的现象。相对于其他贪腐行为，“打招呼”可谓成本最低，最容易做到。被请托人只需要一个电话，就能够把一切摆平。表面上“打招呼”看起来还并不违反有关规定，但是“一个项目，可以批给张三，也可以批给李四；可以早批，也可以晚批；可以多批，也可以少批。”“打招呼”请托办事却是一种较为明显的腐败表现。祁某作为疫苗二室副主任，身负检验检测的监管职能，明知外埠单位的一种诊断试纸考核没有通过，却让自己的女儿给药检所参与复核检查的检验员“打招呼”，要求给予被检查的单位“照顾”。但祁某这“招呼”一打，正常的检测工作必将受到干扰，影响客观公正的分析检测，殊不知，这背后隐藏着不小的经济利益，包含着更多权钱交易的隐患与风险。这种明显的违纪现象也暴露出药检所在对试剂、疫苗的检验检测上存在监管漏洞，是职务犯罪发生的一个重要诱因。

五、“59岁现象”作怪，“恋岗”、“恋权”症状明显，退休前想大捞一笔

“59岁现象”又称“最后捞一把”现象，是指领导干部在即将离退休前夕，认为“有权不用，过期作废”，大肆贪污受贿的现象。临近退休的干部普遍存在心理落差，认为自己为国家辛苦了一辈子，退了休就那么点退休金，与自己的贡献不符，以至于心理失衡。同时不少人抱有侥幸心理，认为即将退休，没有人会再对之前的违法行为进行追究，基本上不会出事，所以就趁尚有权力，使劲地捞一笔。祁某作为一名专家人才，在临近退休时同样产生这样的心理。一方面他在退休前的两年间大肆收受贿赂；另一方面他还多次跟前来检测的单位说退休后想再找个“顾问”当当，为自己今后谋取利益埋下“伏笔”。

【警钟长鸣】

谁来监管监管者？

药检所虽然只是药品监督部门的一个下属事业单位，但其拥有的权力却不容小视。祁某在药检所疫苗二室工作期间，承担着部分科研项目的同时还负责对送检企业的诊断试剂的检定工作。在祁某主持工作期间，所有甲型肝炎、乙型肝炎、丙型肝炎诊断试剂组的检测报告均需其签字认可。中国有数亿人感染过肝炎，所以诊断试剂或者疫苗的有效与否，关系着百姓的生命健康。

祁某拥有的监管权力过于集中，也使得权力寻租的空间不断扩大，谁又来监管这些监管者呢？虽然完备有效的制度是预防犯罪的重要手段，但药监部门的制度规范还是暴露出很多问题。国家食品药品监督管理局原局长郑筱萸就是通过"地标转国标"以及 GMP 认证等，将药监系统可寻租的权力急剧膨胀。而在其落马之后，药监系统推出了一系列改革举措，一度更换了六七十位局级和处级官员，被媒体誉为"刮骨疗毒"。经过一番整治，药监系统随后"进入后郑筱萸时代，阳光化的开始"。但此次再次爆出腐败案件，说明权力寻租的问题依然没有彻底解决。这些药品监管者的权力监管必须从制度上加以解决，真正做到"釜底抽薪"，要让监管者受到有效监督机制的制约。

【法律解读】

一、祁某退休后收受他人的款项属于合法劳动报酬还是受贿款?

对于合法劳动报酬，在《财政部、国家税务总局关于高级专家延长离休退休期间取得工资薪金所得有关个人所得税问题的通知》中规定："高级专家延长离休退休期间取得的工资薪金所得，其免征个人所得税政策口径按下列标准执行：(一)对高级专家从其劳动人事关系所在单位取得的，单位按国家有关规定向职工统一发放的工资、薪金、奖金、津贴、补贴等收入，视同离休、退休工资，免征个人所得税；(二)除上述第(一)项所述收入以外各种名目的津补贴收入等，以及高级专家从其劳动人事关系所在单位之外的其他地方取得的培训费、讲课费、顾问费、稿酬等各种收入，依法计征个人所得税。高级专家从两处以上取得应税工资、薪金所得以及具有税法规定应当自行纳税申报的其他情形的，应在税法规定的期限内自行向主管税务机关办理纳税申报。"

上述规定从个人所得税计征的角度确定了合法劳动报酬的范围。也就是说，如果祁某向部分公司提供了与返聘职务无关的技术服务，并因此收取了公司给予的相应报酬，那么这部分钱款应当属于合法收入。而在祁某收取钱款的前提却不是提供技术服务那么简单。2008 年 9 月，已经退休返聘的祁某收取了宏博医药生物技术有限公司董事长、总经理陈某的 5000 元贿赂款。陈某对于这笔钱的性质是这样说的："我之所以给祁某送钱是因为我考虑他是专家，我们公司体系考核可能还需要他帮忙，而且他是药品审评专家、药典委员会专家，参加药品技术审评，他所在的单位也可以给我们办事带来很多便利。”显然，这样的“收入”脱离了技术服务费用的范畴，不属于合理合法的劳动报酬。

二、为什么祁某到案后主动交代司法机关未掌握的同种犯罪事实被认定为坦白？

最高人民法院、最高人民检察院《关于办理职务犯罪案件认定自首、立功等量刑情节若干问题的意见》第3条规定，办案机关仅掌握小部分犯罪事实，犯罪分子交代了大部分未被掌握的同种犯罪事实的，一般应当从轻处罚。本案中，祁某在反贪局侦查人员跟其谈话过程中，能够主动交代自己收受钱款的事实，认罪态度好，最终法院在量刑时予以了考虑，认为祁某到案后主动交代办案机关未掌握的同种犯罪事实，系坦白，依法对其予以从轻处罚。

【对策建议】

一、加强检验单位工作人员业外活动管理，严禁从事与职务有关的咨询工作

作为食品药品监管机构，要加大对工作人员业外活动的管理。一是要严格执行《食品药品监督管理工作人员八条禁令》的相关规定，进一步强化禁令的执行力。严禁违反规定向食品药品企业、中介机构收取讲课费、顾问费、咨询费等费用。二是要明确监管机构工作人员的业外活动。对于在职及返聘人员适用离职官员从业限制与职业回避，严禁其从事与监管职务相关联的活动。

二、规范返聘人员履职行为，将其纳入考核管理范畴

规范离退休后返聘人员的履职行为，加大监管力度。一是把握离退休返聘人员特点，开展有针对性的管理工作。返聘单位应当针对返聘人员学历高、能力强但年龄大、身体差的普遍特点，安排其力所能及、发挥余热的工作岗位，利用专业学识和先进经验为返聘单位服务。二是制定专门针对返聘人员的规章制度，纳入其所在部门的考核管理。对于返聘人员的要求不能仅限于业务能力与水平，对其政治思想、廉政意识上也应加大关注和管理力度。同时严格考勤，督促其比照在职员工履行职责。

三、完善离退休人员离任审计制度及心理疏导

高度重视“59岁现象”，完善制度确保临近退休人员平稳过渡。一是要进一步从制度上杜绝“59岁现象”的出现，单位内部完善相关规章制度，设置执法严明的内设机构，用以规范即将离职人员的行为。二是要进一步完善离任审计制度，认真细致地进行任期经济责任审计工作。三是进一步加强对即将离职人员的心理疏导，所在单位应当对这些同志开展有针对性的思想教育，可以通过召开座谈会、参加心理学培训课程等形式，加强心理疏导的力度。

四、加强医药检验检测等监管部门人事任免前的考察工作

进一步加强医药检验检测等监管部门在人事任免前的考察工作，不仅要对拟提升或聘用的同志的业务水平予以考核，也要对其廉政作风及职业道德方面予以调研，广泛听取群众意见，坚决做到“疑人不用”。一定要选派思想作风正派、廉政意识坚定和职业道德模范的同志担任重点岗位工作，以强化对重点岗位和重点环节的监督，构筑廉政监督、约束机制和自我保护的立体防线。

审批“权威”发财有招　钱权交易终进监牢

——某食品药品监督管理部门药品注册司生物制品处原调研员卫某受贿案

【案情介绍】

卫某，男，1955年10月出生，中共党员，某食品药品监督管理部门药品注册司生物制品处原调研员。

1982年，卫某从北京医学院药学系毕业后即到某药品生物制品检定所工作，2006年12月被任命为某食品药品监督管理部门药品注册司生物制品处（以下简称生物制品处）调研员，负责生物制品的注册审批工作。一路走来，仕途可谓一帆风顺。如果人生的轨迹可如预想般继续，卫某就同其他国家公务员一样，平稳退休养老，但是“潘多拉盒子”一朝被打开，卫某不仅晚节不保，更落得身陷囹圄的下场。

审批设障有意疏远　明白“事理”用钱疏通

卫某所在的生物制品处，主要负责生物制品注册审批，新药品必须经过审批后才能生产销售，才能早审批、早生产、早盈利，而卫某作为生物制品处的具体审批负责人，却在审批环节上动起了歪脑筋。他对与自己关系好的公司上报的审批申请及时做出批复，对关系一般的公司审批申请则拖延时间，导致一些公司为了加快审批速度，只好利用各种手段与卫某“搞好关系”。上海科力生物工程股份有限公司（化名）的产品质量很过硬，该公司早在2003年就提交了药品申请，但批件直到2006年还迟迟没有批下来。该公司董事长唐某不会想到，仅仅是因为自己的公司与药品审批负责人卫某关系不熟，所以后者把该公司的审批申请一再拖延。“对症才能下药”，在唐某通过各种途径终于明白其中缘由后，一次在听说卫某住院做甲状腺手术后，马上给卫某打电话，表示想看望他，卫某同意了。于是唐某专程去北京探望卫某,并事先用信封装了 2 万元人民币交给了卫某,让他买些野山参补补身子,卫某没有推辞就收下了。果然,唐某此行过后,公司的审批申请很快有了进展。从此之后,为避免卫某像以前那样给公司设置障碍,唐某每次见到卫某都给他送钱,以便寻求帮助,保证药品申报工作顺利通过。2009 年前后,该公司共计送给卫某人民币 20 万元。

技术咨询频伸“援手”　“报恩”钱财欣然接受

卫某作为生物制品处工作人员,同样肩负着为药品企业提供技术咨询服务的职责,这本应是正常的工作范围,但是一些企业却从中看出了门道,把卫某看成了摇钱树。河南新泽生物工程公司(化名)主要生产狂犬疫苗,为了符合国家生产要求,需要聘请专家对厂房、设计、工艺等各方面标准进行指导。该公司经理袁某找到卫某,请其指点今后狂犬疫苗生产技术的发展方向。然而醉翁之意不在酒,袁某之所以找到卫某咨询,主要是该公司的狂犬疫苗产品最后还是要到卫某手上审批,如果公司的产品技术全是来自于卫某的指导,那么公司的产品在卫某手上审批肯定会很快顺利通过。“时间就是金钱”,公司所想的就是加快药品审批办理的速度,让企业早生产、早盈利,而卫某所想的是能更快获得“好处费”。从 2006 年至 2008 年,袁某为感谢这位“恩人”,先后分四次以咨询费的名义给予卫某人民币 20 万元。

看病住院花费巨大　现金消费卡全笑纳

逢年过节是亲戚朋友交流走动的好机会,一些人也认为这正是与卫某“搞好关系的好时机”。2009 年国庆节前夕,吉林亚平生物药业公司(化名)董事长刘某给卫某打电话,说要过节了,想给他送点东西。卫某说自己最近刚做完手术,什么都吃不了,就不要送东西了,同时又抱怨自己住院做手术花了很多钱,其中很多属于自费,所以现在经济负担很重。刘某自然心领神会,于是赶紧交待北京亚美饭店(化名)财务准备了 2 万元放在前台,让卫某有时间去取。不久,卫某又在一次与刘某吃饭的过程中,说家里负担挺重,除了自己做了手术外,家里人身体也不好,他又要退休了,事业上没有什么大的追求了,与许多朋友交往比较多,费用也比较大。精明的刘某想到卫某毕竟是生物制药行业的领导,即使快退休了也得罪不起,必须和他搞好关系,于是当场就给了卫某 2 万元现金和一张 5000 元的权金城消费卡。

2010年11月1日，原北京市崇文区人民法院经审理查明，认定卫某收受25家公司给予的贿赂款人民币共计147万元，以受贿罪判处卫某有期徒刑十一年。

【案例评析】

一、发案周期长、作案次数多、涉案金额大是本案最突出的特点

从检察机关查明的事实来看，卫某的受贿行为从1997年一直持续到2010年，在13年中卫某先后利用担任生物制品处、生产监督处调研员的职务便利，违规为25家公司在药品注册、变更、审批等方面提供帮助，收受上述公司给予的贿赂款人民币共计147万元。卫某利用权力长期大肆敛财，在错误的道路上越走越远，暴露出当前在医药监管环节权钱交易的腐败怪圈：只要腐败一次，往往会诱发连续的试探性作案；通过连续作案，侥幸心理强化，进而形成较为固定的权钱交易关系；为了扩大腐败战果，掩饰犯罪行为，拉拢更多的相关人参与作案，彼此之间形成了紧密而又错综复杂的人际关系，犯罪行为更加不容易暴露，最终形成恶性循环，牵出腐败窝串案。

二、卫某在业内的权威地位和突出影响力是药品企业纷纷向其行贿的重要原因

从卫某受贿案中我们发现，药品企业之所以行贿卫某，就是看中了他在生物制品处的权力和他在行业内的影响，正如某药品企业工作人员所说的："卫某在生物制品处主要负责血液制品、疫苗、重组产品、血源筛查等生物制品的注册审批工作，在技术上非常权威，在行业内也很有影响。"卫某的影响力可以为企业药品生产审批提供更多的便利，企业正是据此才会维护好与卫某的关系，双方在长期接触中，逐渐形成了"互利互惠"的不正当利益关系。

三、行贿方式上趋向人情化、复杂化，主要表现为以合法方式掩盖非法目的

国家食品药品监督管理总局下发的《食品药品监督管理工作人员八条禁令》第4条明确规定"严禁违反规定向食品药品企业、中介机构收取讲课费、顾问费、咨询费等费用"。但某些医药企业中仍然以"讲课费"、"看图纸费"、"劳务费"、"顾问费"等各种名义向药品监督管理人员赠送购物卡或现金，存在巧立名目、借机行贿的严重问题。本案中，一些医药企业在与卫某长期的交往中,借着逢年过节、生病住院等机会,向卫某等有关药品监督管理机构人员送现金、礼品,从监管单位的处室一般人员到负责人几乎统统涉及。虽然涉及的金额一般不高,多则几万元,少则数百上千元,但这种“细水长流”式的所谓“人情往来”,表面目的是联络感情,实则谋求同卫某等相关人员建立长期、稳定的权钱交易关系,通过日积月累、零打碎敲的方式,逐渐攻破受贿者的心理防线,也在一定程度上掩饰了其行贿违法犯罪的真实目的。这种以人情往来为名义的行贿手段,腐蚀了很多公职人员,助长了不良风气,其危害性绝不容忽视。

【警钟长鸣】

揪住根本,才能扼制腐败

医疗产品审批权如果不能有效得到监督制约,将释放出巨大的利益寻租空间,导致药监系统出现腐败现象容易出现。但是,药监腐败几乎是以相同的方式、相同的轨迹重复出现,不得不引起重视。

药监系统卫某等人受贿窝案,让药监系统腐败问题再度引起社会的高度关注,业内人士甚至喻之为药监局郑筱萸案之后的第二次“地震”,足以折射出腐败的严重性。然而引起公众注意的是药监系统权力腐败缘何总能“前腐后继”?频频发生的疫苗事件是何原因?此次落马的卫某,其在药品监管审批工作中接触的大部分是与疫苗、血液制品有关的企业。从整个药品监管执法来看,屡禁不绝的事故说明权力寻租的问题依然没有彻底解决。

权力运行过于集中、制度监管不力的问题依然存在,为“权钱交易”型腐败提供了空间,制度生病,让人很难免疫,只有揪住根本,才能有效扼制腐败,让药监系统腐败得以根除。

【法律解读】

一、什么叫索贿?索贿应当如何处罚?

索贿,是指国家工作人员利用职务上的便利,主动向他人索要或勒索并收受财物。《刑法》第 385 条规定,国家工作人员利用职务上的便利,索取他人财物的,或者非法收受他人财物,为他人谋取利益的,是受贿罪。这一条规定了受贿罪的含义,而受贿罪有两种表现形式:一是国家工作人员利用职务上的便利,索取他人财物的;二是国家工作人员利用职务上的便利,非法收受他人财物,为他人谋取利益的。前者就是索贿行为,而后者即是普通的受贿行为。

索贿具有以下三个特征:一是主动性,即行为人是主动地要求他人给予自己财物,而不是被动地等待他人给予财物;二是索取性,即行为人总是以所掌握的职权为条件,乘人之危,向他人施加精神压力,迫使对方向其交付财物;三是交易性,即索贿者通过要挟迫使对方向自己给付财物,而以本人职权为某种行为或者不为某种行为为交换,表现为权钱交易的造意者、提起者。

索取贿赂和收受贿赂,虽然都是受贿罪的客观表现形式,但很明显,两者犯罪手段相异,且索贿并不要求为他人谋取利益。另外,无论是主观罪过还是客观危害,索取贿赂都要比收受贿赂严重,因此《刑法》第386条规定,对犯受贿罪的,根据受贿所得数额及情节,依照刑法第383条的规定处罚。索贿的从重处罚。

二、卫某利用下班时间或周末帮助企业进行车间改造、审查设计图纸,是否属于法律规定的"利用职务便利"?

最高人民法院2003年印发的《全国法院审理经济犯罪案件工作座谈会纪要》中指出,刑法第385条第1款规定的"利用职务上的便利",既包括利用本人职务上主管、负责、承办某项公共事务的职权,也包括利用职务上有隶属、制约关系的其他国家工作人员的职权,担任单位领导职务的国家工作人员通过不属自己主管的下级部门的国家工作人员的职务为他人谋取利益的,应当认定为"利用职务上的便利"为他人谋取利益。

卫某下班时间开展业务咨询和帮助企业的行为应认定为利用职务便利。理由:一是卫某在生产监督处的工作职责之一是生物制品类药品GMP认证管理,他熟悉GMP的流程和要求,了解现场检查的情况,是该领域的专家,可以给企业技术指导;二是卫某在现场检查中,也是检查组的"检查人员库"成员之一,有参加现场检查的资格和职责;三是卫某作为在工作中掌握某项技能的专家,虽然受贿时不在该部门工作,但向企业承诺如果现场检查、审批时出现问题,自己会帮助解决,实际上他也的确利用其所掌握专业对个别企业进行了帮助,使其他企业失去了公平竞争的机会；四是企业行贿的真实目的不是单纯地请卫某看图纸，而是以此为名，希望卫某在今后工作中对企业进行关照、对产品顺利通过审核提供帮助。以上情况，卫某本人也完全承认，因此卫某的行为属于刑法上规定的“利用职务便利”。

【对策建议】

一、对重点岗位实行结构性调整、强化内部责任监督

为避免像卫某这样的审批人员在与药品生产企业长期接触中逐渐形成隐形利益链条，应建立轮岗和监督制度以避免权力寻租现象。一是建议药监系统对重点岗位人员实行结构性调整。实行内部不同科室、同一科室不同工作组之间人员适时调整，分管领导适当调整分工，定期对审批人员工作范围进行调整，减少审批人员与企业固定长期接触，形成隐形利益链条；二是建立专家库，随机选取评审专家。在药品申请评审前，随机从评审专家库中抽取2名以上专家组成评审组，形成相互制约监督，明确自身职责，避免违规操作，提高审批效率，减少腐败犯罪发生。

二、建立药品评审体制，规范权力运行

药监系统要不断探索科学的评价机制，完善从检验监督、课题研究到行政管理等工作的规范化管理。一是建立承担检验人员私自接触医药企业代表的事先告知制度，对于企业的技术咨询、服务等工作，由单位统一安排、由单位主管领导选派或批准相关技术人员、业务人员，按照岗位职责有针对性地进行业务工作或技术咨询，规范药品检验监督工作。二是建立检验回避制度，对药品检验人员实行定期交流，交叉检验，对长期固定检验对象实行回避，避免个别工作人员固定或长期地接触某些医药企业，或者在工作时间外私自接触医药代表、厂家代表，形成不正当利益关系，从而避免权钱交易的发生。三是实行评审和注册审批权的分离，建立一个与药品监督部门完全独立的评审中心，改革专家委员会的产生办法与药品技术审评模式，加大社会监督力度。四是加快审批机制改革，实行严格的责任审批制，对药品评审专家进行严格的管理，避免寻租行为的发生。

三、加大对药品审批的信息公开力度

在药品审批过程中，要按照流程要求规范审批人员行为，必须加大

信息公开力度，实行药品审批审评工作的网上公示，公开审批标准和审批流程、方法，及时公布审批进度和结果，公开具体的审批时限，让申请人对审批工作一目了然，进一步增加审批工作透明度。公布服务咨询及监督投诉电话，接受办事咨询，及时处理和反馈在办企业是否通过审批的理由，畅通投诉渠道。通过促进审批透明化的方式不断缩小审批人员的自由裁量权，引导医药审批人员正确履行自己的职责，减少药品审批人员权钱交易、暗箱操作的可能性，降低腐败犯罪风险。

检验大权成工具　左右逢源忙收礼

——某食品药品监督管理部门药品认证管理中心检查三处原工作人员孔某受贿案

【案情介绍】

孔某，男，1962年6月出生，中共党员，某食品药品监督管理部门药品认证管理中心检查三处原工作人员。

药械上市需认证　上任伊始“财运”来

孔某自2006年起开始担任某食品药品监督管理部门（以下简称食药部门）药品认证管理中心的检查人员，该中心负责全国体外诊断试剂以及药品GMP的考核认证工作。GMP是一套针对全国医药生产企业的质量管理以及检测系统的标准，简单地说是为了保证相关企业的医疗器械以及药品等在GMP规定的条件下进行生产，确保产品的质量，一般分为认证申请、现场检查、认证批准等几个主要步骤。倘若一个医药企业想要将自己的产品投入市场，就必须通过GMP认证考核。孔某作为GMP检查人员之一，某种程度上来说具有决定着全国医药用品能否进入市场的“生杀大权”，这也逐渐使一些别有用心的企业盯上了孔某。

贵阳市黔阳生物制品有限公司（化名）副总经理樊某就是第一个找上门的。孔某上任后不久，樊某在春节前特意到食药部门办事，并在食药部门楼下给了孔某一个装有2000元现金的信封。孔某思来想去觉得逢年过节收一些过节费也是人之常情，于是便心安理得地收下了这第一笔不义之财。

严重缺陷用钱“摆平”　各种名义收受礼金

2008年4月，孔某所在的检查小组到厦门英新生物股份有限公司

(化名,以下简称英新公司)进行GMP考核例行的现场检查。在现场检查时发现了该企业的检验记录记载不全,根据GMP检验标准属于严重缺陷,英新公司因此未通过检查小组的审核。这下可急坏了英新公司总经理焦某,他在得到结果不久后便赶到北京,约孔某出来吃饭。待到饭后焦某终于表明来意,拿出来一个信封,对孔某说是咨询费,希望其对自己的公司多多帮助。考虑到这个整改项目通过与否并不是由自己负责,而是由食药部门药品认证管理中心主任王某负责的,孔某的第一反应是拒绝,但焦某执意将钱硬塞到他兜里,孔某见推脱不过,也就收下了。也许是孔某"运气"好,虽然孔某后来根本没帮忙,但到年末的时候,英新公司还是顺利通过了检验,他也总算松了一口气。

无独有偶,同样还是在2008年,孔某随食药部门检查组来到珠海经济特区天泰生物制药有限公司(化名,以下简称天泰公司)现场检查,由于出现不符合GMP标准的问题,检查组要求天泰公司进行整改。在检查组走后,天泰公司担心整改通不过,就派技术总监汤某去北京找食药部门的人帮忙,经过一番打听终于找到主任王某。后经王某的引荐,孔某和汤某在饭桌上相聚了,席间汤某趁没人偷偷塞给了孔某2张可以在北京各大商场消费的商通卡,并说:"你不是马上要手术了,买点补品",孔某随即收下。不久,在海泰公司后续的整改审批通过后,汤某又分两次在食药部门楼下给孔某送去现金5000元以及4张商通卡。

提前打点只为通过　多次送礼终获审批

除了一些企业在孔某现场考察之后对其"表示"之外,有些公司更注重把工作做在平时、提前谋划。2008年3月,上海奥康生物工程公司(化名,以下简称奥康公司)即将迎来GMP的考核,总经理杨某赶到北京,表面上约孔某咨询技术问题,其实是为了给他送"红包",孔某对此早已习惯,在饭桌上将3000元收入囊中。不过直到11月底,奥康公司申报的体外诊断试剂审核批准件还没有批下来。由于只有拿到审核件才能申请医药用品注册,只有注册好医药公司才能拿到文号生产,杨某见此状况后不敢怠慢,琢磨着可能是"好处费"还不够到位,又到北京送给孔某3000元钱。没过多久,奥康公司的审批件便通过了。

孔某的多次受贿行为终究还是逃不过法律的制裁。2010年年初,孔某的犯罪事实被监察部驻食药部门监察局发现并移送司法机关处理。2010 年 11 月，孔某因犯受贿罪，被北京市东城区人民法院判处有期徒刑二年六个月，缓刑三年。

【案例评析】

一、医药监管的相关法律法规的规定过于笼统、不规范，为医药监管人员腐败行为提供了条件

医药用品的质量关系着人们的生命安全，尽管国家卫生监督部门、食品药品监督部门所指定的 GMP 标准、《药品生产质量管理规范》等规定对医药企业的市场准入提供了相应的标准，但是相关规定仍然存在着不全面、不具体的情况。根据《药品生产质量管理规范》第 223 条，检验记录应当至少包括“产品的名称、规格、批号，必要时注明供应商和生产商的来源；依据的质量标准和检验操作规程”，但对于何时是“必要的”，依据的质量标准和操作规程有无具体的范围则没有明确的规定。再如，食药部门颁布的《药品 GMP 认证检查评定标准》规定了 259 项认证项目，其中在厂房和设施的第 18 项里，规定“企业生产环境应整洁，生产、行政、生活和辅助区域总体布局应该合理，不得互相妨碍”，却没有规定合理总体布局的具体参考标准，易主观臆断。除此之外，该规定也未对监管机构在什么情况下才能通过企业的整改报告和计划做出细致的要求。诸如此类的原则性规定遍布于监管系统的法律法规之中，给了监管人员巨大的自由裁量权，也为其进行暗箱操作滋生了条件。

二、药监系统监管过程的程序设置不规范，造成贪腐案件屡次出现

一方面，在药监系统监管过程中，孔某虽然只是检查组的一个成员，但其参与了审核、现场考察、审查批准等程序，一个人几乎包办了监管程序的全部工作。权力的集中，不仅难以保证监管程序的公正性，而且更加诱使相关企业蜂拥而上，收买其职权以便增加通过检验的机会。另一方面，在医药用品最终审核批准的程序中，药监系统内部认证中心的审批结果具有决定作用，往往是认证中心出具合格声明后相关企业便可以通过审核。这既缺乏起码的内部征求意见、民主讨论等决定，也缺少对最终决策权严格的审批手续，致使内部人员出现窝案。本案中，提及的药监系统主任王某同样也因职务犯罪受到了司法机关的追究。

三、缺少对把持医药用品检验大权的食药部门及其工作人员的有力监督

一方面，医药用品从生产到投入使用可能会涉及卫生、工商、药品、食品等多个部门的管辖。但在现实生活中，对医疗器械以及各种药品的检验工作往往是由食药部门一个部门来完成，作出的决定没有其他部门的参与协作，使得其权力缺乏有效的监督，为内部人员可以凭借自己手中的决定权四处“设租”提供了便利条件，也为相关企业的行贿提供了“捷径”。另一方面，在医药监管过程中，对医药用品的考察结论、整改效果、批准理由和结果等重要信息没有做到及时向社会公开、接受社会的监督，致使有关人员可以擅自改变处理结果而不易被发现。

【警钟长鸣】

良药毒药一关隔　守法枉法一念间

人吃五谷，难免会得病。对药品质量把关，不可不慎。药监系统作为药品流入市场、进入百姓口中最重要的关口，决定着药品的质量标准，药品监管队伍成为人们健康用药的守护神。然而，现在随便打开一家中文网站搜索“药品”或“监管”字样，与之关联最多的却是“安全”和“犯罪”。这是因为在食品药品安全问题上一些不法之徒群起效尤、竞相为恶。这固然与我国食品药品安全法律规定偏轻、市场监管混乱有关，也与一些职能部门消极腐败、监管不到位、执法力度偏弱不无关系。本案中，作为拥有质量把关决定权的孔某掌握着药品质量监管、药品质量层次认定等重要行政职权，直接影响着药品生产、经营企业的生存和发展，与人民群众的生命安全。但是，孔某没有正确履行好监管职责，为了金钱利益不顾药品质量是否过关，利用手中的权力随意将药品盖上“合格”的标签而任其进入市场流通。食药部门面向的是进入全国市场的药品，试想倘若从孔某手中“溜走”的药品出现一点瑕疵，必将对全国百姓的身体健康造成不可估量的影响，其负面作用相比于诸如类似食品领域中“三聚氰胺”等重大问题，绝对是有过之而无不及。因此，医药用品监管人员应时刻怀着一颗保障人民群众用药安全的心，远离违法犯罪、远离贪污受贿、远离失职渎职，正确履行好、使用好、把握好手中的权力。

【法律解读】

孔某收受英新公司财物后并未为其谋取实际利益，为何仍构成受贿罪？

本案中，由于整改工作的最终审批是由孔某的上级领导王某来决定，孔某在收受英新公司提供的财物后并没有给英新公司的整改工作提供实际帮助的情况下，对其收受钱财的行为应该如何定性？

根据《刑法》第 385 条规定，国家工作人员利用职务上的便利，索取他人财物的，或者非法收受他人财物，为他人谋取利益的，是受贿罪。可见，“为他人谋取利益”和“利用职务上的便利”构成是受贿罪的两个必备的客观构成要件。《全国法院审理经济犯罪案件工作座谈会议纪要》，就“为他人谋取利益”做出解释称，“为他人谋取利益包括承诺、实施和实现三个阶段的行为，只要具备其中一个阶段的行为，就具备了为他人谋取利益的要件。明知他人有具体请托事项而收受其财物的，是为承诺为他人谋取利益。”可见，“为他人谋取利益”，并不需要国家工作人员在收受贿赂后实际开始进行为他人谋取利益的行为，只要国家工作人员明知他人利用其职务便利而进行贿赂时，做出口头承诺即可成立。换句话说，只要该请托事项与该国家工作人员的职务行为相联系，事后国家工作人员即便未为请托人谋取实际利益也构成犯罪。

那么，在本案中，孔某所承诺的事项是否在其职务行为范围内呢？《全国法院审理经济犯罪案件工作座谈会议纪要》规定了“利用职务上的便利”的情形，即“利用本人职务上主管、负责、承办某项公共事务的职权”。虽然整改的具体通过与否是由孔某的上级负责决定，但整改工作是英新公司 GMP 考核的一部分，而孔某又是 GMP 考核组的成员之一，其行为在实际上是对整个考核工作负责，他的意见对英新公司整改是否通过也具有一定的影响。因此，批准英新公司的整改计划是包括在孔某的职务行为中的。

综上所述，孔某作为食药部门考核小组的成员，利用自己的职务便利，在非法收受他人财物时，承诺为他人谋取利益，虽然没有亲身参与谋利活动中，但其行为已经损害国家工作人员职务的廉洁性，影响了国家机关的正常活动，充分表现出国家工作人员以权谋私、权钱交易这一受贿罪的本质特征，根据法律以及司法解释的规定，孔某的行为已经构成了受贿罪。

【对策建议】

一、细化药品监管工作的重要法律法规，减少行政人员的自由裁量权

一是规范和统一医药用品的 GMP 检查标准。针对各领域不同的医药用品制定出详细的检查标准，针对企业生产的各环节诸如从生产环境到药品质量等项目制定出科学合理的检验依据。二是细化医药用品现场检查的严格标准，如应详细规定现场检查之前草拟出检查报告的基本内容，召开首次会议声明的具体注意事项以及确认检查的大致范围，并严格按照检查方案进行调查取证等，以法律依据来确保检查程序的规范和有效。三是对企业的软件和人员的标准作出详细的规定。我国的 GMP 标准不仅应该关注企业的硬件设施方面的问题，而且应该对产品质量回顾、偏差、变更、投诉、CAPA 的程序和实施上的要求做出更加明确和具体的规定。四是对不符合检验标准的单位的整改计划和报告做出详细规定，针对不同产品的不同特点制定行之有效的模板，以辅助相关企业做好整改工作。

二、规范药品监管的具体程序，强化制约机制，确保监管过程公平、公正

一是完善监管程序的许可制度，建立健全检验许可决定报备和核准制度，规范监督管理工作。在检验人员进行现场考察之后，不立刻对考察结果进行决定，而是先由检查小组做出内部处理意见，之后采取检查小组主持会议讨论的形式，并在有关负责监管的部门人员参与的情况下，对考察结果进行详细说明，听取各方意见并作出初步处理决定。处理决定应该经由检查小组负责人，各监管部门主管领导以及纪检监察部门人员共同签字后决定批准与否。二是完善监管的处理制度，建立药品检验和作出检验决定相分离的运行机制，在不同的检验阶段应由不同的监管人员参与，特别是在考察后的整改复核阶段应该由不同的人员负责。另外，在处理检验结果的时候，原则上只允许检验人员发表相关意见，不专门由检验人员做出处理决定，确保参与检验人员之间的互相制约。三是完善日常监管机制，实行监管单位内部相关人员具体负责制，明确药品检验的责任人，确保药品监管达到全面覆盖的要求。

三、加强对医药监管部门行政行为的监督，保障监管权力的合理使用

一方面，由于医药用品工作专业性强、涉及的部门多，食品药监部门、工商部门、卫生行政部门、审计部门等应该加强相互间的协作和配合，对医疗用品从原料采购、批量生产、投入流通等各个环节介入监督，对每一环节的步骤通过多角度的审核和排查，确保医药用品严格的质量，各部门共同负责检验结果的最终出炉，通过各部门联动合作机制改变食药部门一家独大的局面，从而更好地起到部门间互相监督的作用。此外，还可以对重点医药用品的监管效果进行互相回访监督，通过检验后的走访交流制度有效保证监管人员的权力不被滥用。另一方面，完善社会监督，对于企业送检的产品在初查、现场考察、整改以及审核批准的各个阶段的重点信息实施公开。通过信息共享平台的方式，将对检验工作负责的多机关的执法信息录入平台，使群众可以随时监督检验工作等行政执法过程中的案卷和评审信息，第一时间了解到关乎自己安全的医药用品的审核情况，确保医药用品质量安全。

青年才俊动贪念　伙同情人捞百万

——某食品药品监督管理部门药品审评中心信息部原工作人员陈某受贿案

【案情介绍】

陈某，男，1970年3月出生，中共党员，某食品药品监督管理部门药品审评中心信息部原工作人员。

审批组长情人牵线　加速审批从中敛财

2003年3月至2005年2月，陈某先后担任某食品药品监督管理部门药品审评中心（以下简称药审中心）审评四部审评三组的组长、审评八室主任，主要负责对专业的审评报告进行审核、仿制药的药学审评工作。虽然他没有直接担任重要的领导职务，但手中的审批大权还是吸引了一大批医药企业和医药代表。在这群人中，有这样一个女人显得与众不同。她不仅善于用金钱笼络，甚至在2003年还与陈某建立了更为复杂的亲密关系。她就是王某，北京锦辉医药科技有限公司（化名）的法人代表，也是陈某的情人。

2004年5月，在湖南长沙召开的全国药品会议上，王某认识了浙江江海医药有限公司（化名，以下简称江海医药公司）总经理顾某，并向顾某推荐了“注射用甘草酸二铵”和“硫普罗宁注射液”两个药品品种，想让顾某与她合作。2004年7月，王某与顾某签署了这两个药品品种的技术转让合同，当时王某已经将这两个药品申报药审中心进行审评。两人约定，由顾某出钱购买这两个药品品种并支付技术转让费105万元，王某负责找药厂向药审中心报批，药审中心审批之后再由顾某做这两个药品品种的全国销售总代理。2004年8月，顾某催促王某能否加快些药品审批进度，王某说可以，但提出要给药审中心有关工作人员一些好处费，顾某答应了。后王某将一个以陈某的父亲名字开设的建设银行账号告诉了顾某，顾某先后向该账号内共存入40万元人民币。此后，陈某分给了情人王某10万元。

撇开情人又伸黑手　得知真相再收好处

2004年年底，陈某跟王某的关系发生了微妙的变化，感情并不像从前那么融洽了。于是陈某跳过王某，直接打电话把顾某约到北京见面。交谈中，陈某向顾某提出："我从王某处分得的钱太少，你要想加快审评速度的话就要补偿我。"但陈某没有说明补偿数额。顾某回到杭州后，考虑到他们已经投入100多万元的项目不能停止，只能继续，而且陈某就是药审中心负责"注射用甘草酸二铵"和"硫普罗宁注射液"两个药品品种审评的官员，因此和合伙人商议后决定再送给陈某40万元人民币。后在2005年1月，顾某在北京世纪金源饭店与陈某见面，将一个装有40万元现金的黑色单肩包交给了陈某，并向陈某提出帮忙加快"注射用甘草酸二铵"和"硫普罗宁注射液"两个药品品种的审批程序，陈某没有推辞，接过钱后说声知道了，就走了。此后陈某在评审中提供帮助，使这两种药品顺利通过了评审。

介绍业务抽取好处　违规审批职责不顾

2005年2月至2008年7月，陈某担任药审中心审评四部审评八室的主任，负责精神、神经类药物和其他适应症的药品审评工作。2005年三四月份，陈某向顾某推荐了山东济南康业科技有限公司（化名，以下简称济南康业公司）提供的"注射用果糖"、"注射用谷氨酰胺"、"注射用转化糖"三个品种，济南康业公司提供品种的技术资料后由顾某出钱购买，技术转让费一共为85万元人民币。2005年三四月份到2007年四五月份这段期间，顾某分多次将上述85万元技术转让费以现金方式交给陈某，而陈某仅仅将其中的30余万元以技术转让费名义转交给济南康业公司，剩下的50万元均被陈某据为己有。后顾某通过其他公司将上述两种药品向药审中心进行申报审批，而这两种药品也正是由陈某负责审批。陈某在明知进行转让时相关药品无生产厂家及研发单位信息，且系以其他单位名义申报的情况下，仍违规将上述药品通过审批注册。

2010年9月15日，北京市海淀区人民法院依法查明，陈某身为国家工作人员，利用职务上的便利，非法收受他人财物共计130万元，并为他人谋取利益，最终以受贿罪，依法判处陈某有期徒刑十一年。

【案例评析】

一、药品审批权缺乏监督制约是诱发陈某走上职务犯罪道路的重要原因

陈某在担任药审中心审评四部审评三组的组长、审评八室的主任期间，直接负责药品审批，属于真正掌握实权的人。他利用药品审批监管权，通过加快审批进度和介绍业务等形式，帮助申请人通过药品审批，从中收受、索要贿赂达130万元。本案的发生具有一定的代表性，暴露出在药品审批过程中，药品监督部门制度规定更多的是要求企业申请材料是否合规，关注点以是否符合法律要求为主，而对审评人员审批操作过程没有过多要求，造成重视审批结果、轻视审批过程，缺乏对审批过程的监督制约，容易导致药监人员权力寻租的情况发生，滋生腐败犯罪。

二、药品审批自由裁量权大，个人操作空间过大

调查发现，国家药品监督部门审评中心已经建立了一整套较细化的审批流程。陈某任药学组组长期间，审评任务先由管协部直接发给专业审评员，审评员审完后交给组长陈某，陈审完后交给项目负责人，项目负责人审完后做一份综合报告交给审评部部长。但是，在现实操作中，审批权自由裁量权较大，个人对评审工作操作空间大，药品审批工作流程并没有真正执行到位。本案中行贿人申报的“注射用甘草酸二铵”和“硫普罗宁注射液”等药品品种在审批注册过程中，陈某作为负责人，审批审评权限可操作性较大，不及时评审，在正常流程下审批时间一拖再拖，药品审批申请人为了加快审批速度只能向陈某给予好处。

三、犯罪隐蔽性强，价值取向错位是陈某腐化的内在推力

本案陈某在接受药品企业给予的贿赂时，要么直接收取现金，要么要求行贿方把钱打到他亲属的账号上，当侦查人员讯问其这么做的原因时，陈某回答到：“我认为我的行为是违纪行为，所以不敢把钱打到自己的账号上。”此外，在收受好处费以后，陈某让江海医药公司给他打了收条，但是实际上他并没有退钱。“就是想到今后出事了好说，能够表明我把钱退了，但是实际上我没有退。”从陈某的上述行为可以看出其反侦查意识强，蓄意逃避法律追究，同时表明他具有一定的法律认识，知道自己的行为是违法的。但是，使其铤而走险的内在原动力就是贪欲,意图将手中审批权化作捞取财富的工具,明知在评审过程中向药品企业索要好处是违法犯罪行为,但是对金钱的过度渴望战胜了理智与法律,在错位的价值观的引导下,陈某多次利用自己手中的权力换取金钱,向申请人主动索取好处费,最终走向了犯罪的深渊。

四、信息公开不到位,导致药品审批信息与申请人信息不对称,申诉渠道匮乏,助长了权力寻租的心态和歪风

本案中,陈某之所以能够通过拖延审批流程,趁机向药品审批申请人索贿的一个重要原因就是申请人对药品评审流程仅有初步了解,对具体评审中各个环节的审批进度、审批时限、审批职责缺乏较深入了解。虽然药审中心对药品审批情况进行公示,但是仅仅停留在公示阶段,申请人对自己的审批批件进展到哪个环节、缺乏何种手续毫不知情。审批信息公开不到位,使得申请人与审批单位信息不对称。同时,药审中心药品企业申诉、投诉案件的处理办法和流程制度存在空白,药监系统关于药品申请企业对审批行为进行复议、申诉的制度规定不完备,导致申请人在发现申请迟迟得不到批示的情况下,没有有效的申诉途径,对审批人员拖延行为不能及时进行监督并提出反馈意见。在这种情况下申请人为了加速审批效率,极有可能向审批人员行贿。

【警钟长鸣】

有一种腐败借口叫做“情人致贪”

有人说,“红颜祸水”,这其实是对女性的偏见,“情人致贪”则是对腐败的托辞。就腐败而言,情人只是贪污受贿的导火索,关键还是官员自身的廉洁意识和政治修养不够,无法拒绝金钱的诱惑。君不见,那些没有情人的贪官,收起红包来照样不比有情人的逊色。如果硬要把贪官和情人联系起来,唯一值得反思的是,为什么权力的制衡失去作用,内外部监督没有发挥威力,给贪官创造了“一掷千金为红颜”的条件。

本案中,王某为了谋取陈某手中掌握的审批权,才主动与之交好,不断地吹枕边风,唆使其利用权力谋取私利,而陈某的腐败犯罪可以说是“情人领进门,贪腐靠个人”,贪图女色仅是表层欲望,真正的欲望是对金钱的追求,所以说,“情人致贪”说可以姑妄听之,但切不可被其转移了反腐视线,误入“情人反腐”的旁门左道。真正谨防的是对权力、金钱超越自身能力的追求,这才是预防腐败的重中之重!

【法律解读】

一、陈某经王某介绍,分两次收受顾某的80万元,其中王某拿走10万元,为何这一部分也被认定为陈某的受贿数额?

本案中,陈某通过情人王某认识了医药公司经理顾某,在顾某提交的“注射用甘草酸二铵”和“硫普罗宁注射液”两个药品审批中先后两次收取好处费80万元。法庭上,陈某对检察机关指控的受贿罪名未提出异议,但是对起诉书指控其收受80万元贿赂款的事实提出异议,辩称其分两次共计收受了顾某用于加速审批的贿赂款80万元,但其中有10万元被王某拿走,这10万元不属于自己受贿的数额。的确,医药公司经理顾某按照陈某情人王某的意思将40万元人民币打到了以陈某父亲的名字开设的建设银行账号中,这些钱之后被王某分几次拿走了10万元。但由于40万元贿赂款已为陈某实际占有,受贿犯罪事实已经既遂,即使该贿赂款被王某拿走,也是在得到陈某的认可后对于所获赃款的再分配行为,并不影响对其犯罪数额的认定,所以陈某受贿数额应该包括这10万元。

二、法院为何认定陈某收取的50万元不是中介费而是贿赂款?

在法庭审理中陈某辩称,在“注射用果糖”、“注射用谷氨酰胺”、“注射用转化糖”三种药品报批过程中,收取顾某的50万元是其居间介绍业务所得的中介费,且其为研发该药物出力不小,这50万元中也有其应得的劳务费,并非贿赂款。那么这50万元的性质到底如何认定?

本案中,医药公司经理顾某在陈某介绍三种药剂后,支付了技术转让费共85万元。而实际上顾某知道陈某给他推荐的这三种药剂市场价应该在45万元左右,所以85万元中的45万元作为技术转让费,剩下的40万元其实是顾某为在今后该三种药品的审批中希望让陈某给予关照,而先期给陈某的好处费。但陈某贪欲膨胀,仅将其中的30余万元给了研发单位济南康业公司,剩下的50万元均据为己有。因此法院认定,陈某利用职务上的便利,主动向他人介绍业务,并从中收取贿赂款,其所谓的相关所得为居间费及研发费的辩解与顾某的证言相悖,所以不能认定是陈某介绍业务的居间服务费,应该认定为受贿款。

【对策建议】

一、加大对药品评审过程的全程监督，规范评审人员的评审行为

药审中心在审批过程中，在重视审批结果的同时要加大对药品评审过程的全程监督制约，有效减少审批权寻租空间。一是遇到疑难复杂或较为重要的审批任务，应要求评审人员定期汇报审批进度，防止个别审批人员违规操作。二是加强药品审批业务管理，在层层审批的现有制度下实行层层负责制度，从药品审评员到审评组长，再到项目负责人，认真履行职责，对审批时限过长的申请事项必须要求评审人员说明原因，对无故拖延审批的行为要及时予以纠正，并向药品申请企业做出情况说明，防止不按规定审核、故意拖延审批等情况发生。

二、严格执行药品审批制度，规范权力运行

药审中心要强化对药品审评审批的管理，严格执行审批制度。一是实行审评人员集体负责制，防止个别人员滥用审评审批权限，通过多人共同负责形成互相监督制约，避免形成隐形利益链条；二是实行审评审批责任追究制，强化对违法审评审批行为的责任追究，加大对恶意拖延审批、故意倾向审批等行为的追查和惩治；三是实行审评审批检验人员公示制，将药品审评审批置于社会监督之下，有效防止违规操作行为，压缩权力寻租空间。

三、建立药品审批申请人申诉、投诉复议程序，弥补制度空白

鉴于药审中心在药品审批过程中存在申请人自力救济缺失的情况，建议药审中心公布审批情况后，可以允许申请人针对申请事项进行一定的说明，同时允许申请人对药品审批结果进行复核。在申请人发现审批人员故意拖延审批、对评审企业无故刁难、不告知所需申请材料等行为时，申请人在规定时限内可以提起行政复议，畅通投诉渠道。通过促进审批透明化的方式不断缩小审批人员的自由裁量权，公开审批程序，让申请企业了解评审进展情况，在发现问题时能够及时反馈意见，规范审批人员行为，加速审批速度，防止拖拉情况发生，压缩审批人员利用权限索贿的空间，从源头上减少犯罪的发生。

第四章　新型农村合作医疗环节

【导读】

新型农村合作医疗，简称“新农合”，是指由政府组织、引导、支持，农民自愿参加，个人、集体和政府多方筹资，以大病统筹为主的农民医疗互助共济制度。是帮助农村居民抵御重大疾病风险、缓解因病致贫和因病返贫的有效途径，是党和政府为解决人民群众看病难、就医难问题的一项惠民政策。本章选取了近年来北京市新型农村合作医疗环节发生的典型案例，包括：北京市某区某乡新型农村合作医疗原专管员代某贪污案，北京市某区某镇人民政府农村合作医疗管理办公室原副主任李某、某镇中心卫生院原医师刘某贪污案。上述案例从不同角度反映了当前新型农村合作医疗管理中存在的漏洞，体现了该环节犯罪易发的风险点，并针对相关问题，本章就以上案例分别进行了分析和点评，并提出了相应的职务犯罪预防建议和对策。

美好青春成泡影　十年寒窗换铁窗

——北京市某区某乡新型农村合作医疗原专管员代某贪污案

【案情介绍】

代某，男，1988年2月出生，群众，北京市某区某乡新型农村合作医疗原专管员。

新型农村合作医疗（以下简称“新农合”），是由政府组织、引导、支持，农民自愿参加，个人、集体和政府多方筹资，以大病统筹为主、包括基本医疗和大病统筹两种基本形式的农民医疗互助共济制度。“新农合”资金本是贫困农民看病吃药的“救命钱”，尽管如此，仍不断有人丧心病狂地向这笔资金伸出黑手。与其他人相比，代某无疑是较为特别的。年仅24岁的他，毕业于名牌高校，居然在参加工作后短短两年时间贪污“新农合”资金高达193万余元，让人瞠目结舌。

一针一线慈母心　望子成龙安立业

与那些出生在皇城根下的北京人相比，代某虽然也是地道的北京人，但是他出生的地方稍显偏远，位于北京市东郊的通州梨园地区。相比与之紧邻的国贸地区而言，梨园地区最近几年才被纳入城市化区域，之前这里一直保持着北京郊区村镇的风貌。出身于单亲家庭的代某，从小跟母亲一起生活。从事个体经营的代某的母亲，一人承担着抚养代某和供其上学的重担，艰辛的生活之下，她一直盼望着自己的儿子有一天能够出人头地。

2006年，代某如愿考上了一所好大学，成为了母亲和许多人眼中的骄傲，并在古城西安平静地度过了他的大学生活。

每一个年轻人，对自己的未来都会有很多憧憬与期待，我们满怀崇敬地称之为“理想”。但是在人生的某一个阶段，大多数人都会经历从理想到现实的跌落，毕业求职对于许多名牌大学的大学生亦是如此。

代某大四时，也面临着就业的压力，曾经有过种种理想的他在求职中屡屡受挫。此时，代某从其在北京的亲戚口中得知，某乡政府正在招聘“新农合”专管员。于是抱着试试看的想法，代某提交了求职申请。代某凭借着良好的教育背景和优异的表现顺利通过了笔试与面试，成功获得了某乡“新农合”专管员职位，并与某乡政府乡属企业“馨诚社区服务中心”签订了劳动合同。

好高骛远难知足　巧动心思想歪招

自 2009 年 1 月开始，代某正式成为北京市某区某乡“新农合”专管员。但这对于名牌高校毕业的代某而言，这一基层职位却不免显得有些“鸡肋”。

22 岁的代某刚刚大学毕业，对于即将到来的生活充满了美好的憧憬。他渴望摆脱之前拮据的物质生活状态，去享受年轻与青春。身处国贸这一北京最繁华的闹市周边，他也渴望能过上精彩纷呈、一掷千金的生活。但是，就“新农合”专管员这一职位微薄的薪酬而言，所有现实都和理想差距太大，代某对这份工作倍感失望。但是，代某又很快发现，“新农合”专管员这一职位虽然收入不高，但工作轻松，而且背后的权力几乎无人监管。作为“新农合”专管员，代某主要负责某乡“新农合”基本医疗费用的审核、报销以及大病统筹的初审、上报工作。职位虽低，但权力不小。

根据“新农合”工作制度，“新农合”参保人员发生费用后，先由某乡下属四个村村委会“新农合”办公室的工作人员核对收据和底方、明细是否一致，核对无误后将相关人员报销金额输入北京某区“新农合”专用信息系统，由系统形成当月报销明细表，但信息系统中的数据则无法更改。每月 15 日前，村“新农合”工作人员会将报销明细表电子版和加盖村委会公章的纸质版报到代某处，代某则负责检查报销人员、发生费用额度以及报销金额是否正确。

如果核对无误，代某便将四个村上报的加盖有村委会公章的报销明细表纸质版以及电子版报到某乡社保所出纳李某处。如经核对需对报销明细表进行更改，代某便需重新制作纸质版报销明细表，并在无须经过任何审批和登记的情况下加盖“北京市某区某办事处计生卫生办”

公章,连同电子版报到李某处。李某在核对上报的电子版和纸质版信息一致后,即会通过网银将报销款发放到相关人员的北京农商银行“新农合”专用账户中。

可以看出,向某乡“新农合”参保人员发放报销费用的基本依据便是报销明细表,而报销明细表的审核与修改大权完全握在“新农合”专管员代某手中,且几乎不受监管。代某发现其中的“玄机”后,便开始琢磨如何利用这一“生财之道”。

假立账户屡套现　挥霍无度悔终生

2009 年年底,代某单位的保安牛某找代某借钱,“聪明”的代某终于想到了一个“好方法”。代某提议由他帮牛某开一个北京农商银行的账户,他会把借款存在这个账户的卡中交给牛某。由于是向人借钱,牛某没有考虑太多便答应了,随后将身份证复印件交给了代某。

代某于是去北京农商银行以“牛某”的名义开了一个账户,将储蓄卡交给了牛某,自己却把存折留下了。随后,在收到村“新农合”报销明细表后,代某擅自将牛某的名字及其报销金额和银行账号虚加在纸质版报销明细表中,并加盖公章。同时擅自修改电子版报销明细表,再一起上报给李某。李某在审核报销明细表电子版与纸质版一致无误后,即向相关账户发放了报销款。代某便持牛某的存折前去北京农商银行柜台提现并将相关款项据为己有。

2010 年 4 月至 2011 年 9 月间,代某先后以各种名义获取了 5 人的北京农商银行账户银行卡或者存折,并通过虚列姓名、报销金额和账户的方式,套取“新农合”报销费用共计 193 万余元。

对于这些侵吞的公款,代某虽然明知“不是自己的钱”,但也从来不吝惜,每月骗取的报销款当月即挥霍一空。代某在国贸核心区域租住的豪华公寓,一年租金即花费 10 余万元;在朝阳大悦城、新光天地等高档购物中心购买名牌服饰,花费高达 50 余万元;此外,他还经常出没于高档酒吧,出手阔绰地为朋友消费埋单,并多次到各地旅游。

2012 年 5 月 11 日,北京市朝阳区人民法院经依法审理后认定代某犯贪污罪,依法判处其有期徒刑十二年,没收财产人民币十万元。此时,代某年仅 24 岁,其自大学毕业参加工作仅仅两年有余。接下来的 12 年,在其人生中本应是成家立业的阶段,代某却只能在冰冷的铁窗中度过。

【案例评析】

一、心理失衡、享乐思想严重是导致代某犯罪的主观原因

在本案中,代某受过很好的高等教育,但却未形成正确的价值观和人生观。代某在毕业求职中选择了乡"新农合"专管员这一职位,但其好高骛远,不安于基层工作职位的现状,更对微薄的工资收入不满,从而心理失衡。同时,代某的享乐思想严重,贪慕虚荣,将所套取的"新农合"资金全部用于个人吃喝玩乐,生活奢侈萎靡。代某将个人的享乐置于社会公共利益与自身职责之上,将人生的意义等同于享乐。正是这些思想层面的不良因素,构成了代某犯罪的内在动力和主观原因。

二、"新农合"报销的审核与发放设置不科学,存在多项漏洞

代某在工作后短短两年内疯狂敛财193万余元,且长期未被发现,暴露出某乡"新农合"报销款项的审核与发放存在严重的漏洞。首先,某乡"新农合"报销虽设置层级审核,但事实上村级"新农合"办公室工作人员按照底方、收据将数据录入系统并制成表格后,上交给某乡"新农合"专管员的仅仅是报销表格。某乡"新农合"专管员在缺乏底方等原始票据的情况下,无法进行实质审核。其次,某乡"新农合"报销的电子信息系统与报销明细表未能有效衔接,报销款的发放仅仅审核报销明细表,缺乏对电子信息系统中的数据进行核对,从而形成"两张皮"的局面,为犯罪留下了空间。

三、"新农合"专管员随意修改报销明细表,权力缺乏监督制约

代某的犯罪手段较为简单,犯罪智能化较低,反映出案发单位对"新农合"专管员修改报销明细表的权力缺乏监督和制约。作为某乡"新农合"专管员,代某负责审核村级"新农合"工作人员上报的报销明细表,如果需要更改,只需要重新制作报销明细表并加盖"北京市某区某办事处计生卫生办"公章,所有的过程一人完成即可,无需向上级汇报或由上级批准。代某正是利用了其个人可以随意修改报销明细表这一权力,钻了报销款发放部门审核不严的漏洞,通过制作虚假的报销明细表而套取大量"新农合"资金。

四、单位公章管理制度不严,盖章事由缺乏审核,成重大犯罪隐患

在本案中,代某修改报销明细表纸质版需要加盖"北京市某区某办事处计生卫生办"的公章。事实上,如果单位对公章进行严格管理,对

于盖章事由进行严格审核,那么代某的犯罪行为亦可以避免。然而,据代某供述,“北京市某区某办事处计生卫生办”公章一直锁在某乡政府为民服务大厅的柜子里,而柜子的钥匙就放在柜子下面的电脑桌上,工作人员如果需要盖章自取即可,既没有专人进行监管和审核,也不用进行登记。如此一来,盖章这一本应严格审核的事项,变得毫无监管和审核,成为了犯罪的重大隐患。

【警钟长鸣】

享乐并非人生 价值源于责任

代某作为一名名牌高校的大学生,本应在离开“象牙塔”后大展宏图,将所学的知识回报社会,在工作中充分发挥自己的聪明才智。然而,他却因对物质生活的崇拜与对微薄薪水的不满产生了巨大的心理落差,从此走入职务犯罪的迷途中。在毕业后短短两年内,代某贪污“新农合”报销款高达 193 万余元,最终以两年奢华无度的生活换来长达 12 年之久的铁窗岁月,何等可惜!

更令人可叹的是,代某出身单亲家庭,母亲含辛茹苦地将其抚养成人,供其接受高等教育。但其侵吞公款后全部用于个人享乐,贪污巨额款项全部挥霍一空,当代某沉浸在纸醉金迷、灯红酒绿、夜夜笙歌的世界中时,年迈的母亲仍然靠着拮据的收入维持清贫的生活,并对儿子的犯罪行为全然不知。在代某贪污犯罪案发后,母亲为了使代某能够获得从轻处罚,甚至一度意图变卖房产为其退赔。

对于代某而言,其从未思考过人生中几个基本而重要的问题:人活着的意义是什么?是为了自己还是为了他人?为了享乐还是为了承担责任?如果代某能够勇于承担家庭和社会责任,及时调整自己的心态,走出一己之私,本不会进行这样的犯罪行为,更不会落得如此惨痛的下场。或许,经过此事,代某会明白上述问题的答案,只是这个代价来得太过沉重,令人惋惜。

【法律解读】

“新农合”资金是否属于《刑法》中规定的“公共财产”?

在本案中,代某所骗取的报销费用系“新农合”资金。“新农合”资

金,采取由个人缴费、集体扶持和政府资助的方式筹集资金,其是否属于《刑法》中规定的“公共财产”,直接决定了代某是否构成贪污犯罪。

根据《刑法》第91条规定,“本法所称公共财产,是指下列财产:(一)国有财产;(二)劳动群众集体所有的财产;(三)用于扶贫和其他公益事业的社会捐助或者专项基金的财产。在国家机关、国有公司、企业、集体企业和人民团体管理、使用或者运输中的私人财产,以公共财产论。”

“新农合”是社会保险的一种,属于国家统筹保险的范畴,由个人缴费、集体扶持和政府资助的方式筹集资金。虽然从筹资渠道看,“新农合”资金属于混合型性质的基金,但是不同于一般性的政府基金或其他专项基金,它具有明确的使用目的,专款专用。根据财政部颁布的《新型农村合作医疗基金会计制度》第3条第2款规定:“本制度所称新农合基金,是指各统筹地区根据国家有关规定设立的,通过参加新农合的农民(以下简称参合农民)个人缴纳、集体扶持、政府资助筹集的,用于对参加新农合农民医药费用进行补偿的专项资金。”而且,“新农合”资金由财政、央行代理国库进行集中支付,实行收支两条线管理,并由新农合管理中心代表政府具体负责监管、把关、审批,因此其性质在刑法意义上应全部属于“公共财产”,代某侵吞“新农合”报销款的行为构成贪污罪。

【对策建议】

一、关注青年职工的思想动态,加强教育和引导,帮助其树立正确的人生观和价值观

医药卫生领域相关单位应当关注青年职工的思想动态,尤其对行业思想不太巩固、生活追求多元化、人生观不太成熟的青年职工,应进一步加强教育和引导。一是坚持以人为本的理念,重视人性关怀,真正了解并理解青年职工的内心世界,拉近与青年职工的心理距离,减少青年职工对思想教育工作的排斥和反感。二是针对青年职工的思想境界、发展需要和生活难题等内容,加强其职业荣誉感和责任感的教育。三是对青年职工的性格特点,通过通俗易懂的语言、与时俱进的方式、合乎实际的要求开展教育,帮助青年职工树立正确的人生观和价值观。

二、完善并执行“新农合”报销的层级审核制度，严格发放审查报销款

针对“新农合”报销款项审核和发放的工作机制，应当建立规范、科学的层级审核制度，并确保其在实践中得到有效落实。一是及时查找并弥补“新农合”报销审核工作中存在的漏洞，加强对底方、收据等原始数据的备份和比对，实行有效审核。二是充分发挥电子信息系统的功能和作用，实现电子信息系统与人工审核工作的有效对接，加强审核工作的科学化精细化管理。三是增强“新农合”报销审核人员的责任意识，对产生疑问的报销申请或数据及时向相关医院求证，或向部分群众予以核实，防止报销款的错误发放。

三、加强对“新农合”专管员的监督制约，防止权力滥用

认真贯彻执行“新农合”相关管理规范，对“新农合”报销的审核和发放人员加强监督制约，防止权力滥用。按照乡、村政务公开的要求，加强“新农合”发放的公开公示力度。“新农合”管理部门应当定期将报销人员名单和参合人员住院、门诊报销补偿情况予以公布，同时公布质询、咨询、查询和举报监督的方式，充分保障参合人员的知情权和监督权，从而对“新农合”专管员的行为予以监督，以防违规、违法现象的发生。

四、严格“新农合”公章管理，详细审核盖章事由，消除犯罪隐患

严格“新农合”公章管理，以防止职务犯罪的发生：一是明确“新农合”公章由专人负责保管。管理人员除外出或在特殊情况下，不得私下转交他人，应由部门领导另行指定专人代管。公章管理人员须高度负责，严格按制度办事，对不符合盖章手续的报销申请表格，不予盖章。二是建立“新农合”公章登记制度，严格审批手续。“新农合”管理员须对修改后的报销明细表加盖公章时，必须填写《公章使用登记表》，登记用章的时间、事由、份数和经办人，并由用章人员所在部门负责人详细审核盖章事宜后签字，方可使用。

东窗事发忙串供　绞尽脑汁罪难逃

——北京市某区某镇人民政府农村合作医疗管理办公室原副主任李某、某镇中心卫生院原医师刘某贪污案

【案情介绍】

李某，男，1974年12月出生，中共党员，北京市某区某镇人民政府农村合作医疗管理办公室原副主任。

刘某，男，1969年11月出生，群众，北京市某区某镇中心卫生院原医师。

百张发票数额同　一人所开引怀疑

2007年3月，北京市某区卫生局农村合作医疗管理中心的工作人员，在对该区某镇结算中心的合作医疗报销进行网上审核时，发现了一个奇怪的现象：有100多人的发票数额非常接近，都是2990元至3000元之间，发票累积应报销数额达17万余元。工作人员通过仔细比对网上数据，进一步发现：这100多人的发票均是由该镇的两个社区服务站开出，提交网上审核申请的均为该镇政府农村合作医疗管理办公室副主任李某，而开票人又均为该镇中心卫生院医师刘某。这引起了农村合作医疗管理中心的注意，随即向该区卫生局领导报告了有关情况，并展开了调查。

3月23日，该区卫生局农村合作医疗管理中心主任曹某、副主任赵某找到李某了解情况，并要求查看相关票据。李某交代是该镇卫生院医师刘某给他的票，曹、赵二人随即拿走了10套问题发票，并向区卫生局领导汇报。当天下午，卫生局领导找到刘某谈话，刘某承认了李某让其虚开发票的事实。随后，李某在电脑操作系统上，找到这100多套没

有报销发票的记录，将自己提交的网上申请记录全部删除，并向卫生局领导承认错误，希望能被从轻处理。

然而，在深入调查虚开发票一事的过程中，卫生局发现，在2006年10月至11月期间，李某和刘某通过以假发票报销的方式就已骗取新农合医疗款4万余元。

此时，李某和刘某的犯罪事实被层层剥开……

副主任心不甘 找医师开假票

李某原是北京市某区某镇人民政府财政科干部，2005年，他开始兼任该镇政府农村合作医疗管理办公室副主任，负责合作医疗报销工作。农村合作医疗管理工作繁杂，李某认为自己是“干着正科的事，拿着副科的钱”，心理不平衡。作为结算中心的负责人，李某知道结算中心管理较为混乱，于是，便打起了“报销假发票弄点钱”的主意。

2006年10月，李某找到当时在某镇中心卫生院下属某社区卫生服务站的医师刘某，提出让刘某开一些住院票，报销出来的钱一人一半，并说自己就管理报销，不会被发现。刘某见有利可图，就同意了。之后，李某从全镇合作医疗的名单里随机查了几十名年龄比较大的医疗户，将名单交给了刘某。刘某按照李某给的名单开好发票，并将自己亲属的发票也放在里面让李某报销。

2006年10月和11月，李某分两次将虚开的发票报销。他在合作医疗结算中心结算单上将患者的姓名、住院费金额等填写齐全，并私自盖上负责审核报销的某镇政府统计所所长陶某及审核员的印章，后录入电脑。然后打印出合作医疗报销核定表，在收款人处签上收款人的名字，将报销款项据为己有，共计报销34笔，报销金额4万余元。李某将把其中的一半分两次送给刘某。

2006年12月初，李某再次搜索打印了几十名岁数大的人员名单，让刘某开发票，并交代每张发票的金额别超过3000元。这时，刘某提出卫生院将要改成全额拨款了，发票管理会更加严格，提议这次多开点人、多拿点钱，并让李某再给他一些名单。最终，李某给他提供了120多个人名，刘某分几次开出100多套发票，金额都在2990至3000元之间，发票应报销数额共计17万余元。这一次，合作医疗管理中心工作人员进行网上审核时发现了问题，李某和刘某的犯罪行为继而被发现。

绞尽脑汁想脱罪　法网恢恢终难逃

刘某在最初卫生局找其谈话时，承认了李某曾经让其开票。但是，他越想越害怕，家里只有自己是正式员工，工作收入稳定，如果因为此事被开除公职就“全完了”。想来想去，他决定找人“顶罪”。

能找谁顶罪呢？刘某想到了自己的老领导，某社区服务站的站长王某。刘某在2006年10月虚开发票时曾找过王某，谎称要给妻子补开点发票，王某答应了。后来刘某给了王某100元钱说是谢谢他，王某收下了。再后来，刘某又向王某提出要补开发票，每次虚开发票后也会给王某一些钱，每次100元到300元不等，前前后后共给了王某约1300元钱。王某后来虽然明知刘某是虚开发票，但是由于收了钱，也不说什么。刘某心想，与王某有着这层关系，王某又知道自己虚开过发票，而且王某又不是正式工，让他“顶罪”再给点钱补偿，王某应该会答应。

于是，刘某找到王某求情，说：“您救救我吧，卫生局从结算中心拿走了十几张票，钱还没报呢，发票是我从兴隆庄这开的，签的是您的名，您帮我给担着吧，我也怕开除公职，要开除公职我就全完了。”王某觉得钱没报销，事情不太严重，就答应了。后刘某打电话给李某，让他在单位询问时说是王某开的票，为此，三人还专门在一起编造了细节。刘某为报答王某的“恩情”，提出愿意支付2万元的好处费，王某当即拒绝，但是在去区卫生局作证的路上收下了刘某给的2000元钱。

在卫生局纪委多次谈话后，李某意识到事情的严重性，交代了实情，并向检察机关投案自首。

2008年4月17日，北京市平谷区人民法院以被告人李某、刘某犯贪污罪，判处李某有期徒刑二年，缓刑三年；判处刘某有期徒刑一年，缓刑一年。

【案例评析】

一、案发社区服务站对开具发票管理不严

本案中，案发的社区服务站没有专人对发票进行管理，既无专人负责领取，也无专人负责开票。只要是卫生院的医师，都可以找卫生院的主管会计领取空白的门诊收据发票和住院收据发票。而发案的社区服务站只有两名医师，轮流值班，谁值班谁开发票，导致发票的管理无直接责任人，也无相应的监督制约机制。而各社区服务站的医师将开完

的发票上交登记，就可以领到新的发票，导致刘某陆续领取和虚开了100多套假发票却没有被发现。

二、案发卫生院与卫生服务站财务核算存在弊端

本案中，该中心卫生院与各个社区服务站进行新农合医疗费财务核算时不是采取按照发票或发票金额与交款单位进行核算的方法，而是按照药房给各个社区服务站配置的药品金额进行核算，导致发票开具的金额无法与患者实际看病的花费核对，从而为一些人虚假开具发票，利用职务进行虚假报销提供了机会。

三、报销人员权力过于集中，分工不明确

据李某交代，自己作为某镇新农合结算中心副主任，既负责所有报销人员的人事安排，又负责具体的电脑录入、记账，还负责单据的审核。可以说他有权力包揽整个报销过程的全部工作。由于结算中心的工作人员不是专职的，有时候李某就直接代替其他人的工作，而工作人员的印章平常也由李某保管。李某在供述时也提到："结算中心管理比较混乱，人员更换频繁，职责分工不明确，凡是结算中心的工作每个人都可以穿插着工作，我又是结算中心的负责人，有报销假发票的便利条件。"在此情况下，内部监督完全处于真空状态，而唯一的外部监督即是区新农合管理中心，但是由于人力有限，管理中心一般只能做到从网上抽查报销的情况，不能很好地履行对各镇新农合结算中心的监督。

【警钟长鸣】

法网恢恢　疏而不漏

老一辈革命家陈毅曾写了一首诗《七古 · 手莫伸》，第一句就说，"莫伸手，伸手必被捉"。古人也语：贪欲之心不除，如飞蛾扑火，焚身方休。

纵观形形色色的贪腐案件，根源仍在于思想。思想上的懈怠，贪欲的膨胀，使其一步步走上了犯罪之路。一些人总认为吃一点、拿一点不算什么，心存侥幸。殊不知，正是这开始的一点，才会导致后来的积少成多，欲壑难填。欲望的闸门一旦打开，则会一发不可收拾。

本案中，李某看着自己的职位和工资没有提升，心理失衡，发现单位财务制度漏洞后，就难以抑制自己的贪欲，想用自己手中的权力"弄点钱花"。刘某明知开假发票违法，但是在李某"给你一半钱"、"我管报销没大事”的诱惑下，在自身侥幸心理的作祟下，也“痒痒”起来。两人在得手后，手越伸越长，心中的欲望也越来越大，最终被捉住了手。然而“法网恢恢，疏而不漏”，纵使刘某百般抵赖，甚至找人顶罪，也难逃罪责，最终被戴上了沉重的手铐。

要想管好自己的“手”，关键在于严于律己、不断学习，提高自身防腐拒变的能力，时刻保持清醒的头脑，明白“人见其利而不见其害，必贪；鱼见其食而不见其钩，必亡”这个简单而深刻的道理，才能不为诱惑所迷，不为私利所动。

【法律解读】

李某伙同刘某实施贪污犯罪，但为何二人处罚不同？

李某被判处有期徒刑 2 年，缓刑 3 年；刘某被判处有期徒刑 1 年，缓刑 1 年。二人的处罚为何不同呢？

首先，二人的犯罪属于共同犯罪。根据《刑法》第 25 条规定，“共同犯罪是指二人以上共同故意犯罪”。共同犯罪需要满足以下三个条件：(1)共同犯罪的主体，必须是两个以上达到刑事责任年龄，具有刑事责任的人。(2)必须具有共同犯罪行为。即各犯罪人的行为都指向同一犯罪，彼此联系、互相配合，成为一个有机统一的整体，它们与犯罪结果之间都存在着因果关系。(3)两个以上的行为人都具有共同犯罪故意。即各行为人通过犯意联络，明知自己与他人共同实施犯罪会造成某种危害结果，并且希望或者放任这种危害结果发生的心理态度。

本案中，李某伙同刘某经事先预谋，由刘某虚开医疗报销收据、处方，李某利用担任该镇农村合作医疗结算中心副主任的职务之便，将刘某虚开的收款凭证予以报销，侵吞农村合作医疗款人民币 4 万余元。从犯罪主体上看，李某、刘某都符合贪污罪的主体要件。从客观方面看，李某、刘某二人均利用各自职务之便，分别实施了违规报票和违规开票的行为，互相配合，两人的行为与贪污合作医疗款之间都存在着因果关系，造成了犯罪结果。从主观方面看，两人都具有贪污的主观故意，并进行了合谋。由此，李某、刘某是共同犯罪，均构成贪污罪。

其次，共同犯罪中区分主犯与从犯。根据《刑法》第 26 条规定，“组织、领导犯罪集团进行犯罪活动的或者在共同犯罪中其主要作用的，是主犯”。同时，《刑法》第 27 条第 1 款规定：“在共同犯罪中起次要或者辅助作用的,是从犯”。

本案中,李某想利用报销假发票贪污公款,他找到刘某,并提供名单让其开假发票。发票开好后,再由李某违规报销,进而贪污合作医疗款。由此,李某在共同犯罪中起到了主要作用,是主犯。而刘某提供了假发票,在共同犯罪中起到了次要作用,是从犯。

再次,根据《刑法》第 27 条第 2 款的规定,“对于从犯,应当从轻、减轻处罚或者免除处罚”。这是因为从犯与主犯相比,无论是主观恶性还是客观危害,都要轻一些。因此,刘某的刑罚比李某轻。

【对策建议】

一、基层卫生服务站要加强对发票出具工作的管理

一是由专人负责领取和开票。不得由值班医师直接开票,不得混用人名章。二是取消手写发票,防止开发票者开票随意的情况。建议采用机打发票,杜绝人为篡改发票且格式统一便于核对。三是推广实施发票直报,“随诊随报,出院即报”,在医院结算时直接核对比例和报销,既简化了农民报销手续,又能使报销结果真实透明,减少资金流通的过程,大大减少新农合资金被挪用、贪污的机会。

二、卫生院对报销的票据定期进行检查、审核

一是卫生院在审查参合农民报销票据时,要同时将住院记录、费用清单作为附件审查并留存。二是对于一些存有疑点,难辨真假的票据,要向就诊医院核实住院号、患者姓名、医疗费用是否和申报补偿材料一致。三是审核程序分为初审、复审,每份结算申报单都需要经过两个审核环节,实现审核权的相互监督制约。

三、细化报销人员分工,建立监督机制

一是明确报销人员分工,各司其职,专人负责电脑录入、记账,专人负责单据的审核,不允许代替工作、交叉工作的情况发生。二是人名章由本人负责保管,报销票据要由接待员、审核员、计算机录入员、现金会计四个人全部核对无误,签字并盖章,不允许代管人名章或者只盖章不签字的情况发生。三是建立三级审批程序,即镇乡卫生院认真核查农民身份、病历、住院费用,严把“初审”关,农村合作医疗管理中心认真核实报销材料,严把“复核”关,区新农合管理中心再次核对材料,拨付资金,严把“监督关”。

四、实行阳光公示制度和跟踪回访制度

一是及时公布新农合基金的补偿和收支情况。每月在网站、卫生院、村委会和社区卫生服务站，公布参合农民的新农合补偿情况。并根据新农合参合农民的信息，采取信件、手机短信等方式，定期向参合农民发送其本人的新农合医疗费用报销情况信息。二是实行定期“电话回访”和不定期“入户回访”相结合的稽查制度。每月定期由新农合管理中心的稽查人员对每个医疗站点随机抽取当月参合农民的信息资料及报销情况进行电话回访，若遇有报销金额大、报销频繁等特殊情况，随时进行“入户调查”，这样一方面可以核查参合人员医疗的真实情况，确保新农合资金被依法合规使用，另一方面还可以听取农民对新农合医疗制度的意见及存在的突出问题，从而提高新农合的工作服务水平。

第五章　财务管理环节

【导读】

财务管理是涉及面广、综合性和制约性强的系统工作,在医药卫生领域,框架健全、运转规范、内控完善、公开透明的财务管理工作可以正确反映经营管理状况、促进系统资金良性循环、有利于国有资产保值和增值。但当前,发生在财务管理环节的案件呈现出涉案资金大额化、犯罪手段隐蔽化、损失严重化等特点,需引起足够关注。

本环节涉及的案例有:北京某医学科技开发公司原副总经理周某贪污、受贿案,医疗管理部原经理张某贪污案;北京市某区疾病预防控制中心财务科原负责人韩某、原出纳丁某挪用公款案;北京市丰台区某社区卫生服务中心财务科原会计佟某挪用公款案;某大学附属医院财务处对账组原会计王某贪污案;北京市某区卫生局计划财务科原出纳李某挪用公款案;北京市通州区某医院原院长兼某社区卫生服务中心原主任王某贪污、巨额财产来源不明案;北京市某区卫生局计划财务科原科长杨某玩忽职守案;北京市怀柔区某医院住院处原结算员王某、外科原主治医师孙某贪污案。

通过以上案例揭露出医药卫生领域长期存在财务管理不规范、内部控制较为薄弱、审计作用不能发挥等问题。针对这些问题,并提出建立财务危机预警系统、提升财务风险意识、完善企业内部控制和监督制度等对策。

委派经理任法人　多计并施贪百万

——北京某医学科技开发公司原副总经理周某贪污、受贿案，医疗管理部原经理张某贪污案

【案情介绍】

周某，男，1960年10月出生，群众，北京某医学科技开发公司原副总经理。

张某，男，1974年6月出生，群众，北京某医学科技开发公司医疗管理部原经理。

开拓项目建医院　租赁仪器谋发展

1986年，年仅26岁的周某从上海踏上前往北京的火车，成为北京某知名医院的医生。2001年，他被派至下属企业北京某医学科技开发公司（以下简称科技开发公司）任总经理助理。2002年被提拔为副总经理，开始全面负责公司眼科医疗服务项目的对外谈判和经营管理工作，并成为财务部、医疗管理部的主管领导。在职场打拼多年的周某，随着职位的逐渐提升，也开始悄悄地昂起他的头，全身上下散发着让人敬畏的“气场”。

新世纪初，各种经济形式和管理模式如雨后春笋般冒出尖来，国有企业也开始探索经济发展的新思路。作为主管对外合作工作的周某，承受着很重的对外拓展业务的压力，直到认识与其有合作意向的贵阳人林某后，他的这些压力才得到些许释放。

2003年，经协商，科技开发公司决定与林某合作成立北京某眼科医院（以下简称医院）。科技开发公司以品牌、专家、管理等作为出资，占医院注册资金的49%，并委派周某担任该医院的法定代表人兼董事长，

林某任副董事长。为了赢得更多的客源，医院选取了最为先进的眼科设备。双方商议由林某购买用于治疗近视的准分子激光仪器，再以租赁的方式供医院使用。

医院揭牌当日，正值北京春暖花开之季，意气风发的周某与斯文精明的林某盛装出席。四目相对，彼此眼中流露出了合作的诚意和信心，然而在他们的内心，却打着各自的“算盘”。

私自提高租赁金　缘于收受巨额款

周某，这个被委派至医院的“一把手”，决心以医院为平台，施展过人的经营管理能力，他想这或许会是他通往另一高地的跳板。而林某，作为老练沉稳的商人，想的是如何尽快收回成本，赢得更多的利润，毕竟大额的前期投资让其倍感压力。林某深知自己的软肋——不熟悉眼科、不了解设备、不熟悉专家，投入那么多，却有可能“血本无归”，他开始着急起来。在他看来，只有周某能帮他经营好医院，并收回成本。他不得不承认对周某这个“掌柜”是有些依赖的。

这种心理在合同签订后的一个饭局上体现得淋漓尽致。席间，林某笑眯眯地对周某说：“如果我能收回投资，并且还有一定利润，我会从利润中拿出一部分给你表示感谢，所有事情都拜托你了。”周某听出了言外之意，他弹了弹烟灰，停顿半刻，慢条斯理地迎合道：“我不是乱来的人，对医院的经营一定会尽力的。”

一段热火朝天的忙碌后，医院的经营开始有了起色。林某发现他已经开始慢慢收回成本，现在，他的目标终于可以对准“利润”了，在商界打拼多年的他觉得“给钱”是拉拢、激励周某更好经营医院并为其谋取更多收益的最佳办法。从2006年开始，林某借过年、过节的名义将医院支付租赁金的30%陆续汇给了周某。“众少成多，积小致钜”，在短短的两年时间，周某收受了林某575万余元的感谢费，他也通过身体力行的方式“回馈”这位合作伙伴。

2007年10月，周某未与科技开发公司协商，就以医院的名义与林某签订了《租赁补充协议》，主动提出自2008年1月开始，按远高于市场价格的标准向林某支付准分子设备租金。林某心里清楚，这是他投入的“感谢费”起作用了。

现金支付存漏洞　虚列工资贪百万

早在2004年9月，医院刚开始营业时，作为总负责人的周某就发现财务管理不规范的医院可以成为他的“摇钱树”。

一些人虽然不在医院工作，但在医院业务开展中发挥着重要作用。周某想到了“摇钱”的“口令”。他找到医院会计，语重心长地说：“一些人虽然不在医院工作，但是却给医院做了很多事，需要给他们支付工资，我列出他们的名单，你们每月做出 2 万元的工资交给张某(科技开发公司医疗管理部经理)吧。”会计不知道这是周某给自己打的“如意算盘”，名单上的人大多数都与医院没有关系，有些甚至是农贸市场的农民。他们都成了周某向医院要钱的“手”，5 年间 114 万元“工资”装进了周某个人的口袋。

下属买房找上门　提议贪污把款占

虚列工资侵占医院资金的想法顺利实现后，周某有了贪污的“惯性”，这次行动与他的下属张某有关。

医院成立之初，周某组成了一支得力的团队，张某为人谦和、做事踏实，不久便成了周某手下的得力干将。

2006 年年底，张某准备全额购买一套总价款为 79 万元的新房，由于定期存款未到期、旧房的卖房款还未到账，但交钱的日期临近，他马上想到向上级领导周某寻求帮助。

他来到周某办公室门口，说明了来意，周某回复：“现在我的手头也没有那么多钱。”张某不免有些失落，答到：“没事，我再想想其他办法吧。”正要转头离开时，周某留住了他，说：“要不……要不你从医院拿支票付购房款，再找点假发票把账平了。”张某明白，周某在医院主管财务，他的话具有权威性，只要他签字，取走支票是轻而易举的，“那等钱到账了，我再归还医院。”张某兴奋地说。周某想了想，摇着头说：“不用了，你到时直接还给我个人就好。”

对于这个“指示”，张某起初有些疑惑，这不是贪污医院的钱吗？但“聪明”的他马上明白了。他想自己在这个过程中就是借钱的角色，不谋一点利，应该会没事的，他只是执行领导的决定，责任应由周某来担，更何况，自己和周某关系不错，这些钱反正已经用发票平了账，把钱送给周某还可以讨好他。这么一想，张某放下了顾忌，来到地铁站口购买了一卷盖好公章的商品零售空白发票，并顺利将 79 万元的支票从医院领出，用于缴纳自己的购房款。2007 年 10 月，张某直接将钱还到了周某的个人账户。

2010年12月2日，北京市第二中级人民法院以周某犯受贿罪，判处无期徒刑，剥夺政治权利终身，并处没收个人全部财产；犯贪污罪，判处有期徒刑十三年，决定执行无期徒刑，剥夺政治权利终身，并处没收个人全部财产。张某犯贪污罪，判处有期徒刑五年。

【案例评析】

一、周某独揽财务大权，对支票领取等具有决定权

周某对医院的财务直接负责，科技开发公司作为委派单位对周某缺乏有效监督，导致作为“一把手”的周某独揽大权，能直接决定财务事项而没有约束，具体体现在两个方面：一是对支票领取审核具有决定权。在张某领取支票时，医院财务只认周某的签字，即使周某当时没签，涉及巨额资金的支票也可以事后补签。二是对领取工资人员名单的确定具有决定权。他可以直接决定医院工资的发放人员名单，即使该人员不在医院工作。

二、修改合同关键条款等事项未经集体讨论

重大事项集体讨论制度落实不到位也成为案发的重要原因。周某在收受林某巨额好处费后，未向医院和科技开发公司相关人员征求意见，私自提高租赁费，增加医院运营成本而损害了科技开发公司作为股东的权益。这一行为可以得逞，反映出科技开发公司对入股单位的管理特别是资金管理集体讨论制度落实存在偏差，导致出现由委派领导一人决定重大事项的情况。

三、票据审核不严谨、合同管理不规范

财务人员对票据审核不严也是导致发案的重要因素，财务人员不问支票实际用途、不核实发票真假，只需领导知晓，即使张某从未负责过采购事项而开具了医疗耗材的发票也不影响支票的下发。此外，财务人员不审核开具发票单位是否真实存在、是否为经常合作单位。

租赁合同签订和管理不规范，导致周某以高于市场的价格签订租赁合同而不被阻止。同时补充协议合同签订人的名字为林某的爱人，其并不掌握医院经营情况，也与医院的经营管理没有关系，从未参与医院其他合同的签订，这反映出合同签订存在随意性强的情况。

四、财务不公开、不透明，工资现金结算存在操作空间

周某虚开工资侵吞医院款项，所列工资名单上的一些人员与医院没有关系，但他们却能长时间顺利“领取”工资，说明财务管理不公开、不透明，缺少监督。同时，工资结算的现金制、可以随意代领也为周某贪污提供了便利。每个月，张某到财务部门领取2万元的工资，而不是由财务人员对名单进行审查核实后直接发到署名人的银行卡中。

【警钟长鸣】

言听计从非良策　领导行事需表率

如何处理上下级关系是职场中一个不容忽视的敏感问题。这个问题若处理不好，就会影响工作情绪和成效，甚至会引发上下级共同职务犯罪。本案中，医院会计因为对领导的批示不敢说“不”而间接为周某贪污行为提供便利，张某因对上级领导周某言听计从而成为贪污共犯，遭受了5年牢狱之灾。

对于医院的会计而言，张某是上级管理人员。当张某取走支票拿假发票来平账时，会计直言：“由于张某是上级单位的领导，发票又经过周某的确认，所以没有进行核实就入账了。”对于张某而言，周某也是上级。当领导提议用假发票领取支票时，张某也坦言“他是领导，我只能言听计从，而且最后把钱还给他，对于我而言也可以给领导留下好印象”。就这样，他们出于对领导的盲从都走上了违纪、违法的道路。

面对上级的非法指令，应如何应对呢？一是用委婉的方式或技巧按照单位的规章和制度办事，并从自身肩负的职责出发，建议单位完善管理制度，用制度限制权力滥用的同时保护自身合法权益。二是当面对强行的违规违法指令时，保留足够的证据，来证明执行任务的意愿。三是当上级领导严重触犯法律需受到刑罚制裁时，选取合适的时机向纪检部门或司法机关报案。

而对于领导，需起到模范表率作用。《孟子·滕文公上》提到“上有好者，下必有甚焉者矣”，从为政为官的角度来看这句话，强调了领导对下属的表率作用。如果领导能以身作则，那么下属就能安分守己；如果领导本身就贪赃枉法，又怎能做好下属的工作呢？“上梁不正下梁歪”，要想在单位营造风清气正的环境，领导需首先做到廉洁奉公。

【法律解读】

一、周某侵吞的不是公共财产，能否构成贪污罪？

《刑法》第 382 条规定："国家工作人员利用职务上的便利，侵吞、窃取、骗取或者以其他手段非法占有公共财物的，是贪污罪。"同时，在该法第 91 条中，对公共财物进行了界定，"公共财产是指：(1)国有财产；(2)劳动群众集体所有的财产；(3)用于扶贫和其他公益事业的社会捐助或专项资金的财产。"本案中，医院总投资 200 万元，注册资金 100 万元，由科技开发公司以现金方式出资 49 万元，而林某出资 51 万元，医院属于非国有性质的股份制单位。周某贪污共计 194 万余元均来自医院，而医院的资产并不完全属于公共财物，这是否会影响周某贪污罪的成立呢？在本案的庭审中，周某的辩护人也以此对案件的定性提出了质疑。

普通贪污罪的犯罪对象必须是公共财物，而《刑法》第 271 条第 2 款规定，国有公司、企业或者其他国有单位中从事公务的人员和国有公司、企业或者其他国有单位委派到非国有公司、企业以及其他单位从事公务的人员有前款行为的，依照本法第 382 条、第 383 条的规定定罪处罚。周某系国有公司委派到非国有公司从事公务的人员，应当以国家工作人员论。本条中"非国有公司、企业及其他单位"并非限于国有单位以外的集体所有制单位。因而，其利用职务上的便利，非法占有的"本单位财物"，也不可能都属于公共财物。也就是说，国家工作人员被派往任何单位从事公务，该单位的财物都可成为其贪污的对象。在混合所有制公司、企业中的人员，只要其身份系被国有单位委派的工作人员，其利用职务便利非法占有"本单位的财物"，包括非公共财物，应认定为贪污。

贪污罪的成立需着重考察主体是否属于国家工作人员和作案时是否利用了"职务之便"。本案中周某正是利用其任医院董事长、法人代表的职务便利，直接管理公司财务支出，因而得以通过各种手段贪污款项。

二、张某在贪污案中分文未获，为何构成贪污罪？

本案中，张某对涉案款项并没有非法占为己有的主观目的，却构成贪污罪，理由有以下两点：

一是张某与周某具有共同的犯罪故意和行为。在以假发票套现前，二人共同商议此事，即周某提出要求张某使用完这笔钱后存到自己的账户中，张某明知并同意。后张某根据周某指使以假发票套现使用后，按周某要求将该笔款项存于周某个人账户中。张某不仅明知周某意图贪污的犯意，还实施了帮助其完成贪污的行为。

二是从主从犯角度而言，周某是主犯，张某是从犯。张某虽不具有国家工作人员身份（与科技开发公司签订聘任制合同），但主犯周某具有国家工作人员身份。科技开发公司出具的证明也证实，张某作为开发公司医疗管理部经理，对于医院也有管理的职责，需落实周某的指示。

所以周、张二人构成共同犯罪，因为张某在共同犯罪中起次要、辅助作用，系从犯，在审判中对其从轻处罚。

【对策建议】

一、完善对委派人员的监督并制定操作性强的约束措施

要解决国有出资单位管理人员监督管理不到位导致出现职务犯罪的问题，从根源上就要做好对委派人员的监督和制约，促使其在岗位上正确履行职责：一是制定切实可行的考核机制，不仅考核业务更考核作风，建立公开的监督举报渠道，实行“一票否决制度”。二是加强对人员的审计，包括离任审计、年度审计等。三是在业绩评估中若发现苗头与隐患，及时予以关注，着重核查业务工作开展的合理性、合法性，对重大事项包括经济合同、采购招投标等需着重跟踪。

二、加强对出资企业的管理，建立良好的法人治理结构

国有企业对下属出资企业的管理、对委派职工的管理依托于规范的公司治理结构，本案中，周某出现财务管理问题很大程度上在于股东管理制度的不规范。加强规范性建设需从三方面着手：一是明确公司业务审批流程，发挥股东会议等组织的作用，对于超过一定额度的支出需经股东会批准，并做好请示、请款审批，设置科学、合理的权力配置机制。二是建立岗位轮换制度，做好人事管理避免一人在岗数年而出现廉政风险。三是做好会计人员的业务培训和职业道德教育，着重提高会计人员素质，从而为出资企业财务的正常运转打好基础，可以探索使用会计驻派制度。

三、细化财务操作制度，将合同签署与财务管理挂钩

财务管理的规范化依托于细致的财务操作规范。针对本案而言，

一是需调整工资发放制度，必要时对工资发放人员名单进行核实，避免采用现金发放的方式，减少人为操作的可能性。二是需聘请熟悉行业的人员对合同进行审核，对合同价格制定的合理性进行考量，对签署合同人员的资格进行确认，对于补充签订的合同需对关键条款的变化进行分析，排除职务犯罪风险点。三是将财务管理与合同管理相挂钩，当需要财务支付时，具体经办人需提供经专门人员审核通过并签字的合同，方可到财务部门领款，从而确保财务支付的依据合法、合规。

赌徒主管贪心会计　疯狂挪用百万公款

——北京市某区疾病预防控制中心财务科原负责人韩某、原出纳丁某挪用公款案

【案情介绍】

韩某，男，1980年7月出生，群众，北京市某区疾病预防控制中心财务科原负责人。

丁某，女，1978年5月出生，群众，北京市某区疾病预防控制中心财务科原出纳。

财务主管新上任　管理发现有漏洞

1999年10月，年仅19岁的韩某中专毕业后，到某区卫生防疫站工作。2002年，该卫生防疫站更名为北京市某区疾病预防控制中心（以下简称疾控中心），韩某成为该中心财务科的一名会计。由于他踏实努力，工作积极，平时表现优秀，2006年7月，刚年满26岁的他被单位任命为财务科的负责人，主管科室的全面工作。疾控中心财务制度规定，现金支出必须经中心主任签字批准后，才能到财务科领取支票或现金，事后由中心主任在发票单据上签字，再到财务科报销入账。但是作为财务科负责人，韩某发现单位在日常收支账目管理上执行制度不到位，财务收支情况混乱。因为有一次他因急事临时借用了单位的钱，事后忘记归还且过了很久也无人问津，他还发现出纳丁某屡次有不经过任何审批，便私自从单位财务拿钱的现象。

贪心出纳早下手　双双联合截公款

发现疾控中心财务支出中存在漏洞的不仅是韩某一个人，早在2005年下半年，韩某尚未担任该中心的财务科负责人之前，财务科出纳

丁某未经任何审批，便以“备用金”为名私自从疾控中心拿出7张现金支票，到银行内提取现金人民币23万余元，未入单位账目归自己使用。

韩某发现丁某有违规支出行为后，不仅没履行财务负责人的业务职责和管理职责，对疾控中心财务管理制度及时做出整改，反而与本就“手脚不干净”的丁某迅速结成同伙。在2006年10月至2009年8月期间，韩某指使丁某先后50余次采用现金支票取现不记账、转账支票转账、截取单位收入不入账等方式，合伙挪用公款累计430余万元。

2008年年初，丁某回家休产假，韩某虽然失去了好“搭档”的帮助，但他仍然继续作案，在此期间其让财务科收费员将疾控中心举办培训班收取的培训费直接交给他本人，并继续采取截取单位收入不入账的方式，多次挪用单位公款累计27万余元归个人使用。

境外赌博带情人　百万公款挥霍空

韩某、丁某挪用430余万元公款案发后，司法机关只追回赃款4万余元，扣押了韩某用赃款购买的尼桑轿车、千里马轿车各1辆，其余400余万元均未追回，那么这些钱都哪去了？原来韩某迷上了赌博，深陷其中不能自拔。他为了筹集赌资，多次指使丁某将公款挪出后用于赌博。一次韩某在网上赌博时，让丁某使用单位转账支票将公款人民币10万元一次性汇入广东省中山市某账户内用于赌博。韩某不仅沉溺于网上赌博，更对赌场中博弈的刺激难以割舍，曾经多次带其情人、朋友到国外赌场进行赌博。手握公款的韩某在人情交往中十分大方，为人豪爽，在检察机关调查时，疾病控制中心一位工作人员这样描述他眼中的韩某：“他的许多朋友都借过他的钱，和朋友一起出去都是韩某花钱。”

制度法律全不顾　携款潜逃终落网

韩某、丁某为了挪用公款的犯罪事实不被发现，二人采取各种手段掩盖，一方面丁某从不把银行账单交给主管会计，隐匿支票根，隐瞒单位存款余额与账面数据的差额，到年底和韩某到银行去对账；另一方面，为制造单位有持续收入、账面相符的假象，丁某还制作假的银行存款凭条和余额调节表，将疾控中心账目收支调平，使得二人挪用公款的犯罪行为一直未被发现。

2009年7月，韩某调任该疾控中心核算办主任兼财务科副科长，按照规定，疾控中心在对韩某进行离任审计时，发现财务科存在账目不符、支出收入不入账等问题。为调查问题原因，某区审计局、财政局联合对疾控中心进行财务检查，但是韩某突然失踪。11月3日，丁某被抓获归案，而逃亡老挝的韩某因赌博欠下高利贷被赌场扣押，无奈之下其于次年3月10日给国内办案人员打电话自首并要求把其带回国内。

2011年10月，北京市第一中级人民法院分别以挪用公款罪判处韩某有期徒刑十五年，判处丁某有期徒刑十二年。

【案例评析】

一、财务管理制度落实不到位，为腐败犯罪提供了可操作空间

早在2005年，作为疾控中心财务科出纳员的丁某，就不经任何审批手续，私自使用现金支票提取现金。2006年，韩某作为财务科负责人，多次指使丁某，违反《现金管理条例》等制度规定，隐瞒单位收入不入账，且在没有履行任何财务手续的情况下，用现金支票提取公款交与韩某使用，还截留单位培训费收入、疫苗款等多项公款，直接交与韩某使用。韩某、丁某所在的疾控中心并不是没有相关财务制度，归根结底是对执行制度不重视、执行不到位，任由韩某、丁某长期违规操作，使该疾控中心对财务部门日常的收支情况无法实现动态监控，使一些本该及早发现的问题没能及时发现，从而使二人挪用公款的行为持续4年之久，致该单位的财务亏空达400多万元。

二、没有建立权责分明、环环相扣的财务内控机制

本案中，该疾控中心财务部门除韩某、丁某以外，还有3名会计人员，但是他们之间没有形成相互监督的工作模式。一是主管会计对丁某使用支票、不交回银行对账单等行为，曾向财务负责人韩某汇报过，遭到拒绝后其没有再向该疾控中心的主管领导报告韩某、丁某违规操作的问题；二是该单位对财务管理操作、规章制度执行缺乏相应的督促检查，客观上使该单位较为完备的财务管理制度没有发挥应有的作用，财务监管制度形同虚设。三是该疾控中心未执行定期盘存款项制度，对有关现金、转账支票、印章等管理失控，所以，韩某、丁某能够在4年多的时间里，多次挪用公款而不被发现。

三、对大额现金流动缺乏有效的监管

某区疾控中心的采购款、疫苗款、培训费，这些款项金额都非常大，由于对大额资金流动监管不力，导致被韩某、丁某伺机挪用。一是疾控中心对上述这些大额资金的上交、收取没有实行严格管理，收支结算不

规范。二是单位培训费、疫苗款等各类账款在同一账户中,没有建立专门账册,账目不清,增加了被挪用的风险。三是区审计、区财政、区卫生局等相关主管部门对上述账目监管不力,存在粗糙检查、走走形式的现象。

四、用人失察,廉政警示教育不到位

该案一方面反映出该疾控中心在干部提拔任用过程中存在考察不细,被韩某善于伪装的外表所蒙蔽,竟让一个赌徒来"掌管"本单位的财务;另一方面在干部提拔任用后开展廉洁教育工作不到位,偏重于笼统性要求,缺乏教育针对性,教育效果不理想,使韩某等人放松对自己的要求,也使韩某、丁某在犯罪的深渊里越陷越深。

【警钟长鸣】

激活"休眠"、"沉睡"的制度:制度的执行更重要

古人云:"禁之以制,而身不先行,民不能止。"意思是说,用法律制度禁止不好的事情,如果掌权的人自己不先做到,就不能制止民众。"破窗理论"告诉我们,一个得不到执行的规定还不如没有。因为它影响的不只是该项制度本身,更重要的是损害法规制度的严肃性、权威性,淡化人们的守法意识。在本案的调查过程中,侦查人员发现疾控中心的各项财务制度、廉政风险防控管理制度还是比较完善的。制度的设计很重要,但再好的制度也是由人来执行的,再好的制度如果得不到严格执行,也难以发挥其应有的效力和作用。本案中,当韩某被提拔为财务科负责人后,很快就发现单位在执行财务管理制度上不严格,这成了促使他与丁某"联手"作案的最大诱因。

制度常常被写在纸上、讲在嘴上、贴在墙上,但却在实践中最易被弱化虚化,流于形式、沦为空谈,最后化为乌有。近年来,各个行业领域的制度化建设、法制化建设、规范化建设取得了长足进步,但韩某、丁某们却频频犯案,制度在哪里呢?制度正在纸上"休眠",在墙上"沉睡"。

预防职务犯罪的关键在于"激活"制度,把"休眠"、"沉睡"的制度变成有"生命力"的制度,这样的制度才真正管用。某种程度上说,"激活制度"比制度本身更重要。一方面,最大程度地让群众参与,发动群众监督,健全完善内外部监督机制。另一方面,通过严格管理、及时处罚,养成在制度约束下行使权力的习惯,使享有权力的人在执行制度时更自觉、更谨慎,不敢越雷池半步。一旦发现有人胆敢不轨,制度规定的问责、惩处程序就要迅速启动。

【法律解读】

一、丁某称其受指使且拒不认罪,为何仍被认定为是挪用公款罪的共犯?

丁某归案后,始终辩称自己是受韩某指使,帮助其挪用公款,且所挪公款都给了韩某,自己没有拿。那么,为何法院仍将丁某认定为是挪用公款的共犯?

根据《中华人民共和国刑法》第25条规定,共同犯罪是指二人以上共同故意犯罪。所谓共同故意犯罪,具体而言,就是主观上有共同的意思联络,客观上有共同的犯罪行为。

最高人民法院《关于审理挪用公款案件具体应用法律若干问题的解释》第8条规定"挪用公款给他人使用,使用人与挪用人共谋,指使或者参与策划取得挪用款的,以挪用公款罪的共犯定罪处罚"。

本案中,丁某受韩某指使,从单位挪用公款后,有的存入韩某指定的账户或直接将现金交给他,有的公款在丁某处。期间,丁某一直不把银行对账单交给主管会计。在单位被审计时,韩某与丁某共同做假账,隐匿借款白条、现金支票存根、银行资金调节表等,欺骗审计人员。丁某这一系列行为,亦说明其与韩某早已达成共同挪用公款的犯罪故意,并在客观上实施了共同犯罪行为,成为利益共同体。因此,二人构成挪用公款的共犯。

二、韩某和丁某成立共同犯罪的数额是多少?应承担什么样的刑事责任?

本案中,丁某银行账户历史明细及银行存、取款凭条显示,丁某在帮助韩某提取公款过程中,430余万元公款绝大部分被韩某用于赌博,只有一小部分被丁某自己消费了。二人实际控制公款的数额差距巨大,为什么在量刑上却并没有太大的差别?

原因在于,共犯应对共同犯罪的后果承担刑事责任。本案中,法院认为韩某在挪用公款中起主要作用,最终认定韩某系主犯、丁某为从犯,但无论主犯还是从犯,按照法律规定,都应当对430余万元的犯罪数额负责,而与挪用后如何分配、实际占有数额无关。即使其中一人只是协助工作,没有拿到一分钱,他的犯罪数额也应该是430余万。

【对策建议】

一、严格执行收支日记账以及收支单据的填制、审核制度

一是要加强对会计基础工作的管理和指导,整顿会计基础工作中不规范的做法和存在的严重问题,提高会计基础工作水平。二是要定期组织对基础性财务工作的抽查或重点检查,对检查中发现的问题,及时整改、落实。三是严格原始凭证的填制和审核工作,支出票据必须注明发生事项、时间、由经办人、负责人签字,做到手续齐全,其他人员不得经手保管和干预财务账目管理工作。

二、严格执行会计监督制度,发挥财务监管的职能作用

一是对单位现金借出、使用及归还要严格监管,对审批手续不全的收支,不能在财务上冲销。二是对违反规定的收支,应当及时制止和纠正,实行财务支出授权批准制、双签制或会签制。三是对违反财务制度的收支不予办理,并向主管单位或财政、审计部门报告。

三、加强重点岗位风险防控,形成财务内控运行机制

一是结合该疾控中心工作实际,加强对重点岗位、关键人员的风险防控,规范会计行为,建立健全监督制约机制。二是加强对会计账簿、财务印章的监督管理。严禁造假账,对相关财务印章坚决执行分管制,杜绝出纳一人保管涉及货币资金所有印章(鉴)和支票的行为,及时检查核对出纳现金及银行存款的收支结余情况。

四、加强疾控中心预算管理,健全财务管理体系

一是疾控中心要结合实际,合理预算资金分配,严格对预算执行的监督和考核。二是加强业务部门与财务部门的沟通,做到项目的运行与经费支出同步进行。三是严格资金的动态管理,确保项目资金规范合理使用,定期通报预算执行情况。

五、推行财务公开与财务监管模式,落实责任追究

一是要加强单位财务经费管理,严格财务管理制度,坚持勤俭节约、合理开支的原则,确保疾控中心工作有序开展。二是要积极引入外部监督,通过财务公开栏等方式,公开中心的各项财务费用使用情况,接受员工和民众的监督,提高管理人员的廉洁意识。三是要建立失察失误责任追究机制,最大限度地杜绝失察失误现象的发生。

会计截留日报表　细水长流挪百万

——北京市丰台区某社区卫生服务中心财务科原会计佟某挪用公款案

【案情介绍】

佟某，女，1975年5月出生，群众，北京市丰台区某社区卫生服务中心财务科原会计。

新任会计见漏洞　截留千元“试牛刀”

2008年3月，佟某通过朋友介绍来到刚刚成立的北京市丰台区某社区卫生服务中心（以下简称卫生中心），成为了一名合同制员工，在收费处当收费员。虽然工资不多，但是工作稳定，佟某非常珍惜这个工作机会，兢兢业业，工作表现一直很好。2010年6月，佟某转入财务科任药品会计，同时兼任收取营业款的出纳，负责收取单位及其下属四个社区卫生服务站的营业款及挂号费等工作。

每天，卫生中心及下属四个社区卫生服务站的收费员会把当日收取的营业费现金、挂号费现金和对应的《日报表》、《挂号收入交款单》交给佟某，佟某核对无误后，将现金存入单位银行账户，并将银行存单和《挂号收入交款单》、《日报表》一起交给单位出纳王某制作财务账。

工作一段时间后，佟某渐渐发现了营业款收取工作中的漏洞：出纳王某每次只是拿着佟某上交的银行存单与《日报表》、《挂号收入交款单》的钱款数额进行核对，数额相符就入账，并不按照单位财务规定进一步核对是否与收费员的收款本记载的钱款一致，也不逐项核对发票起止号码。而此时佟某的丈夫刚刚失去工作，家里经济紧张。看到每天经手大量的现金，佟某打起了公款的主意。

2010年10月的一天，佟某偷偷把其中的一张《日报表》和对应的

《挂号收入交款单》截留下来，并将相应钱款也“扣下来”。佟某觉得，卫生中心和四个卫生站有11名收费员，有的收费员办理业务量大就有好几张《日报表》，有的收费员休息就没有《日报表》，每日的《日报表》数量都不固定，少一两张《日报表》不会被发现。果然，当佟某将当天的银行存单和《日报表》、《挂号收入交款单》交给出纳王某时，王某核对数额一致就入了账，完全没有察觉。

平均每天拿4000　一年截留百余万

佟某在操作几次都没被发现后，胆子越来越大，每隔两三天就少报一张《日报表》。2010年10月至2012年2月，短短一年多的时间里，佟某私自截留《日报表》171张，合计挪用公款金额达161万余元。

看着手中有了这么多钱，佟某瞬间飘飘然起来，花钱也大手大脚。她给丈夫购买了一辆丰田RAV4越野车，又支付了回迁房款9万元，还用公款学车、买家具，对于这些钱的来历，她均向丈夫谎称是向父母借的钱。除家庭开销外，佟某还用其中40万元买了理财产品获利。她拿着信用卡在高档商场消费，在一年多的时间里花了近70万元，事后佟某自己也称“实在记不清楚自己到底是干什么花了这么多钱”。

东窗事发心中怕　东借西凑忙还款

2012年年初，卫生中心发现2011年的亏损额比较大，财务科在查找亏损原因时，把财务账中的挂号费、营业款收入记录和电脑收费系统原始数据进行逐笔核对，发现从2010年10月至2012年2月，佟某负责收取的营业款和挂号费竟然有171笔没有存入银行，数额达到了161万余元。

财务科科长李某意识到事情的严重性，立即向单位领导报告，并将所有收费员的交款本全部收取上来，进行逐笔核对，发现168笔营业款和挂号费确实已经被佟某盖章确认收取了。李某随即找佟某谈话，佟某非常害怕，承认了自己私自截留上述《日报表》、《挂号收入交款单》和钱款的事实，并当场将自己私自保存在单位保险柜内的营业款8万余元上交。

这时的佟某心慌了，100多万的公款被挥霍了，怎么办呢？她将私自截留单位营业款的事告诉了家人，表示单位已经查出来了，这可是违法犯罪的事，自己很害怕。家人商量后决定“为了争取一个好态度，无论如何也要先把欠单位的钱归还了”。就这样，佟某的丈夫向朋友借了

12万元，又卖掉拆迁安置房获得80万元，后来把家里的全部存款2万元以及为孩子存了多年的“压岁钱”3万元拿了出来，但还是不够。最后没办法，夫妻二人只好厚着脸皮再向亲戚朋友借钱，又凑了50多万元，在2012年4月将151万元营业款还给了单位。2012年4月24日，佟某主动到北京市公安局丰台分局投案自首并退赔剩余钱款。至此，佟某积极将挪用的公款共计161万余元全部退回。

2013年3月13日，北京市丰台区人民法院审理认为，佟某犯挪用公款罪的事实清楚、证据确实充分，罪名成立。鉴于佟某有自首情节，且挪用的赃款已经全部退还，故对佟某予以减轻处罚并适用缓刑，判处佟某有期徒刑三年，缓刑三年。

【案例评析】

一、单次数额小，作案次数多、作案频率高、累计数额大是本案的特点

本案中，佟某每次的犯罪数额并不大，具有较强的隐蔽性。她一开始作案是两三千元，试探一段时间后，看到没人发现，犯罪金额增大，作案的频率也越来越高。通过每次截留一两张《日报表》，在一年多的时间里，她累积截留了171张《日报表》、27张《挂号收入交款单》，由此挪用公款金额高达161万余元。

二、财务人员存在未严格执行日清月结制度等问题

日清月结制度是出纳员办理现金出纳工作的基本原则和要求。卫生中心的财务制度中也规定，“严格执行日清月结制度。收费人员负责准确收取、及时录入，按时结账，当日所收款项，当日必须结清上交财务部门，不得滞留现金”、“对原始单据、现金、支票和汇票与《日报表》核对相符”。但是，实际工作中收费员可以留取一部分营业款用于找零钱。另一方面，出纳员对于银行存单的数额、发票起止号码不与原始的交款本核对，没有做到准确核对，为佟某后来实施犯罪行为埋下隐患。

三、案发单位财务部门内部没有形成相互监督制约关系

在财务管理中，财务人员应当合理分工，职责明晰，形成相互制约监督的财务管理体系。本案中，佟某作为负责收取营业款和存款的出纳，对各收费员每日营业款进行核对和收取，存款后交由单位出纳作账。但是，单位出纳和收款员之间却没有形成审核对账的制度，甚至不

要求单位会计和出纳定期将账目与收款电脑系统数据核对，没有形成相互制约监督机制，存在较大漏洞。而本案中的佟某也是看到了单位出纳不会与收款员核对原始账目，而心存侥幸，铤而走险。

四、财务部门负责人履职不认真，审核不严格

本案中，发案单位财务科存在制度不落实、监管不到位等现象，而财务负责人却没有予以足够的关注。如该社区卫生服务中心收入管理制度规定，财务各环节经办人及审核人员均应签字确认。但是，实际操作过程中，财务人员只盖章不签字，佟某就说自己“基本都只盖人名章”。又如，规定交款本一式两份，一本留在交款员手中，一本由佟某每日连同《日报表》和银行存单交出纳王某审核，但是王某并未与交款本数额核对。这些情况单位财务负责人都应当知晓，但是却麻痹大意，未予及时要求改正。另外，对于单位账目，财务部门没有做到定期审查和核对，佟某作案时并未作平账处理，但是却连续作案 1 年多没被发现，直到出现严重亏损，单位领导要求查账时才发现端倪。

【警钟长鸣】

千里之堤　溃于蚁穴

近些年，像佟某这种“蚁贪”犯罪案件多发，却又常常被别人忽视。他们都是一些不起眼的“小人物”，职务不高，但是凭借手中的权力和职务上的便利，在几个月、几年甚至十几年的时间里，成百上千次的作案，虽然单次犯罪的数额小，但是累积起来却很惊人。

从“蚁贪”的犯罪心理来看，所有的“蚁贪”都存在侥幸心理，都认为自己的犯罪行为不会被发现。本案中，佟某虽然职务不高，但是手中掌握大量资金，她发现了工作中存在的漏洞，将其作为挪用公款的便利条件。一开始可能还有所顾忌，但是在多次得手后，她觉得自己挪用的每一笔都不多，是“小钱”、“小事”，不会被人发现，这大大地刺激了她的犯罪欲望，胆子也越来越大，挪用的次数也越来越多，最终挪用公款累计金额达到了 161 万余元。

“蚁贪”案件频发，除了存在发案单位管理和监督不到位等原因外，思想上的麻痹大意也是发案的重要因素。当前，一些人认为，像基层干部这种“小人物”离腐败很远，“芝麻大的小官，想腐败都腐败不了呀”。正是这种麻痹的心态，给“蚁贪”提供了滋生的环境，殊不知，贪欲的侵蚀无孔不入，没有“大小多少”、“级别高低”之分。道德的沦丧、权力的失控，“小权力”也可能“大腐败”。

消除“蚁贪”，一方面要严厉打击和惩治，“打苍蝇”、“治小恶”，小恶不生则大恶不存。另一方面则是提高警惕，严于律已，慎小事、慎小节，牢记“千里之堤，溃于蚁穴”，勿以恶小而为之。

【法律解读】

一、社区卫生服务中心聘用制人员为什么也是国家工作人员？

根据《刑法》第93条第2款的规定，国有公司、企业、事业单位、人民团体中从事公务的人员，以国家工作人员论。

本案中，卫生中心是非营利性医疗机构，为全民所有制，是差额拨款的事业单位。佟某是该单位聘用的财务人员，负责日常收款、银行送款对账、票据管理、职工社会保险等项工作，其职责具有监督管理国有资产的性质。因此，佟某虽是合同制人员，但她是事业单位中从事公务的人员，属于国家工作人员的范畴。

二、本案中佟某已经把钱都退还给单位了，为何还构成挪用公款罪？

根据《刑法》第384条的规定，挪用公款罪首先要求行为人是国家工作人员，利用了职务上的便利条件。本案中，佟某具有国家工作人员的主体身份。主观上，佟某私自挪用公款，并未予以平账，且其称试图将款项归还，但未成功归还时即被单位发现。因此，认定佟某主观上具有挪用公款的故意。

挪用公款罪具体有以下几种情形：(1)挪用公款归个人使用，进行非法活动的；(2)挪用公款归个人使用，挪用公款数额较大、进行营利活动的；(3)挪用公款归个人使用，挪用公款数额较大、超过3个月未还的。

根据最高人民法院《关于审理挪用公款案件具体应用法律若干问题的解释》第2条第2款规定，挪用公款数额较大，归个人进行营利活动的，构成挪用公款罪，不受挪用时间和是否归还的限制。在案发前部分或者全部归还本息的，可以从轻处罚；情节轻微的，可以免除处罚。该《解释》第3条则规定，“挪用公款归个人使用，‘数额较大、进行营利活动’，或者‘数额较大、超过3个月未还的’，以挪用公款1万元至3万元为‘数额较大’的起点,以挪用公款15万元至20万元为‘数额巨大’的起点。”

本案中,佟某在2011年10月至2012年2月期间,利用职务便利,截留公款161万余元,并用其中40万元购买理财产品。符合“挪用公款数额较大”、“归个人使用”、“进行营利活动”,以及“三个月未归还”的情形。佟某无论是否归还,都已经构成了挪用公款罪。佟某积极退还公款的行为符合“在案发前部分或者全部归还本息的,可以从轻处罚”,法院依法对其从轻处罚,并对其适用缓刑。

【对策建议】

一、完善营业款收缴及核对制度

一是要求出纳认真查看收费员当日收款的详细数据,并以此为依据对银行存款数据和《日报表》进行核查,进而杜绝本案中的情况发生。二是严格管理交款本等原始收款数据,交款本要一式两份,记录详细准确,由收费员和收款出纳共同签字确认,一份由收费员保存,一份交单位出纳核对。交款本每季度更换,原交款本收回单位归档统一保管。三是财务部门要按月对收款账目进行审查和进一步核对,发现问题及时向单位负责人汇报。

二、实行严格的日清月结制度

一是清理现金收付款凭证,检查单证是否相符、各种收付款凭证所填写的内容与所附原始凭证反映的内容是否一致。二是登记和清理日记账,将当日发生的所有现金收付业务全部登记入账,并在此基础上,看账证是否一致,即现金日记账所登记的内容、金额与收付款凭证的内容、金额是否一致。三是禁止收费员擅自留取现金作找零的做法,可实行定额发放领钱制度,由指定单位的负责人按照规定数额统一领取和发放,并专门记账。

三、完善并落实财务管理内部相互制约制度

一是会计人员不得兼任现金出纳、财产物资保管员,不得记录银行存款和现金日记账。二是现金出纳不得兼管稽核、会计档案保管和收入、费用、债权债务的登记工作。严格现金提取登记批准制度。三是设置内部审计、稽核人员,每月对单位的原始凭证、记账凭证进行审核,签字、盖章后方可入账。根据具体情况,不定期地对单位的财务状况进行

审计检查。

四、加强单位财务管理的信息化建设，堵塞财务漏洞

一是收费员每日下班结算时，通过计算机操作将当日营业收费情况生成数据表格，并向财务人员发送审核申请。二是财务人员将电子数据与银行存单、纸质报表核对无误后，向收费员发送审核通过通知；如果发现报表有错误，要求其说明情况并修改后重新提交。三是实现财务管理系统和营业收费系统的对接，计算机系统后台在发现账目不符或风险等情况时，及时提醒和发出警报，相关财务人员应及时消除隐患，财务管理人员应及时督促解决问题。

虚假报销住院费　贪墨公款法不容

——某大学附属医院财务处对账组原会计王某贪污案

【案情介绍】

王某，女，1966 年 8 月出生，中共党员，某大学附属医院财务处对账组原会计。

“好友”提议报销假票　虽已拒绝心起涟漪

1989 年，王某复员转业到了某大学附属医院。刚开始，王某被安排在医院总务科负责后勤管理。1992 年 4 月，王某被调到财务科下属的报销组工作，主要负责单位所有职工的医药费报销工作。

由于负责所有职工的医药费报销工作，王某有了直接接触单位大部分职工的机会。而由于每次报销时人数很多，经常要排很长时间的队才能报销，一些职工产生了“和王某拉关系、交朋友，以便能插队报销医药费”的想法，这其中就有一个叫田某的女人。

2000 年左右，深感报销排队费时费力的田某主动找到了王某，与她拉家常、套近乎，几次下来双方也慢慢熟悉起来。这之后，田某每次报销就直接来找王某；而王某呢，倒也乐意为自己的这位好姐妹提供点小小的便利，省去其排队的麻烦。但随着双方关系的深入，田某逐渐不再满足于这么一点不排队的蝇头小利，头脑灵活的她敏锐地发现单位对王某所负责的医药费报销工作管理并不严格，而且报销工作人多事杂很容易造假。

2006 年的一天，田某私下找到王某，大胆提出了利用王某负责报销工作的职务便利，“用假的住院单据混在真实的单据中进行报销，骗取单位的医药费报销款”的想法。听到对方的这一提议，老实的王某被吓了一大跳,连说"这事违法",不敢答应。见王某直接拒绝,田某也不好再多说什么,只好作罢。本来事情到这里也就算是结束了,但谁曾想——田某的这一提议,却让王某原本平静的心里从此泛起了涟漪。

生活拮据共谋贪污 管理不严以身试法

2006 年,由于政策上的变动,王某所在科室的业务范围被大大缩小,人员也被逐步精简,王某的工作职责也发生了变动——改为只负责医院内部职工、离退休职工及其家属的医药费报销工作。2008 年,王某原所在科室被撤并,王某和另一名会计张某被调入了医院计财处下属的对账组,两人的主要工作仍然是负责医院内部职工和离退休人员等的医药费报销工作。因为张某还要兼顾其他工作,所以事实上报销工作主要由王某一人负责。由于人员和业务都大为减少,王某所负责的报销工作的流程也被大大简化,而且也不再像以前那样被严格审核,即使要审核也只是对报销费用、账户余额等进行审查,并不对原始票据等进行审查。

可恰恰也就是在这个时候,王某的家庭发生了一系列的变故——先是丈夫下岗、后是家中老人生病、同时孩子上学也需要用钱。重重压力之下,王某的家庭生活逐渐拮据了起来。于是,在这种一面是单位管理较为松懈、一面是家庭生活较为拮据的环境之下,王某内心的涟漪渐渐变成了波澜。

2007 年年底,田某再一次找到了王某,并且再一次提出了那个曾经的建议。这一次,王某没有选择拒绝,而是与对方一拍即合,共同决定将这一损公肥私的疯狂想法付诸实际。具体做法是:首先,王某对一些报销金额相对较大的真实住院发票进行复印,并由王某对其中的数额依据报销比例稍做改动;随后,由田某负责找人,以便根据这些复印件制作假票据;接着,田某会将这些假票据交由王某审查,并按对方要求进行填写;在审查合格之后,王某会找机会将这些假票据混入真票据之中,一块进行报销,领取钱款。

同时为了掩人耳目,两人在骗取公款活动的具体细节方面也是狠下了一番工夫。比如,在假票种类方面,两人就约定只做退休职工住院的假发票,而不做在职职工和离休职工的假票。之所以这样做,主要是因为:一来住院票据的报销金额大,有"油水"可捞;二来住院费用属于单位的二次报销,是单位福利,不需要经过医保中心的审查,安全性较高;三来退休职工报销比例大,而且住院的人数较多,不易被人发现。又如,在具体的票据金额方面,两人还商定每张假票据的金额都不能太大,大致控制在2000到3000元左右,以尽量避免被人发觉。

“蚂蚁搬家”疯狂作案　一朝案发竹篮打水

在商定了具体细节之后,王某和田某两人很快就“干劲十足”地动起手来。虽然每次骗取的公款并不多——只有几千元钱,但胜在两人的“持之以恒”。据统计,在随后的两年时间里,两人以“蚂蚁搬家”的方式疯狂作案96起,累计骗取的公款有34万余元。对于贪污的这些公款,两人大体按着一人一半的比例坐地分了赃,并主要用于各自的日常消费、购买保险等活动。

但正所谓“若要人不知,除非己莫为”。2010年2月,王某的同事张某在一次订账的过程中,发现有些退休人员报销的名字并不是本单位的职工。感觉有些不对劲的张某随即将此情况向领导做了汇报。随后,在同单位纪委的谈话中,王某交代了自己以假票据骗取公款的犯罪事实,并交代了同案犯田某(另案处理)。

2011年3月14日,北京市石景山区人民法院依法做出了判决:王某犯贪污罪,判处有期徒刑十三年。

【案例评析】

一、“蚁式贪污”是本案的突出特点

蚂蚁们搬家时的特点,表现为每次搬得都很少,但搬的次数却非常多,如此一来,大量的次数累积到一起,效果自然非常显著。本案中,几名犯罪人的犯罪方式恰恰就犹如这蚂蚁搬家一般,呈现出“每次金额少、犯罪次数多”的特点。据统计,在2008年6月至2010年5月这两年不到的时间里,王某伙同田某连续作案96起,基本上平均每7天作案一次;虽然每次贪污的金额都不多,但累计之后也达到了34万余元。两人的疯狂和“持之以恒”,由此可见一斑。而之所以选择这种“蚂蚁搬家”的犯罪方式,据两人交代:主要是因为金额太高的假发票,容易引起别人的注意,不太安全;而如果贪的少了,又觉得没有多少油水,所以才想出这么个以量取胜的“蚁式贪污”方式。

二、财务报销管控不健全,缺乏二次审核

本案中,王某是从2008年起开始作案的,之所以以前不作案,除了

其主观思想上尚处于斗争状态、不敢犯罪之外,客观方面单位内部的管控程度也是一个极为重要的因素。王某在审讯时曾供述:自己之所以从2008年才开始报销假票,是因为以前的工作量较大,人员较多,一次报销需要经过多人审核,能够互相监督,因此不易骗领。2008年以后,由于工作量减少、人员只剩两人、二次审核也被取消,所以作假不容易被发现,自己就是钻了这个空子,才开始骗领报销款的。由此可见,在先前的工作中,由于工作分工较细、参与人员较多、医保部门进行二次审核等客观因素,使得王某被置于重重监督之下,即使其有非分之想也会因严格的审查监督环境而无法得到可趁之机。可一旦这些因素作用的力度减弱或消失,那么王某违法犯罪的可能性便大大增长。

三、制度执行缺斤短两,出纳会计分工不明

我国《会计法》第37条明确规定:"出纳人员不得兼任稽核、会计档案保管和收入、支出、费用、债权债务账目的登记工作。"而在本案中,王某所在财务处对账组仅有两名工作人员,且会计与出纳的分工不明确,工作时随意性极大,相互之间也不会进行认真的监督。这一点,也同样在王某的供述中得到了反映:"对账组只有我和张某两个人……但是由于张某经常被抽调,大多数的报销工作都是由我一个人完成的……我一个人完成全过程肯定是存在漏洞的。"由此观之,单位在财务制度执行方面的缺斤短两和对会计出纳分工不明等所谓"小毛病"的视而不见,在王某的犯罪过程中,无疑起到了非常重要的推动作用。

四、拮据的家庭生活状态成犯罪的一个诱因

案发时,王某在某医院已经工作了18年。在前16年时间里,王某的工作也算得上是勤勤恳恳,虽然没有大功,却也没有大过。在田某首次提议从单位"搞钱"时,王某选择了拒绝的态度。但后来之所以犯罪,一方面固然是因为个人的贪欲,另一方面拮据的家庭生活也是促使其犯罪的重要内因——由于其家中丈夫下岗、老人生病、孩子上学等,使其家中生活困窘。这种情况,自然更容易让人产生犯罪的想法。

【警钟长鸣】

不要让欲望超越良知　不要让悔恨代替幸福

人有时候就是会被利益冲昏了头脑,从而为自己的贪欲付出惨痛的代价。他们在利益面前忘记了自己的身份和职责,忘记了当年曾有过的理想抱负，虽然在金钱和利益面前也曾矛盾过、斗争过，但是利益的诱惑最终还是使人丧失了理智，丧失了基本的行为准则，成为了金钱的俘虏，而最后等待他们的只会是冰冷的手铐和悔恨的泪水。就像此案中王某在其悔过书中所写到的："我就是因为一时贪心，没有抵抗住金钱的诱惑，看到了财务制度上的漏洞，这也给我提供了贪污的机会……2008 年曾一度想收手，自己常常做噩梦，晚上睡不着，反思不能因为自己的污点而影响孩子的未来，决定停止贪污行为，但在此时丈夫买断后经济又陷入窘迫，加上二位老人此时生病入院需要钱，于是又没能遏制住贪婪的欲望……现在想想真的是不应该，就算自己家里再有什么困难也不应向单位的钱伸手，我错了。我现在非常后悔，想到我自己的家人和孩子，我后悔我没有好好珍惜曾经拥有的幸福生活。"

在现实中，肯定还有一些与王某相类似，因为这样或那样的理由，而对单位的公款、公物等心存异念的人。希望他们能够从本案中吸取到足够的教训，不要让自己的欲望超越自己的良知，不要让无尽的悔恨代替幸福的回忆。

【法律解读】

一、王某在单位纪委初步掌握其犯罪事实并找其谈话时，主动交代了自己的犯罪行为，为何不能认定为是自首？

根据我国《刑法》第 67 条的规定，在犯罪分子本人未被采取强制措施的情况下，要想成立自首就必须要求其同时具备两个条件：一个是犯罪分子必须在犯罪以后自动投案；另一个是犯罪分子必须如实供述自己的行为。之所以如此规定，是因为只有两个条件皆备，才可有效证明犯罪分子自身对社会的危险性有了一定程度的降低，从而可以被从轻处罚。单纯的自动投案而不如实供述，或单纯的如实供述而不自动投案——这两种情况均不能证明其危险性的降低，所以也就无法认定为是自首（后一种情况可认定为是坦白，可视情况酌情从轻处罚）。

对此，最高人民法院和最高人民检察院在其所颁布《关于办理职务犯罪案件认定自首、立功等量刑情节若干问题的意见》中也做出了更为具体的规定，即"犯罪事实或者犯罪分子未被办案机关掌握，或者虽被掌握，但犯罪分子尚未受到调查谈话、讯问，或者未被宣布采取调查措施或者强制措施时,向办案机关投案的,是自动投案。在此期间如实交代自己的主要犯罪事实的,应当认定为自首。”同时还规定:“没有自动投案,在办案机关调查谈话、讯问、采取调查措施或者强制措施期间,犯罪分子如实交代办案机关掌握的线索所针对的事实的,不能认定为自首。”本案中,王某在本单位的纪委找自己谈话之前并未主动投案。其后来是在纪委已初步掌握其贪污公款的犯罪事实并在随后找其谈话时,才交代自己的犯罪行为。因此,按照上述规定,其交代行为不能被认定为是自首,而只能认定为是坦白。

二、王某及时供述了还不被外界所知晓的同案犯田某,该供述行为为何不能被认定为是立功?

庭审时,王某的辩护人主张王某在纪委找其谈话时,就主动供述了还不被纪委所知晓的同案犯田某,从而帮助相关部门查获了其他犯罪嫌疑人,因此王某的这一行为应被认定为是立功。那么,辩护人的这一主张又能否成立呢?

根据我国《刑法》第 68 条的规定,立功是指犯罪分子有揭发他人犯罪行为且查证属实的行为,或者有提供重要线索,从而得以侦破其他案件的行为。其中,对于共同犯罪而言,“揭发他人犯罪行为”是指所揭发的犯罪行为必须是揭发人本人所参与的共同犯罪以外的他人的犯罪,仅仅交代自己的同案犯,并不能成立立功。关于这一点,在最高人民法院所做出的《关于处理自首和立功具体应用法律若干问题的解释》第 5 条中,就做出了更为明确的规定,即“犯罪分子到案后有检举、揭发他人犯罪行为,包括共同犯罪案件中的犯罪分子揭发同案犯共同犯罪以外的其他犯罪,经查证属实”的,才可成立立功。

所以,根据上述规定,王某交代同案犯的行为只能被认为是如实交代,并不符合立功的条件。

【对策建议】

一、完善医药报销管理方式,弥补制度漏洞

针对本案中所暴露出来的案发单位在医药报销管理方面所存在的不足(如不要求本人领取、材料审核不严格等),可以考虑进行有针对性的改进。具体做法可以是:首先,原则上要求必须由本人报销领款且签字登记,不允许随便代领,特殊情况下需要由他人代领的,必须持本人委托书和身份证件,并保存代领人的身份信息和联系方式。其次,利用信息技术,建立本单位职工的医药费报销数据库。将本单位职工的姓名、年龄、每次报销的金额等信息输入系统。职工报销时,必须先由系统确认其为本单位职工,符合报销条件,才可进行报销,从而避免外部人员冒领等问题。最后,针对医院报销票据容易造假的问题,应加强材料的甄别工作。对于大额报销、频繁报销等异常情况,应要求报销人提交用药明细等额外材料,并回答相关问题。对于已经领取报销款的人员,应定期进行回访,核实其报销信息并了解其后续治疗情况。

二、构筑多角度、多层次的财务报销监管体系

建议相关单位考虑从多角度、多层级完善财务报销监管体系。一方面,强化部门内部监督,设立层层把关的财务审核体系。建议实施岗位轮换制度,安排财务人员轮流负责报销业务,避免该业务由一人长期把持;报销领款必须持票从审核人员以外的人员处领取,严格禁止会计出纳分工不明等违规情况的发生;重大、异常事项的审批权应当上移,并且报备;对于人数较少的工作组,可以进行适当合并,以保证监督效果。另一方面,强化部门外部监督。上级主管部门可以建立定期与不定期抽查相结合的机制,加大监管力度;相关监督部门可以要求被监督部门每月定期上报报销明细等信息并对外公开,接受单位及外部社会人员的全面监督,延伸监督触角,发挥监督实效。

三、推行岗位廉政风险点制度,加强自查互查

对单位内部的重点部门和重点岗位开展廉政风险防控工作,准确查找其中易发或多发职务犯罪的风险点,并对其中风险的产生原因进行深入的分析,进而采取更为有效的防范措施。比如,对于会计出纳一人负责容易产生问题的情况,必须进行严格的财务分工,指派不同人员分别担任会计和出纳;对于重要的工作,建立复审制度,只有两名以上不同的人员分别审核且签字确认后,才可进行处理;注意寻求外部专业风险控制机构的帮助,定期邀请其对本单位工作状况进行风险评估,并提出改进意见,以尽量降低职务犯罪的发生几率。

四、扶危济困,帮助困难职工

实际上,在司法机关所办理的大量职务犯罪案件中,像王某这样或多或少因为窘困的家庭状况,而走上犯罪道路从而给单位、家庭和个人造成无法挽回损失的案件并不少见。因此,对于这类案件的预防,除了要严肃法纪、严格落实制度外，对单位内部困难职工的扶危济困，解决其实际困难，也是一件不容忽视的工作。为此，可以考虑设立职工互助基金，按照“单位出一点，个人出一点”的原则进行出资，当参加基金的职工家庭生活遇到困难时，可申请基金的免费求助；可以考虑充分发挥工会等职工互助团体的作用，组织职工结成互帮互助小组，定期帮助有困难的职工家庭；经济条件允许的单位，可以考虑增加职工福利、捐资助学，对下岗职工进行再就业培训，以切实减轻其经济负担。

为爱迷茫铤而走险　私挪公款有悔青春

——北京市某区卫生局计划财务科原出纳李某挪用公款案

【案情介绍】

李某，女，1986 年 10 月出生，群众，北京市某区卫生局计划财务科原出纳员。

年轻出纳　位小权重

2003 年，李某的家人托关系找到了北京市某区卫生局的一位领导，安排李某到该卫生局实习，期满后又在不经过任何招录程序的情况下，直接让尚不满 18 岁的李某在该局顺利转正，职务是计划财务科的出纳，主要负责基本账户和零余额账户的出纳现金管理、食堂报销等工作。

虽然只是个小小的出纳，但由于直接经手单位的现金收支、发票管理等事项，李某这个小出纳也算得上是“位小权重”。不过，别看李某年纪尚小，脑子却比较灵活。聪明的她很快就发现自己所在的区卫生局在财务管理上并不严格，甚至可以用“漏洞百出”来形容。比如，记账不规范，存在漏记固定资产、原始票据管理不严、没有完备的入出库管理手续等情况；对于财务章和支票也并未实行专人分别管理，而是统一交由李某保管，平时财务章就放在办公室的桌子上，由需要的人自行取用。

不过混乱的财务管理状况，并没有一开始就让小姑娘李某产生什么非分的想法。直到一个年轻男子的出现，才让这一切都发生了无法挽回的改变。

爱情陷阱　铤而走险

2004 年年初，李某通过同学认识了一个叫赵某的男子，并在交往了半个月后与对方确定了恋爱关系。两人一开始也还算得上是甜甜蜜蜜，但哪曾想在最初的幸福之后，赵某很快就暴露出了自己好逸恶劳的本性。

2004年6月左右，赵某嫌工作太累，辞职回家，过起了天天游戏人间的逍遥日子。可每天的游手好闲，很快就让赵某陷入了囊中羞涩的窘境，以致最后连房租都交不起。面对困境，赵某自然想到向女朋友李某借钱。可李某也只是一个小出纳，每月2000元左右的工资根本就供不起赵某这么折腾。万般无奈之下，李某只好写了一张借条，从单位账上借了1700元钱替赵某交了房租。一个月后，李某用工资还了单位的借款。但令人遗憾的是事情并未就此结束。

在得知李某借单位的钱交房租之后，赵某不仅不加以收敛，反而得寸进尺地怂恿李某从单位借更多的钱以供自己消费。见李某有所犹豫，赵某就安慰对方，称只要以后有钱再还上就不会有任何问题。李某虽然明知道赵某拿到钱后肯定会挥霍，但“美好”的爱情还是让她选择相信赵某的花言巧语，同时单位混乱的财务管理状况也使得李某有了私自借用公款而不会被发现的自信。这样在半推半就之下，李某又一次利用了自己出纳的职权，私自从单位的账上借了4000多元，并且这一借就一发而不可收……一开始，李某还保管好借条，想着以后有机会归还单位借款，但后来随着借用次数的增多，也就顾不上保管了，再后来索性就直接拿钱而不再开具任何借条。

至2006年8月，李某利用职务之便，采取现金支票提现不入账、收款不入账等手段，累计从单位私自挪用了50余万元的公款。所借钱款主要用于和男友赵某吃喝玩乐、购买贵重物品等，其中仅2005年赵某生日期间，李某就花掉了3万余元公款。

欲想收手　反遭威胁

慢慢地李某对自己挪用巨额公款的行为感到担心，于是就向赵某提出收手的想法，并提议贷款还钱。但已经花钱花顺了手的赵某又哪里肯收手呢？见劝说李某无效，赵某就想出了以“跑关系办贷款需要用钱”的名义，从李某处骗钱的办法。在随后的几个月里，赵某以此名义又从李某处骗取到了数万元的公款。事后，反应过来的李某一怒之下向赵某提出了分手。

但谁曾想，这时候的赵某居然显露出了自己的无赖本性——以要去单位告发李某为筹码，威胁她继续借钱给自己（实际上是有借无还）。无奈之下的李某，只好又陆续借给了赵某数万元公款。直到最后李某更换了手机号，切断了与赵某的联系，两人间的这段孽缘才算告一段落。

越陷越深　不能自拔

分手之后的李某如果就此收手，并且想办法归还所挪用的公款，那么事情也还有挽救的希望。但前男友花钱花顺了手，那李某又何尝不是花钱花习惯了呢？对于已经尝到了花钱甜头的李某而言，挪用公款已经成了习惯性动作。特别是在2006年12月结交了新男友之后，为了维持自己的“幸福”生活，敢想敢干的李某更是疯狂挪用、出手阔绰，除了各类首饰、衣服外，光汽车就先后购买了两辆，对外则一律谎称是用自己的存款或家里的钱买的。

铁窗人生　有悔青春

短暂的风光，却带来了一生的悔恨。李某在为自己编织“美好”爱情的同时，也为自己换回了冰冷的铁窗人生和无限懊悔的青春。2009年7月7日，区卫生局组织财务审查，自觉无法隐瞒的李某在家人陪同下向司法机关自首，交代了挪用190余万元公款（其中与赵某合谋挪用60余万元）的犯罪事实。2010年1月19日，被网上追逃的赵某投案自首。

2010年8月19日，北京市通州区法院依法做出了判决：李某犯挪用公款罪，判处有期徒刑十三年零六个月；赵某犯挪用公款罪，判处有期徒刑十一年。

【案例评析】

一、犯罪主体年轻，作案不计后果

本案的一个突出特点就是：两名犯罪人均为刚出校门即步入社会的年轻人。其中，李某担任出纳时尚不满18周岁，不仅未接受过任何正规的财会知识和技能方面的培训，对相关的财经纪律、法规也是似懂非懂、不太注意；而怂恿李某挪用公款的赵某，参加工作时也仅仅是刚满18周岁，且此人长期好吃懒做、游手好闲。在这种情况下，让这样两名不谙世事且对法律没有多少畏惧之心的年轻人走到一起，自然很容易惹出麻烦。果然没过多久，心智尚浅、责任心不强的李某就被男友的花言巧语所迷惑、为爱情所陶醉,放下心中仅存的一点点畏惧、警惕之心,实施了私挪公款的犯罪活动,并且一发而不可收。事实上,在被捕之后,李某也曾经表示在长达 4 年多的犯罪时间里,也时常会感到害怕,想过收手,但最终对自己行为缺少控制力并对物质生活盲目追求的他们还是不计后果地挪用公款,以致最后无力回天。

二、案发单位用人管理不规范,未成年即担当财务要职

如前所述,李某是托关系被一位卫生局的领导(该领导后因受贿被刑事处罚)直接安排成为出纳的,这其中并未经过任何录用考试,也没有进行任何形式的培训或纪律教育,甚至连个正式的任命手续都没有。而且出纳岗位由于直接涉及现金收支、支票管理、票据核对等业务,算得上是一个要职,一般来说都应选派遵纪守法、责任心强的人员来担当。可就是这样一个岗位,卫生局的领导未经任何组织审核程序,直接指派了尚未成年、心智都不成熟的李某来担当,让其每天都要面对巨额现金、支票的诱惑,其危险性自然可想而知。通过以上这两点,就可以看出卫生局在人员考录、人员选用、人员培训等方面所存在的诸多不足。

三、财务规定落实不严,账目审查流于形式

在案件的侦办过程中,侦查人员发现案发单位在财务规定的落实方面缺斤短两,审查也多是流于形式。比如,案发单位严重违反了财务章和支票要由专人分别保管的财务规定,将这两者一概交由李某保管。使得李某不需经过任何审批程序即可从开户银行提取现金,而且是想提多少,就提多少。又如,在李某挪用公款期间,卫生局的财务部门并不严格执行日清月结的规定,很多账目实际上都是处于糊涂账的状态,甚至在主管会计就账目上的疑点提出疑问的时候,财务科长也只是表示出了一种置若罔闻的态度,并没有进行深究。如此乱象频出的财务管理状况,自然对李某的挪用公款计划起到了关键性的促进作用,使其更加的得心应手。

四、犯罪方法简单,后果严重

说李某的犯罪方法简单,是因为对于李某这样一个未受过任何财务知识培训的小姑娘而言,其挪用公款的方法非常简单,甚至到了简陋的地步——无非就是现金支票提现、收款不入账,每天下班前将保险柜内的现金一扫而空。这一点在其供述中就得到了体现,据李某交代:

“我不懂财务，就知道保险柜里有钱了就拿走花了，根本没想过账目怎么处理，我也不会处理……”而说其犯罪的后果严重，则是因为从2005年至2009年，在长达4年多的时间里，李某累计挪用了超过192万元公款，而其同期的全部工资收入也才不到15万元，其挪用数额几乎是其合法收入的13倍！一个如此年轻的小小出纳，竟能有如此“骄人”的战果，这不能不令人震惊。

【警钟长鸣】

清心控欲　防微杜渐

在审讯过程中，李某和赵某曾分别对自己的犯罪行为做出了如下供述：

李某：“我当时刚上班，年轻爱慕虚荣，觉得在朋友中花钱大方特有面子。我刚上班工资低，就从自己管的现金里拿，我也知道这样是犯法的，但自己管不住自己，家里人也从没管过我，单位也没人检查我。我开始拿钱时还想着很快就把钱还上，但花钱的诱惑太大了，后来就越拿越多，最后就到了这一步了。我现在特恨自己，恨赵某。我们把自己害了，我对不起父母，对不起单位，再想孝敬父母不知要等到哪年了。”

赵某：“我技校毕业后在工厂工作。和李某交朋友后，她总给我钱花，我就不想上班了。从李某那里拿的钱我从来没存过，也没给过家里，就是平时玩游戏机、吃饭喝酒这些事，我过生日李某一次就给我花了3万多块钱。我当时总玩赌博游戏机，这个东西特容易上瘾，我曾经一次就输了五六千块钱。”

从两个人的供述中可以看出，促使二人在犯罪道路上越走越远的最大起因，乃是二人爱慕虚荣的心理以及对享乐生活的过分向往，说白了就是没有控制好自己内心的欲望，放任自流。而当自己有限的收入无法满足自己无限的欲望时，二人实施违法犯罪活动自然也就成了“意料之内，情理之中”的结果。另外，“积少成多”也在二人的犯罪过程中起到了重要的推动作用。一开始，李某只敢挪用少量钱款，并想着以后归还，可当其发现自己的挪用行为无人来查且花钱如流水的感觉非常美妙之时，其挪用的数额也自然水涨船高，直至最后“涨”成巨款。

试想如果李某、赵某二人能够做到“清心控欲，防微杜渐”，不因爱慕虚荣、贪图享乐而胆大妄为，不因“恶小”而听之任之，他们二人又怎会落得个“铁窗青春，辜负了大好年华”的可悲下场呢？

【法律解读】

一、李某等人挪用公款供个人消费，以致巨额公款无法被追回的行为，为什么不能被认定为是贪污？

对于本案，也许有人会提出这样的疑问：李某等人家境并不富裕，他们二人挪用公款进行个人消费的行为，本身并不存在多少归还被挪用公款的可能。那么在这种情况下，为什么还要认定其构成挪用公款罪，而不是构成贪污罪呢？

事实上，根据我国刑法理论，贪污罪与挪用公款罪的主要区别是行为人主观上是否具有非法占有公款的故意。本案中，李某和赵某的供述相互印证，证明在最初挪用公款时，二人都是怀着“先拿着用，以后再还上”的心态。其间，李某还试图找人贷款还钱。这些都证明李某主观上并没有非法占有这些公款的故意。

另外，根据《全国法院审理经济犯罪案件工作座谈会纪要》的规定，判断犯罪嫌疑人是否具有非法占有的目的，应该按照主客观一致的原则进行判断，并具体举出了四种客观行为，规定可以认定行为人具有非法占有公款的故意，即：

1. 行为人携带公款潜逃。本案中李某和赵某均系自动投案，并无携款潜逃情节。

2. 挪用公款后采取虚假平账、销毁有关账目等手段，使所挪用的公款已难以反映在单位财务账目上，且没有归还的行为。本案中，李某并没有虚假平账、销毁账目的行为，而且其也不懂如何处理账目。

3. 截取单位收入不入账、非法占有，使所占有的公款难以反映在单位财务账目上，且没有归还行为的。本案中，根据司法会计鉴定分析，李某现金日记账存在现金收入不记账、现金支出不记账行为，银行日记账也存在多记支出、少计收入以及计算错误等多种行为，因此不能仅以其存在少计收入就断定其主观上具有非法占有的目的，而且其办公桌内保留了大量未入账的现金支票存根等，留下了按常规会计检查即可发现的挪用痕迹。因此不能仅以其存在少计收入且没有归还的行为即认定其具有非法占有的故意。

4. 有证据证明行为人有能力归还所挪用的公款而拒不归还，并隐藏挪用的公款去向的。本案中,李某与赵某经查均没有偿还能力,且二人并没有隐藏公款的去向。

所以,李某、赵某二人并不具有非法占有公款的故意,其挪用公款的行为也只能认定是挪用公款,而不能认定为是贪污。

二、自首的动机是否影响自首的认定?

本案中,促使犯罪人李某、赵某选择向司法机关自首的原因并不是因为他们真心悔罪,而是因为畏惧法律、争取从轻处罚等其他原因。那么,他们的这种自首行为又将产生何种法律后果呢?

自首的本质在于犯罪分子自动投降,表现为犯罪人不再逃避或者抗拒刑事追究。自首行为的存在,表明犯罪人的人身危险性有所降低,所以依据刑罚个别化的原则可以予以从宽处罚。

我国《刑法》第 67 条对自首行为的法律后果作出了规定,即"对于自首的犯罪分子,可以从轻或者减轻处罚。其中,犯罪较轻的,可以免除处罚"。这里,《刑法》并没有对犯罪人自首的动机作出规定,这也就是说犯罪人自首的动机可以是多种多样的,既可以是真心悔悟,也可以是被生活所迫,还可以是亲友劝说等等,但只要是符合《刑法》的规定,都可以成立自首。不过这里需要特别强调的是,《刑法》对于自首的犯罪分子只是规定"可以"从宽处罚,并没有规定"必须"从宽处罚。换句话说,也就是如果自首后的犯罪分子存在犯罪行为比较严重、拒绝悔改等情况,法律仍然可以不对其从宽处罚(但总体来看,自首对犯罪分子而言是利大于弊的)。

回到本案,李某等人虽然是出于畏惧法律等心理选择自首,但因符合自首的规定,也一样可以得到从宽处罚的机会。

【对策建议】

一、严格人员招录,规范人员选用

针对本案中所暴露出来的案发单位在人事管理方面的缺陷,有必要进行有针对性的改进,重点围绕严格人员考录和规范人员选用这两点展开工作。具体是:首先,在人员招录方面,必须公正、公开和严格地执行人员录用和选拔程序;对于拟录用人员必须要做到"逢进必考"和"择优录用",并且要将拟录用人员的个人情况等进行公示,以便接受外界的监督;同时要特别注意在考录工作中贯彻集体领导原则,由该单位的各主要领导共同讨论、共同决定是否录用某人，而不能由单位“一把手”或几名领导私下决定录用事宜，从而尽量避免人事考录工作中的暗箱操作。其次，在人员选用方面，必须要本着德才兼备、以德为先、任人唯贤的原则选用人才。对于专业人员和重要岗位人员更应从严把关，其专业资格和岗位素质必须达标，必要时可以由组织出面，对其进行一段时间的考察，待合格后再决定是否选其赴任，以便在做到人尽其才的同时，能够将各种不稳定或不安全因素尽量控制在最低程度。另外，还有必要在单位内加强人员素能管理，明确权责，营造团结协作、监督促进的工作氛围；健全和完善奖惩机制，对工作中有突出表现或有重大失误的人员做到赏罚分明，从而在激励员工的同时，提高大家遵纪守法的意识。

二、落实支票和现金管理等财务规定，严格审查监督

首先，应严格按照北京市财政局颁发的《北京市会计基础工作规范实施细则》等相关法律法规的要求，在单位内构建全面、完备的财务制度，在严格业务能力审查和道德品行审查的基础上选用财务人员，并定期开展岗位练兵、业务知识培训和考核等活动，以保证财务人员具备足够的业务技能。其次，可考虑在单位内部推行工作分解制度和财务责任人制度，对于各种财务工作进行层层分解和步步分解，对于每一层、每一步的财务工作都明确指派专人负责（对于重要工作，必须分解为两个以上的不同部分，并由不同人员负责）。各责任人在依照财务规定严格审查他人工作成果的同时，也要保质保量地完成本人的工作任务，并对工作结果签字保证，以进一步建立财务人员之间的监督制约机制。最后，在加强单位内部审计工作的同时，应注意聘请外部专业审计机构严格按照法律法规独立开展外部审计，对于审计过程中发现的问题，必须查明原因，确定整改措施。若问题属于人为产生，则必须追责到人。

三、对于年轻人员、重要岗位人员等特殊人员，应注意采取特殊的教育和预防措施

制止犯罪最经济、有效的办法，不是在犯罪发生之后，用严刑峻法加以惩罚，而是在于事前的教育和预防，从而将犯罪消灭在萌芽阶段。考虑到年轻人员、重要岗位人员等的特殊性，因此有必要采取特殊的教育和预防措施。首先，应将以前的“大锅饭”似的教育方式，转变为更为个性的、“开小灶”的教育方式。例如，针对本案中所暴露出来的以李某等人为代表的年轻人，由于涉世不深以及年龄、知识、思维等方面的局限，所以导致其对法律缺乏畏惧之心、对自身行为的性质缺乏清醒认识，容易不权衡利弊就冲动行事，在实施错误行为之后又经常心存侥幸、不认真反思的特点，在从软、硬两个方面进行教育——“软”是指避免单纯地说教，注重运用案例，特别是发生在他们身边的案例来警示他们，在他们心灵受到震撼的同时引导他们自己反思行为，进而主动进行改进；“硬”则是指在年轻人犯错误的时候，要及时指正，必要时可以予以适当的纪律处分，使其知道什么是不可触碰的“高压线”，以树立其对法律、制度的敬畏之心。其次，要根据不同重要岗位的特点，设置全面和有针对性的预防措施。比如，对于财务岗位，可以考虑开展各种定期或不定期的财务对账活动。

医院院长腐化变质　机关算尽罪责难逃

——北京市通州区某医院原院长兼某社区卫生服务中心原主任王某贪污、巨额财产来源不明案

【案情介绍】

王某，男，1964年3月出生，中共党员，北京市通州区某医院原院长兼某社区卫生服务中心原主任。

兢兢业业出任院长　心态失衡恰逢机会

1986年7月，刚刚大专毕业的王某被分配到了某区卫生院工作。由于学习上刻苦勤奋，工作上兢兢业业、任劳任怨，对待同事也很热情周到，所以上至领导下至普通职工对王某的评价都不错，他本人也很快得到了组织上的重用。2003年3月，因为工作能力突出、口碑较好、事业心较强，39岁的王某被上级任命为了北京市通州区某卫生院的院长。

按理说，事情到这里倒也算是发展得不错——一个出身于普通之家的普通之子，无权无势，完全依靠自己的辛勤和汗水，从最基层做起，一步步走上卫生院院长的领导岗位……王某的这一经历，在旁人看来多少有点励志片的味道。但谁曾想——也正是从这一刻起，王某的这部励志片开始有点“跑题”了。

当了一段时间的院长，眼界开阔了许多的王某，很快发现：有些人明明业务能力、工作成绩等都不如自己，但却被提拔为了更高级别的领导，而他这个勤勤恳恳、被人有口皆碑的好大夫、好院长，却还是只能在基层晃悠，挣着那每月几千元钱的死工资……渐渐地王某的心里产生了不平衡感，“实施职务犯罪借机损公肥私”的想法开始在他心里不受控制地泛滥起来。可偏偏“人打瞌睡，就有人送枕头”——随着国家对

农村医疗制度改革的不断深入，各基层医疗机构的重要性逐渐突显出来，原本囊中羞涩、数米下锅的乡镇卫生院开始得到大笔的财政扶持资金，而同期相应的资金监管措施却没有及时跟进。如此一来，正好给了王某这位心态失衡的卫生院院长以难得之机。

设备采购索要回扣　虚开发票偷梁换柱

2005年下半年，某卫生院通过区财政局组织的政府招标活动购买彩超仪，结果是一家北京的公司中标。随后，该中标公司的负责人刘某找到了王某，商量具体的购买事宜。对此，王某倒也不推脱，将刘某带到了自己的办公室，并在只有二人在场的情况下直接向对方提出：某卫生院百废待兴，希望不管谁中标都要牺牲一下，能够给医院贡献10万元钱，以便让医院能采购些别的医疗设备。对于王某的这一提议，不太明白状况的刘某随口就说："您要什么设备，我直接一块给您进了。"王某听后立马沉下脸来，说道："这块业务我们已经联系好了，你只管进彩超仪就好了！"此时，反应过来的刘某只好赶紧应承下来，并在事后送来了10万元的支票。对于这张支票，王某先是将其交给了单位财务人员入账，后于2005年年底，王某找到了与某生院之间有药品业务往来的张某，由对方虚开两张发票帮助王某从单位骗领出这10万元的支票，并用于王某个人的买房活动。

一错再错　末路疯狂

一次的行为，就为自己带来了10万元的外快。王某在享受着"马无夜草不肥，人无横财不富"的美妙感觉时，也决定将贪污"伟业"更加"发扬光大"。

2006年6月，王某调任通州某医院院长之后，利用职务之便，虚构办公用品采购、卫生材料采购等业务支出，先后使用5张假发票，从本单位骗取公款11.76万元，据为己有。

2008年10月，王某兼任某卫生服务中心主任之后，利用上级投资改造卫生服务中心的机会，采用订立"阴阳施工合同"、截留工程款的做法，私自截留了上级拨付的、本应专款专用的60万元工程款。事后，王某私下找人还是采取虚开发票的老办法，以为单位建筑装饰的名义从单位将这60万元工程款骗出，并存入其个人账户。

法网难逃　数罪并罚

"出来混，早晚是要还的"——相信绝大部分人都能理解这句话的含义，但同时这句话也往往是许多职务犯罪分子所最容易忽略的，以致最后不仅“还”掉了万贯家财，更“还”掉了自己的自由、乃至是生命。

2008 年 1 月，经群众举报，王某因涉嫌职务犯罪被司法机关立案侦查。经侦查发现，王某在担任单位领导期间，利用职务之便，累计贪污公款 81 万余元，另有 102 万余元不能说明合法来源。

2010 年 3 月 4 日，北京市通州区人民法院依法做出判决：王某犯贪污罪，判处有期徒刑十一年六个月，犯巨额财产来源不明罪，判处有期徒刑一年两个月，数罪并罚，决定执行有期徒刑十二年。

【案例评析】

一、对单位“一把手”的财务权和人事权缺乏监督

基层单位针对单位“一把手”的监督体制存在某些特有缺陷，导致“一把手”的权力畸形膨胀。由于乡镇一级的医疗机构级别较低、结构简单、人员编制情况特殊、管理观念落后，因而导致“一把手”的权威性被过分强调，领导层的集体决策形同虚设。加上所谓的“财务一支笔”的政策，更强化了这些“一把手”对本单位财务的直接控制，财务人员只对“一把手”负责，会计的监督和审计能力被极度弱化，用王某自己的话讲就是“院长一支笔，签字就给钱”。例如，身为院长的王某为了满足个人需要，从医疗耗材经销商处找来发票，多次在没有发生实际业务的情况下用伪造发票到本院财务部门报销。这些发票没有相应的入库手续，没有经手人及主管领导的签字，而财务人员明知不符合财务制度，却违背原则、屈从权力，王某轻而易举地把医院的钱装进了自己的口袋。在办案过程中，侦查人员还发现了一个奇怪的现象，乡镇卫生院的会计、出纳大都是临时工，院长不用经任何程序即可决定她们的去留，岗位的不稳定导致她们不能很严格地坚持原则，因为她们知道如果拒绝领导的要求将会付出惨痛的代价。

二、基建合同管理混乱，资金使用存在监管不力现象

本案的侦查人员在对案发单位近年来工程项目的调查工作中发现，案发单位在基建合同管理方面十分混乱，存在不严格执行基建合同、多次变更建设内容、甚至是先行开工建设后再根据资金拨付情况签订“形式”合同的情况。按理说，施工建设合同是合同双方关于彼此权

利义务的事先约定,既是工程建设的依据,也是财政部门下拨资金和审计部门审计监督的重要依据。但实践中,各基层医疗机构为了能多争取上级资金,很多都存在着签订“阴阳合同”的做法,即双方作为工程依据的合同未经上级批准,而上级批准的那个合同却与实际工程无关,只是为获取资金而造的“一纸空文”。如此阳奉阴违的基建合同管理状况,自然是职务犯罪分子们所乐意见到的。

另外,如前所述,上级单位对拨付给基层医疗单位的基建专项资金的使用情况也存在着监管不力、甚至是没有监管的情况。比如,在本案中,按照国家规定,区卫生局拨付给某社区卫生服务中心的381万元基建款,必须专款专用,并且要接受相关评估中心的审计。但百密一疏的是评估中心只有权对合同项目进行审计,却没权对资金使用情况进行审计,从而给王某提供了犯罪的机会。

三、犯罪人采用各种手段增强犯罪的隐蔽性

职务犯罪的一个普遍特点就是具有较高的隐蔽性,对于本案而言,王某在提高犯罪的隐秘性方面显然是狠下了一番工夫,表现在:一是单位的财务状况基本上只由王某一人掌握,即使是直接经办人员,也只知晓自己所处理的事务,而并不了解整件事情的全貌。二是每次作案都会进行相关的账目处理,使自己单位的账目表面上看来完美无缺,从而掩盖自己的犯罪行为。三是对外尽量维护自己的良好形象,侦查人员发现,上至卫生局领导下至医院普通职工对王院长的评价都比较好,普遍反映其有工作能力、事业心强、工作兢兢业业,这种良好的形象自然很好地降低了王某的犯罪行为被人发现的几率。直到2007年有人署名举报后,此案才逐渐大白于天下。

四、假发票成职务犯罪的重要“帮凶”

本案中,王某之所以能一而再、再而三地成功从单位骗领公款,其中的奥秘之一就在于频繁使用假发票。比如,2007年2月,王某就指使外部人员李某在西直门大街购买了一张空白假发票,后凭此票以为单位购买卫生用品、耗材的名义从单位骗取公款。又如,2008年8月,王某指使他人虚开了60万元装饰款的发票,并凭此票从单位骗取工程款。事实上,不只是在本案中,在司法机关近年来所侦办的多起职务犯罪案件中,大量存在利用假发票犯罪的情况。可以说,目前假发票已经成为了职务犯罪的重要“帮凶”。假发票的泛滥,不仅严重扰乱了单位正常的发票管理秩序，容易导致公款的流失，而且也大大提高了职务犯罪活动的隐蔽程度。

【警钟长鸣】

不要用后半生的幸福去换取那昙花一现般的“精彩”

本案中，犯罪人王某因为一个“贪”字，使自己的人生经历从前半生的励志剧，变成了后半生的普法剧，其落差幅度之大、反差之鲜明，确实令人咋舌。而这其中，让王某产生贪念、以致铸成大错的根源，乃是其对他人获得提拔而自己仍然默默无闻的失衡心态，和不再甘于默默奉献、想要获得补偿的心理。而也正是这种心态和心理，使得王某心甘情愿地抛弃自己“好大夫”、“好领导”的好名声，利用自己手中的权力干起了那些蝇营狗苟的勾当，从而将自己这位治病救人的“神医圣手”变成了名副其实的“坠落天使”。

在狱中，王某写下了这段文字：“我后悔，后悔自己没有经受住诱惑，没有用法律来规范自己的行为，恨自己给孩子、给家庭带来了伤害，给我自己也带来了无法挽回的后果，如果可以重来，我绝不会这样做……”但遗憾的是，时间不会倒流，世上也没有后悔药可吃，有的只有如下这样一条铁则：任何犯罪分子都必将因为自己的犯罪行为而受到法律的严惩！

奉劝那些与王某一样有失衡心态和补偿心理的人：平平安安、平平淡淡的生活才更为持久，不值得用后半生的幸福去换取那昙花一现般的“精彩”，否则就是真正的“得不偿失”了。

【法律解读】

什么是巨额财产来源不明罪？

本案中，犯罪人王某最终被判成立两种犯罪：一个是贪污罪，一个是巨额财产来源不明罪。关于前者，相信大家都多少有所了解，也不会产生太大的疑问；而关于后者，则对不少人而言都有些陌生，也不太清楚这方面的具体规定。

依照我国《刑法》第395条的规定，所谓巨额财产来源不明罪是指国家工作人员的财产、支出明显超过合法收入，差额巨大，而本人不能

说明来源的行为。具体而言,要成立本罪,必须同时符合以下几个条件:

1. 犯罪主体必须为国家工作人员,即指以下四类人员:①国家机关工作人员;②国有公司、企业、事业单位、人民团体中从事公务的人员;③国家机关、国有公司、企业、事业单位委派到非国有公司、企业、事业单位、社会团体从事公务的人员;④其他依照法律从事公务的人员。除此以外,其他任何人员均不可成立该罪。本案中,王某作为由区卫生局任命的国有医疗机构的领导,属于上述第二类人员。

2. 财产或支出明显超过合理收入,且差额巨大。正常情况下,一位国家工作人员的合法收入是有限的,但如果在这种情况下其财产或支出明显超过合理收入,且差额巨大,那么也就说明该国家工作人员很有可能非法利用了手中所掌握的职权,为自己谋取了私利,因而法律需要对其予以特别关注。

3. 对于巨额差额,本人不能说明合法来源。如果仅仅是存在着较大差额,还不足以证明该国家工作人员实施了职务犯罪活动。只有当其无法说明差额的合法来源或说明明显不合理时,在任何人的收入只可能存在非法与合法两种来源且国家工作人员不经批准不得从事其他职业的客观前提下,就有理由认定其相应财产或支出的来源非法,进而对其判处刑罚。

事实上,法律之所以会规定巨额财产来源不明罪,主要还是基于职务犯罪隐蔽性高、侦查不易的特点和必须要保证国家工作人员职务活动的廉洁性这两点考虑,才加以特殊规定的。而事实也证明了该罪在打击职务犯罪方面所具有的难以被替代的作用。例如,20 世纪 70 年代,威名赫赫的香港廉政公署就是以巨额财产来源不明罪为主要法律武器,针对香港公职人员发起了令世人瞩目的廉政风暴,从而逐步将香港打造成了世界上最廉洁的地区之一。

【对策建议】

一、强化对基层医疗机构“一把手”人事权和财务权的监督、制约工作

针对基层医疗机构级别低、结构简单、“一把手”权力容易被放大的特点,可以考虑采取如下对策:首先,进一步明确领导班子成员分工。

在具体分工上，可以探索实施“正职主管监督，副职具体负责”的工作机制，即由各个副职领导分别负责单位内的人事、财务等事项，并向正职领导报告情况，而正职领导不直接经手以上各事项，其主要责任在于对各副职领导的活动进行监督，以便能充分发挥单位内部各领导之间的监督、制约作用。其次，重大决策及重大财务支出必须由领导班子集体讨论决定。在讨论时，领导班子成员要各司其职、各负其责，就所讨论事项进行充分研究，正职领导应注意不要干扰正常的讨论活动，可以最后发言或不发言，以防止“一言堂”现象的产生。最后，进一步扩大监督的范围和视野，真正做到领导干部的权力行使到哪里、活动延伸到哪里，相关监督工作就跟踪到哪里。

二、规范基建合同管理，推行“第三人谈判和付款”制度

针对基层医疗单位“阴阳合同”屡禁不止、资金使用自由度较高的问题，可以有步骤、有计划地推行“第三人谈判和付款”制度。具体做法是：首先对于属于依靠财政拨款实施的基建项目，应当先由各基层单位根据需要编列各自的基建工程计划，就项目的必要性、可行性、成本等进行详细的说明，并报上级单位审批。上级单位在对各基层单位的基建计划进行审批之后（必要时可委托独立的评估机构对项目成本等进行独立审查），将各基建计划汇总并交由政府招标采购部门公开进行招标，然后由政府采购部门负责与中标单位进行具体的项目谈判并签订工程合同。在这个过程中，各基层单位均不可参加。其次，在施工阶段，各基层单位只可就施工质量、进度等发表意见，如果要修改施工内容、增减造价等则只能向招标部门反映，由对方负责与施工方进行谈判。再次，在款项支付方面，必须分期支付工程款项，且每次支付必须由该基层单位和上级委托的监管部门分别进行验收，两方均验收合格后，施工方才可向相应政府财政部门领取款项。不允许各基层单位直接经手工程款，也不允许上级单位直接将工程款拨付给基层单位了事。最后，将工程合同内容、进度、资金使用等情况进行公开，接受外部监督。

三、健全机制，保障单位内财会等人员能充分发挥监督作用

应注意保障单位内财会等人员的合法权利，确保其能正常发挥监督作用，进而保证整个单位财务工作的正常运转，建议从以下几个方面努力：一是可以从制度上规定，只可任命单位内的正式职工担任财务等工作，并将其姓名、联系方式等情况报上级备案；二是上级部门应定期与下级部门的财务等人员进行交流（交流时下级单位的领导不应在场），听取对方意见，并为对方保密；三是建立直通渠道，允许下级单位的财务等人员在必要时将本单位的异常情况、问题等跨级反映给上级部门；四是下级单位应将本单位的财务等人员的保障、惩处、岗位变动等情况报上级部门进行备案并说明理由，必要时上述人员可当面向上级部门说明情况。另外，还应针对上述人员建立责任倒查制度，一旦出现问题即追责到人，以便强化他们的责任意识。

四、整顿发票的使用和管理秩序

针对本案中所暴露出来的犯罪人频频利用假发票骗取公款的问题，有必要对现行的发票使用和管理秩序进行整顿。首先，应严格发票的生产和分配秩序。可以考虑对发票采取编号管理、防伪处理等措施，增大发票的伪造难度；相关单位领用发票时，必须依照规定按时按量由专人到指定地点领取；司法等部门可采取有效措施，切实打击各制售假发票的犯罪活动，消灭假票来源。其次，在发票的开具方面。必须强调各单位仅可为自己的业务活动开具发票，并保留开票时的相关记录（条件允许的，可在税务机关网站上进行记录），不可为他人代开。同时建立虚假开具、不实开具发票的责任追究制度。最后，在发票审查方面。必须安排专人进行审查，对于涉及金额大或关键项目的重要发票，可登陆税务机关网站对发票的真伪进行审查（如增值税票就可进行这方面的审查）。

履行职责不作为　渎职科长难逃罪

——北京市某区卫生局计划财务科原科长杨某玩忽职守案

【案情介绍】

杨某,男,1969 年 1 月出生,群众,北京市某区卫生局计划财务科原科长。

出纳自首把事供　科长渎职露端倪

2009 年 7 月 7 日,北京市公安局某分局一派出所门口,两位年过半百的老人领着一名面带焦虑的女子坚定地走了进去。该女子李某是某区卫生局计划财务科的出纳,她说:“我是来自首的,我近 5 年挪用了部门 190 多万块钱。”如此年轻的犯罪嫌疑人挪用了巨额资金,在派出所引起震动。由于属于职务犯罪,案件被移送到了检察机关。

反贪局工作人员迅速展开调查工作,当李某涉嫌挪用公款案件快尘埃落定时,反渎局侦查人员开始倒查责任。这时,一个叫杨某的人浮出水面,侦查人员发现这位平日时话很少的科长是案件得以发生的重要人物,正是他对财务管理的疏忽给李某提供了足够的犯罪空间,造成了李某连续挪用公款近 5 年未被发现,给国家造成 180 余万元的经济损失。

作为财务管理部门的负责人,杨某怎么也没想到自己会走到这一步。坐在看守所冰冷的凳子上,他觉得自己得安静下来梳理一下工作上的事情。

财务惯例不合规　“硕鼠”挪财无人管

财务管理的开展依托于财务工具,杨某以这些财务工具为思路,管理工作的点点滴滴就这么浮现在眼前。他首先想到的是财务专用章、个人印章等银行预留印鉴和支出审批表,这些东西都是李某作案的重要载体,也是“刺伤”杨某的“武器”。

2004 年,计划财务科的老科长退休,杨某作为财务人员成为主持工作的中层领导,履行科长职责,而那一年,李某作为新招录的出纳来单位报到。在杨某的眼中,这个年轻的小姑娘不勤快,经常迟到,但也能完成工作任务。当会计与她交接工作时,杨某同意把财务章和法人章交给李某保管。在当时看来,这件事再正常不过了,之前的老科长一直都是这么做,也没有出过什么事,杨某想“那就沿用吧”。没想到,正是这个不经意的决定,为自己的职业生涯埋下了“定时炸弹”。

支票、财务专用章、个人章都集合到李某一人手中,再加上请款审批流程不规范,李某发现了“生财之道”——不用经过审批程序就可以从单位账户提取大量现金,而且因领导监督不力使得她的行为也不易被发现。

李某开始执行她的“疯狂计划”,而且一执行就是近 5 年的时间,190 余万元就这么轻而易举地被她从单位的账上“搬入”自己腰包里。在“懒猫”监管下的“老鼠世界”里,她变得为所欲为。

本应督促建账簿　只问不查无监督

其实李某对于挪用公款的后果是害怕的,她担心一旦领导开始检查,她的阴谋就会暴露,随着时间的推移,她发现她的担心是多余的。

李某应该每个月与开户银行对账,如发现两边账单不平衡应该制作银行余额调节表。对于这两步工作,李某都用自己的方式予以回避。对于银行每个月寄来的对账单,她要么草草看一下,要么直接连信封都不打开。而作为财务科长的杨某本应该检查银行账和对账单余额是否相符,但在实际工作中,他却只是口头问过几次,并没有具体检查。单位的银行余额调节表是对财务状况进行监管的重要依据,李某刚任出纳的时候,杨某让其制作过该表,但对于从未受过财务培训的李某而言,这个任务是不可能完成的,因为她不知道这个调节表的功能是什么,需要怎么制作,也不知道哪个环节需要用到这个表格,但她还是口头答应了:“我会认真制作的。”实际上,直到案发的那一天,李某也没有制作好,更没有向领导汇报过此事。杨某怠于履行监管职责的行为无疑助长了李某的惰性。

对账单和调节表没有发挥作用,就在一定程度上隔断了部门与银行的联系,提现不入账的问题被掩盖,李某的犯罪行为在监督缺失的环境中变得更加隐蔽。

会计出纳无制约 无人负责不对账

会计与出纳若保持监督关系,财务规范运转就有了重要保障,但杨某并没有去督促和维系会计出纳的制约关系。

2004年2月17日至2009年7月6日,卫生局现金应结存额与实际结存额相差190余万元。李某曾供述:"我基本上每天都从单位拿钱,偶尔也隔几天拿一次",作案近5年时间她挪用公款次数无法统计。若会计按规定细致、全面对账,李某应该就不敢也没有机会挪用公款。

杨某承认:"会计和出纳应该每个月对账,但我只是口头询问,没有具体检查,监督不到位,如果监督到位也不会发生李某的事情。会计制作年终会计报表应该和出纳核对现金日记账和库存现金、银行存款日记账和银行对账单、余额调节表的数额,但会计制作的报表数据与银行对账单的余额数据不相符,是因为没有按规定对账,会计只审核李某给的凭证,核对总账和明细账,不核对银行账和银行对账单、现金账和库存现金,这样的对账肯定起不到监督作用,如果核对了应该能发现李某提现不上账的问题,我作为科长没有尽到对会计的监督检查职责。对于李某造成的损失,我作为科长负有监督不到位、疏于管理的责任。"

世上绝无后悔药 糊涂科长空叹息

杨某想:如果没出事,那2009年就是他在财务岗位上的第21个年头了,他可以很骄傲地告诉他最亲的人,财务岗位是他的舞台,在这里,有他的梦想,有他的追求。但一切都太晚了,杨某或许曾是一名合格的会计,但他却不是一名合格的财务管理者。

2010年5月27日,法院以玩忽职守罪判处杨某拘役六个月,缓刑六个月。被停职的杨某不知能否在财务领域重新站起来,但这次"事故"至少会在他的心里留下一辈子都无法抹去的"烙印"。

【案例评析】

一、麻痹大意,轻信不会出现问题是案发的主观原因

通过调查发现,杨某接手财务工作后责任意识并没有增强。在财务人员发生变化、不了解人员思想状况的情况下,杨某轻信不会出现问题,对所管理的会计和出纳履职情况及相互监督问题也没有重视。同

时，杨某对票章统管问题未予以调整、对支票申请单不找其签字而直接领取的情况“睁一只眼闭一只眼”。杨某对财务管理不上心、不监督、不检查体现出来的工作态度不严厉、随意性强是导致案件发生的主观原因。

二、对原有财务制度盲目沿袭，制度不完备、不统一

制定科学合理的制度，可以帮助促进财务管理规范运行。但在本案中，杨某对制度建设未投入足够的精力，主要体现在三个方面：一是对于过去的错误制度未予以纠正而是盲目沿袭。本案中票章管理是从上一任老科长那“继承”来的，杨某感觉到了其中可能存在风险却未予以调整。二是直至发案，一些重要的财务管理规章没有出台，相应的管理缺乏依据。虽然杨某修改了财务工作制度，但不够全面、具体，缺少财务管理责任追究制度，也没有规范财务收支审批程序，没有建立稽核制度，财务负责人、会计以及出纳员的岗位职责不够具体、明确，缺乏相应的监督内容等。三是财务管理制度内容不统一而未引起重视，如计划财务科的相关工作制度中《内部牵制制度》规定银行存款调节表由会计编制，出纳不负责此项工作，而《出纳岗位十六要》规定出纳要编制调节表，制定调节表的主体不明确成为李某拖延时间不制作调节表的“借口”。

三、财务内控管理存偏差，外部审计覆盖不全面

内部和外部监督可以保证财务管理问题得到及时纠正，但本案中，单位和外部财务监管部门对于计划财务科的控制和监督是不到位的。一是科室没有设置内部审计岗位，卫生局制定的《计划财务科内部审计人员岗位责任制》是为加强对下属单位的监督管理设立的。二是2007年单位开始聘请会计师事务所对下属单位财务收支情况进行审计并有正规的考核标准，但没有针对计划财务科的考核。同时外部财务监督机构每年对行政拨款使用情况进行的检查，也偏向于对专项资金的跟踪核查。

四、对财务隐患与风险苗头未予以重视，未及时整改

2006年，会计在帮助李某勾账时发现账目与银行账不符，银行账少记了很多现金支票，遂向杨某汇报。而杨某只是让李某把票补齐了，事后并没有对整改情况进行复查，对问题的处理只限于口头方式，导致问题长期存在而得不到实质性地纠正。同时，出纳的账出了问题后，杨某在风险苗头还存在的情况下，让会计按照出纳的票据记账，从而把问题“隐形化”，未对违规情况进行督促整改，而是直接编制错误报告。对于存在的情况和不能处理的问题，杨某也从未向上级领导汇报。

五、主管领导对于下属部门领导和业务指导不足

杨某坦言“我以前上班一直是从事基础工作的，自2004年、2005年领导委派我主管财务工作，我工作经验不足。”对此，主管领导未予以足够关注，未在这种情况下给予计划财务科更多的指导和检查，也未组织系统全面的财务培训。李某强调：“我在单位时墙上没有挂过财务工作的相关规章制度。局里也没有人给我培训过，我以前不懂财务，到科室后和会计交接工作，平时不懂就只能问他。”

【警钟长鸣】

渎职犯罪的风险需谨记

杨某刚开始对于自己的犯罪感到委屈，觉得没有拿公家一分钱却构成了犯罪，但后来他认识到自己的犯罪行为，而且为玩忽职守行为感到后悔，觉得对不起组织对他的信任。他说：“对于李某挪用公款给公家造成的重大损失，我感到痛心。因为自己的严重不负责任疏于管理和检查，给李某挪用公款创造了便利条件，对此也感到很愧疚。”

一般来说，国家机关工作人员对渎职犯罪比较陌生。“渎”有“轻慢、不敬”的意思，而渎职是指“负有某种法定或约定职责的人员未能尽到职责，或在执行职责时犯了严重过失”。

正如《人民日报》一篇评论员文章指出：“渎职不是揣腰包的贪污，渎职之危害猛于贪污。”本案中，杨某的玩忽职守行为只是给单位造成了财产损失，但如果换作医药卫生领域的其他环节，如在药品质量监管过程中，若不正确履行职责，就可能导致假药劣药流入市场，给人民群众的生命健康带来极大的威胁。如国家食品药品监督管理总局原局长郑筱萸受贿、玩忽职守案，郑筱萸本应肩负13亿中国人用药安全的责任，但他把职权当成“寻租工具”，擅自同意降低药品审批标准，滥发药品文号，致使不应换发文号或应予撤销批准文号的药品获得文号，其中6种药品为假药。郑筱萸对药品安全管理工作严重不负责任，置百姓用药安全于不顾，造成药品监管严重失序，最终受到法律的严惩。

渎职之风险需谨记，这既是对国家财产的守护，也是对百姓利益的维护,更是对自身的保护。

【法律解读】

一、玩忽职守罪应如何认定?

依据《刑法》第397条,玩忽职守是指国家机关工作人员严重不负责任,不履行或者不认真履行职责,致使公共财产、国家和人民利益遭受重大损失的行为。

要构成玩忽职守罪,需满足以下条件:

1. 犯罪主体为国家机关工作人员。本案中,虽然2008年7月之前杨某未列入卫生局正式编制,但在卫生局计划财务科履行副科长、科长职责,代表卫生局行使职权,根据最高人民检察院《关于渎职侵权犯罪案件立案标准的规定》附则第(三)项关于"虽未列入国家机关人员编制但在国家机关中从事公务的人员,在代表国家机关行使职权时,视为国家机关工作人员"的规定,杨某符合国家机关工作人员身份。

2. 主观上是一般是过失。即行为人应当预见玩忽职守的行为会致使公共财产、国家和人民的利益遭受重大损失,因为疏忽大意而没有预见,或者已经预见而轻信能够避免。本案中,杨某对于应该进行实际检查的工作,仅通过口头询问方式进行监督,轻信不会出现问题,存在监督不到位情况,具有主观上的过失。

3. 客观方面表现为在工作中严重不负责任,不履行或者不认真履行职责。本案中杨某没有履行法定的职责,未按法定的职责行事,履行职责不尽心、不得力、不认真。

玩忽职守罪的成立须"致使公共财产、国家和人民利益遭受重大损失",没有这一后果要件不能构成玩忽职守罪。根据2012年12月7日最高人民法院、最高人民检察院《关于办理渎职刑事案件适用法律若干问题的解释(一)》第1条规定,国家机关工作人员滥用职权或玩忽职守,具有下列情节之一的,应当认定为刑法第397条规定的"致使公共财产、国家和人民利益遭到重大损失":(一)造成死亡1人以上,或者重伤3人以上,或者轻伤9人以上,或者重伤2人、轻伤3人以上,或者重伤1人、轻伤6人以上的;(二)造成经济损失30万元以上的;(三)造成恶劣社会影响的;(四)其他致使公共财产、国家和人民利益遭到重大损失的情形。本案中,杨某不正确履行职责,致使李某挪用公款达190余万元的行为持续近5年未被发现,其涉案金额为挪用资金减去已经挽回的损失,共计180余万元,杨某的玩忽职守行为致使公共财产遭受了重大损失。

如果再衡量一下因果关系可以发现:李某挪用公款的行为长时间内未被发现,最主要的原因是李某保管支付款项所需的支票和所有印章以及科长长期未按规定核对账目,杨某不正确和不认真履行职责的行为与李某挪用公款造成损失之间构成刑法上的因果关系。

因此,杨某的行为构成玩忽职守罪。

二、玩忽职守罪与普通工作失误有什么区别?

普通工作失误往往也会给国家和人民的利益造成重大损失,在这一点上与玩忽职守罪有相同之处。那玩忽职守罪与普通工作失误又有什么区别呢?

1. 客观行为特征不同。工作失误,行为人是认真履行职责义务。而玩忽职守罪则表现为行为人不履行或不正确履行自己的职责义务。

2. 导致发生危害结果的原因不同。工作失误是由于制度不完善、管理上存在弊端以及个人文化水平不高、业务素质较差、缺乏工作经验等,导致计划不周、措施不当、方法不对,在积极工作中发生错误。而玩忽职守罪是违反工作纪律和规章,对工作极端不负责任等行为造成国家和人民利益遭受重大损失。

【对策建议】

一、单位完善财务管理制度,财务负责人履职前需先对制度进行梳理并及时提出整改建议

一是单位需整理现行的财务管理制度,对存在矛盾的规定进行研究,选择适合工作开展的调整方式,对陈旧的制度进行更新。二是对本单位还没有建立的财务管理制度,需结合上级和国家对财务管理的要求,综合财务管理部门的具体情况予以完善,特别需建立能维护财务监督制约机制的制度,明确会计、出纳和财务负责人的职责,制定责任追究条款。三是财务负责人需对制度和工作规定进行梳理,形成部门具体工作规定,并针对缺失和需整改的制度向单位及时提出意见。四是财务负责人对于成熟的管理制度,需组织集体学习,避免因对制度不了解、不熟悉导致业务运转不顺畅。

二、细化审计、扩大财务监督的覆盖面

一是要设置财务科室内部审计稽查岗位，履行必要的审查程序，并进一步强化审计责任。二是完善审计内容，应包括财务负责人的资质和履职情况、财务制度的执行情况等。三是扩大审计监督的范围，特别是对案件暴露的审计不到位的管理环节重点予以关注和检查。四是要注重审计结果，及时对问题进行整改。当发现财务管理隐患时，查找问题产生的原因和可能出现的风险，进行全面整改并形成书面报告向审计部门备案，领导需定期或不定期对问题进行重新检查，确保控制风险的效果。

三、建立财务岗位责任制，对渎职行为"零容忍"

财务岗位责任制度的建立包括以下方面：一是把好责任考核关。特别是对主管领导和中层领导，他们在一个单位起着承上启下的作用，应以工作实绩为主要依据对他们进行综合客观考评。二是把好培训关与能力提升关。责任源于专业，需加强对岗位人员能力的培养。三是对财务岗位渎职行为"零容忍"。当发现财务人员不作为、消极怠慢时，主管领导应及时予以纠正，同时畅通举报与情况反映渠道，加强外部监督。

四、以案释法，加深对"渎职犯罪"的认识和理解

鉴于许多国家工作人员对渎职犯罪认识不深的情况，单位需结合发生的案件，通过讲授廉政法制课、旁听庭审、参观看守所等多种形式深化工作人员对渎职犯罪的认识和理解，编印关于渎职犯罪预防与警示的小册子，扩大宣传广度和力度，使工作人员加深对渎职犯罪危害的认识，形成正确履行职责、远离渎职犯罪的自觉性。同时，发案单位可以通过与检察机关建立廉洁共建机制，在单位内部形成人人学法、人人懂法的良好氛围。

违规退费为亲友　住院处里挖蛀虫

——北京市怀柔区某医院住院处原结算员王某、外科原主治医师孙某贪污案

【案情介绍】

王某，女，1962年11月出生，群众，北京市怀柔区某医院住院处原结算员。

孙某，男，1980年7月出生，群众，北京市怀柔区某医院外科原主治医师。

发现漏洞待时机　暗中编织人脉网

2008年，刚刚当上住院处结算员的王某，发现了怀柔区某医院（以下简称某医院）住院处内，有人把自己亲戚朋友住院治疗费用"违规平账、退费"了。所谓违规平账，就是违反医院的正常医疗退费规定，将患者在住院期间的医疗费用全部作清零处理，患者不需要交任何医疗费用；违规退费，就是指违反医院正常的医疗退费规定，将患者在医院住院期间的部分医疗费用作清零处理，患者只需交纳部分住院医疗费用。

王某想到，亲戚朋友都知道自己在医院工作，如今住院看病这么贵，如果能帮着他们减免住院医疗费用，应该很有面子，而且别人这么做都没有出事，自己也不会出事的。有了这种想法后，王某开始寻找"合作伙伴"，因为要想违规把患者的住院医疗费用作退费或平账处理，只有病房护士有退费权限，护士在电脑系统中点击退费处理后，住院处的王某才可以做退费确认。因此，她便留心观察经常到住院处办理正常退费的护士、医生，找那些为人随和、好说话的，主动与她们套近乎，悄悄为自己编织违规退费的"人脉网"。

外科医生孙某有时到住院处为自己的患者办理住院手续，有几次

是王某帮忙办的，这样一来二往，王某就与孙某熟识。王某盘算着，虽然孙某是主治医师，没有护士退费的操作权限，但是孙某为人随和，与科室内的护士们关系处得很不错，让他以护士的名义进入住院处系统操作退费应该轻而易举。这样，王某便将孙某医师及其科室的护士作为自己的潜在“合作伙伴”悉心“培养”，私下没事儿便请他们吃饭聊天，联络感情，并有意无意地与孙某他们聊起关于医院内部存在违规退费、平账的话题。王某发现，孙某他们也对医院平账退费的漏洞早已知悉，并且都在盘算着钻点漏洞，于是几人相互“约定”，如果有亲友在本院住院治疗，就互相帮忙，将医疗费用作退费或平账处理。

医生配合结算员　平账退费在夜间

2009 年 7 月，王某第一次找到孙某办理退费时，孙某还不会操作，还是由一名护士站的护士教会的。先是由王某把要退费的患者姓名点击到外科电脑系统中，孙某用护士的退费权限在外科电脑系统中作退费处理，再由王某进行退费确认。由于操作简单，孙某一学就会。此后，不论是王某的还是孙某的，只要是他们的亲戚朋友住在该院，他们都会互相帮忙“联手”操作退费平账。因白天操作退费容易被其他人发现，王某和孙某总是提前约好，选择王某值夜班的时候进行操作，每次孙某都是有求必应、积极配合。一次，正值孙某在朝阳医院进修，王某打过电话要求帮忙退费，孙某毫不犹豫立即答应，当晚便从市里回到位于郊区的单位，直接在护士站的电脑上配合王某完成了退费操作。

就这样，在 2009 年 7 月至 2004 年 4 月间，孙某与王某合伙对 5 人的住院医疗费用做了违规平账处理，共计 12 万余元；对 7 人的住院医疗费用做了违规退费处理，共计 4 万余元。

挂账系统巧利用　免费药品拿到手

王某除了与孙某在夜间违规操作外，自己还在白天“大胆”违规操作。如遇有其亲属或朋友到自己的医院住院时，王某一是在为他们优先办理入院手续时，先是免交住院押金，并在医院挂账系统内作挂账处理；二是找到他们的主治医师提前打好招呼，意思是给予照顾，把已经计费登记的辅助治疗费用按退费处理；三是为避嫌疑，王某在住院处其他人不注意之机，借用别人电脑或是值班用的公用电脑来进行违规操作退费。这样，在白天发生看似正常的退费实际上都是违规操作。另外，王某不仅可以把外科住院患者的医疗费用做违规处理，同样还能轻而易举地违规处理其他科室住院患者的医疗费用,按其事后所讲:“只要是在住院处电脑系统中,我把该人的医疗费用数据退到外科护士站,孙某就能以护士权限进入挂账系统进行退费权限处理了。”就在其手指轻点鼠标键盘之时,医院几十万的医疗款就悄无声息的流失了。

王某的贪欲还不止于此,身为该医院的老职工,王某非常熟悉患者出院带药缴费的工作流程,可以通过出院带药的方式,分文不花地把药品带回家。在2008年11月至2011年4月间,王某分别与孙某等医护人员密切合作,将其亲属、朋友等人的住院医疗费共计人民币34万余元作了退费处理,使医院遭受重大经济损失。据其自己说,其中有8万多元是违规带药的钱。

2012年7月,北京市怀柔区人民检察院在查办该医院他人涉嫌贪污一案时,发现多名医生、护士、收费员通过违规退费,涉嫌贪污公款的犯罪事实。王某、孙某在医院纪委找其谈话时,陆续向检察机关投案自首。2012年10月,北京市怀柔区人民法院以贪污罪分别判处王某有期徒刑五年、判处孙某有期徒刑四年。

【案例评析】

一、医院未严格执行住院退费审批签字、退费单据留存备查等规定,执行制度不力

根据该医院制定的医疗退费管理规定,住院患者发生退费时,应由病房填写退费通知单,注明原因,打印退费项目,经病房科主任或护士长签字确认,涉及其他科室的费用还需有该科室经办人签字。因护士计算机操作错误需办理退费手续的,由科主任或护士长及操作人员签字。住院处办理退费手续人员要将当天的退费申请及退费单据核对后单独装订,妥善保管,以便备查。但在本案中,该医院并未认真执行上述规定,一是有些病房护士并不经病房科主任或护士长签字,只需事先跟住院处打声招呼,就直接将需要退费的住院患者退费清单在电脑系统内点击至住院处,住院处在没有收到退费申请、退费通知单的情况下,就做出退费确认,事后病房护士才将退费通知单补交到住院处。二是制度明文规定是先交通知单再确认退费,但在执行中却成了先退费再补交,补交就有可能存在不及时交、忘记交,不交的情况。孙某刚开始与王某共同操作违规退费时,还保留退费通知单,但后来见住院处不

要了,孙某就把那些退费通知单给扔掉了。正是由于医院不严格执行退费审批、签字、单据保管等制度,才给王某、孙某等人实施犯罪以可乘之机,给该医院造成了巨大损失。

二、对住院处夜间退费超量异常现象监控不力,出现退费漏洞

根据医院规定,住院退费只能在 8 点至 17 点 30 分进行,根本不允许晚上退费,只有在极特殊的情况下,比如有患者在夜间办理转院治疗、发生死亡等,并经过医院总值班的领导同意后,才可以在晚上操作住院退费。王某、孙某二人在长达一年多的时间里,在夜间多次违规操作退费,甚至有时在晚上 12 点还连续多次为同一患者办理大额退费,而院方始终没有丝毫察觉,这也说明医院对夜间退费问题没有任何监控措施,导致违规退费行为长时间、连续发生涉案退费数额巨大,且形成了窝串案。

三、护士站、住院处内部职责管理混乱,导致机制管理不能发挥作用

一是孙某在与王某合作退费中,都是用了外科护士的退费权限。按规定只有护士才能行使退费权,孙某不仅可以随意使用护士权限退费,而且其最初操作退费还是护士站的护士手把手教的,孙某违规退费并不避讳护士站的护士,而护士们也对孙某在护士站内的这一行为听之任之,客观上纵容了犯罪。二是王某在住院处违规退费,为了掩人耳目,除了使用自己的电脑,她还趁其他结算员、值班员不在之机,使用别人的电脑操作违规退费,这也说明在住院处内部,对电脑系统使用权限责任意识不强,管理不到位,给别有用心的人以可乘之机。

四、对出院带药管理不到位,造成院方巨额损失

王某除了帮助自己和孙某的亲友违规减免住院费以外,还到医院门诊急诊开药,并把药费记在住院患者名下,通过操作违规退费,自己"不花钱白拿药"。本案中孙某的朋友因受点外伤,孙某帮着她办理了住院手续,但实际上朋友连一天也没住,孙某后来发现王某给她办理退费金额竟高达 9800 余元,实际上,王某先是"出院带药"、再"违规退费",继而成功"白拿药"。事后王某说,其私自在住院患者名下记账拿药,药品金额应该达到 11 万余元。医院门诊并未核实王某的身份,就将其所开药品记在住院患者名下,医院对出院带药这一情况并未进行有效管理,最终造成医院巨额损失。

【警钟长鸣】

制度执行不容忽视　执行制度不打折扣

某医院存在违规退费、违规平账的现象已持续很长时间，王某、孙某等人采用违规退费、平账的方式，给该医院造成了巨大的经济损失，暴露出该医院在住院医疗费用管理上、在执行相关制度上，存在着突出问题。

如何提高制度执行效果，对于提高管理的科学化、规范化，促进医院科学发展，具有重要的现实意义。制度是为了规范某种行为而做出的规范性要求。如果执行总是打折扣，再健全再完善的制度也只是墙上画虎，成为摆设。因此，必须针对影响制度执行的“软肋”，坚持采取有效措施，切实提高制度的执行力，狠抓制度的落实。一些问题和矛盾的产生，与制度执行不得力、监督不严格、落实不到位有着直接的关系，这不仅在无形中架空了制度，也对制度制定者的形象和公信力造成了损害。

制度只有执行才有生命力。与制度设计相比，制度落实这条腿迈出的步子更需坚实。可以想象，如若在制度的执行过程中不坚守、不到位，各种“前腐后继”怪象难以根绝。

【法律解读】

普通的医生、结算员违规退费为何构成贪污罪？

本案中，王某是普通的结算员，孙某是主治医师，为何两人串通违规退费会构成贪污罪？

根据我国《刑法》第382条规定，国家工作人员利用职务上的便利，侵吞、窃取、骗取或者以其他手段非法占有公共财物的，是贪污罪。受国家机关、国有公司、企业、事业单位、人民团体委托管理、经营国有财产的人员，利用职务上的便利，侵吞、窃取、骗取或者以其他手段非法占有国有财务的，以贪污论。与前两款所列人员勾结，伙同贪污的，以共犯论处。

本案中，该医院为政府办的非营利性全民所有制综合医院，属于北京市事业单位，孙某、王某是该医院聘用的医生、结算员，具有国家工作人员身份，符合贪污罪的犯罪主体要求。客观方面具有利用职务范围内的权力和地位形成的便利条件，王某、孙某等人以违规平账退费的方法非法占有公共财物，造成该医院财产即国有财产损失的行为。在主观方面，具有非法占有公共财物的目的，以让自己亲朋好友少交费用为犯罪动机，致医院药房亏损几十万元，给医院造成巨大损失。他们的行为侵害了国家工作人员职务行为的廉洁性和公共财产所有权，所以王某、孙某等人违规办理住院退费的行为符合贪污罪的犯罪构成要件，且具有共同贪污的故意，二人共同实施的行为与危害结果之间存在因果关系，所以构成共同贪污犯罪。

【对策建议】

一、要加强退费审核与相关单据的管理，防止和堵塞各环节漏洞

一是严格退费的签字审核，包括主治医生签字同意、退费管理专设部门签字审核，相关检查、手术部门和药房盖章，审核注明金额，退费时必须由患者或其家属签字确认。二是对相关退费票据的备案情况实行定期复查制度，严格住院预交金制度。三是建立健全财务电子信息化管理制度，重新分配护士、结算员等电脑操作权限，个人口令密码应严格保密，防止遗失或被他人盗用。

二、要建立夜间等特殊时间段退费预警机制，提高监测和发现违规行为的能力

退费预警实际上就是一种财务预警，利用科学核定的退费指标度量医疗退费总体状况偏离预警线的强弱程度，并以此为依据发出财务警戒信号。一是建立医院内部信息沟通机制，便于及时收集、掌握相关情况，做出快速反应。二是定期对退费预警进行深入分析，及时调整指标参数，使预警机制逐步完善。

三、要严格执行岗位职责管理，强化内部监督制约

在加强对护士站的管理方面。一是要明确护士站各岗位职责，特别是护士站的病历、记录、表册、电脑设备等，除本科室人员外，未经许可不得翻阅或借用。二是护理人员要按照收费标准开具缴费单据，不得擅自增减，及时处理出院、转出患者数据，准确及时执行医嘱。在加强住院处管理方面。一要对住院处内部主管、财会人员、复核员实行定岗定责。二要加强信息化管理，做到专机专用，严格个人工作秘密的保管。三要在办理入院环节执行预交金制度，急症病人可根据医生诊断随后补办手续和交纳预交金。

四、不断加强出院带药、医疗资金流动的管理，有效发挥医药卫生单位财务管理制度作用

出院带药，主要是指患者住院期间已计费，出院时仍未使用或未用完的药物，包括患者住院过程中要求医生所开的超出规定剂量的贮备药物。出院带药在方便患者的同时，院方也要加强管理，严格执行用药目录与用药范围规定，确定出院病人带药金额幅度，特殊情况协商解决。对长期存在挂账处理的住院患者，要定期复查核查，防止发生违规违法行为。

第六章　工程建设环节

【导读】

集财力、物力、人力于一体，医药卫生领域的工程建设环节历来是职务犯罪易发多发高发的重灾区。特别是近年来随着经济建设和社会发展步伐的加快，医药卫生领域在大量基本建设项目不断上马的同时，社会上的一些不正之风、腐败现象在工程建设环节滋长蔓延之势也明显增强，贪污、受贿、玩忽职守等职务犯罪案件屡有发生，出现了“工程建设上马、干部中箭落马”等现象。本章选取了涉及医药卫生领域工程建设环节的五个典型职务犯罪案例进行深入剖析，包括：某专科医院拆迁办公室原办事员许某贪污案，北京某医院基建处原处长吴某、基建处原管理员于某受贿案，北京市某区卫生局原局长王某、某区医院妇产科原主任杨某受贿案，某建筑公司医院原副院长林某受贿案，某医学研究所麻醉科原主任马某受贿案。上述案例从不同角度反映了医药卫生领域工程建设环节存在的漏洞。针对相关问题，本章提出了相应的职务犯罪预防对策建议，以期从源头上减少和遏制腐败的再次发生。

截留售房差价款　小吏巨贪判无期

——某专科医院拆迁办公室原办事员许某贪污案

【案情介绍】

许某，男，1972年11月出生，群众，某专科医院拆迁办公室原办事员。

拆迁群众挖大案　贪污事实浮水面

在某专科医院（以下简称医院）扩建工程中，医院与拆迁户之间发生过很多不愉快的事。由于对拆迁补偿条件不满，部分拆迁户自2008年开始不断上访甚至发生过激行为。不过也正是这群像“啄木鸟”一样的上访户，却为医院啄出了一条大“蛀虫”——许某。

2012年春节前，检察院收到一封联名举报信，反映医院拆迁办公室相关人员在扩建拆迁工作中存在腐败问题。反贪局干警随即开展了调查工作，小人物许某巨额贪污案由此浮出水面。

时间回溯到2007年，时值医院扩建拆迁，许某在拆迁办公室担任办事员。2008年4月，医院整栋购买某小区6号院1号楼，共60套单元房，作为拆迁周转房用于安置强拆户，但实际上只安置了1户强拆户，用了2套房屋。2009年，医院为收回当初购买该楼的成本，决定将剩余的58套房屋出售，并专门成立了周转房处置工作组。经工作组商议并报医院院办公会讨论决定，房屋按照每平方米7680元的价格向市场出售，同时指派有过物业工作经验的许某作为销售房屋的实际经办人，负责联系中介公司、收回房款、办理房屋过户、缴纳各种税费等。

一名普通办事员需要为单位卖掉58套房屋，面对这项涉及金额达几千万元的任务，许某将何去何从？

房产中介闻讯来　心照不宣赚大钱

正当许某思索着通过什么途径卖掉房屋时，他认识了张某。看似通过朋友介绍偶然相识，但张某实际上是有备而来。她知晓医院对外售房的价格为每平方米7680元，主动接触许某的目的是想代理医院销售房屋，许某表示可以考虑。感觉合作有望，她立即在密云专门注册成立了一家房地产经纪公司并紧锣密鼓筹备代理事宜。

通过对周边房产市场的了解，许某发现市场价格远远高于每平方米7680元，而售房之事实际上由他一人承办，如果高价卖出，应该会"神不知鬼不觉"，差价可以直接收入自己囊中。想到"差价"，许某突然难以抑制内心的激动。或许正是从这时开始，他开始逐渐蜕化成一只贪婪的"蛀虫"。

未对张某公司的二手房交易资质进行认真核查的许某与张某达成了合作意向，他俩约定张某以每平方米1.2万元左右的市场价格销售房屋，所得售房款按照每平方米7680元汇到医院账户上。同时，根据楼层不同，将每平方米高于7680元，低于1万元或1.15万元的差价部分，由张某直接以现金形式交给许某本人，而张某公司则从中收取医院20万元的佣金。

2010年1月18日，张某收到了其卖出的第一套房的房款，除去交给医院的，张某将27万余元现金用纸袋装着在许某的办公室拿给了他。一下子看到那么多现金，许某虽然有些心慌，但他感受到更多的还是惊喜。"一套房子就能捞到20多万的差价款，那58套……"初尝甜头的他盘算着，心里虽隐约有些担忧，但是这种担忧也只是一闪而过，他并没有抵制住对金钱的渴望。

2010年3月22日，一个大号的纸箱子放在了许某面前——300多万元现金，14套房屋的差价款。因为有了第一次的欣喜，这一次看到那么多钱，许某反而显得有些平静，尽管钱的数目多了很多，但他内心并没有那么大的波澜，似乎有种轻车熟路的感觉。由于张某公司不具备销售二手房的相关资质，无法办理过户手续，在卖了15套房屋后，张某和许某的合作画上了句号。

新建联盟狂敛财　贪得巨款购房产

与张某合同的终止并没有影响售房进展。许某经过朋友田某介绍，又找到了做房产中介的业务员任某。

这次许某调整了与中介合作的模式，他与田某、任某三人建立了一个铁三角的关系同盟。由任某按照市场价格销售房屋，房子出售之后，同样是按照每平方米7680元的价格转账给医院，但是实际售价与该价格之间的差额不直接给许某，许某也不另外支付给任某佣金，而是自己收一半，另外一半由田某和任某平分。

不久，精明的许某发现田某作为中间人，其实发挥不了太大的作用，于是开始“过河拆桥”，他让任某直接和自己联系。田某退出后，许某跟任某建立了新的利润分配方案，许某将房价定为每平方米1.1万元，任某可以在1.1万元以上加价销售，超过1.1万元以上的部分为任某及其公司的利润，7680元至1.1万元之间的差价为许某的“收益”。许某不再向任某支付佣金，这样二人达成了“双赢”。

一来二去，许某和任某愈发熟络了。除了售房的关系，许某也开始为售房差价谋求出路，任某无疑成为他最好的代理人。2010年开始，许某借亲戚朋友之名让任某用差价款购买3处房产。

在房屋全部销售完毕之后，任某给了许某一张以任某名义办理的银行卡，卡里存有剩余的差价款110余万元，并把密码告诉了许某。“售房项目”按期结束，许某终于不用担心售房过程中会出现什么差错，但另外一种可能会遭受刑事处罚的担心正在其心头渐渐萌生。

一夜暴富根不实　身陷囹圄难自拔

庭审中，许某并没有多说话，面对妻子的怒火，他依旧选择沉默。他的妻子告诉审判长，许某全家依旧住在医院分配给许某的地下室，他们并没有挥霍这一大笔钱。但这改变不了贪污罪的定性，也改变不了许某的命运。

2012年11月30日，北京市第一中级人民法院以贪污罪判处许某无期徒刑，剥夺政治权利终身，并处没收个人全部财产。

【案例评析】

一、主体职级低但犯罪金额大、持续时间长、内外勾结是本案的突出特点

本案具有三个特点：一是“小吏巨贪”。许某作为拆迁办公室的办事员却贪污巨额资金，他用售房差价款购买房屋3套，共计金额511万元，收取现金差价545万元，合计贪污公款1056万余元。二是持续时

间长。许某2009年4月至2011年3月实施犯罪行为,持续时间近两年。由此可以反映出许某作案手法不高明但相对隐蔽,由于所有事项均由许某一人承办,医院工作组其他人员基本一无所知,客观上造成了贪污行为的隐蔽性。三是内外勾结共同贪污售房差价款。许某作为主要负责售房工作的办事员,与中介公司工作人员张某、任某等相互勾结,截留本单位应收售房差价款,并指示任某负责帮助其掩饰并转移犯罪所得,这是典型的内外勾结式的职务犯罪。

二、售房监督不到位,留给许某的裁量空间大

监管措施落实不到位是本案发生的一个重要原因。医院将卖房事项交一名处长负责,但实际经办人只有许某一人,处长对具体事项管得很少导致对许某缺少必要的监督。医院后期服务中心处长作为周转房处置工作组组长,应是该项工作的第一责任人,他在法庭上说:"许某全面负责销售房屋的所有工作,包括联系中介公司,收回房款,办理房屋过户,缴纳各种税费等。"把一个涉及3800余万元资金的项目全权交给一名普通办事人员处理,存在着极大的隐患,这为之后其顺利截留差价房款提供了极大的便利。

三、重大事项管理和合同签订把关不严为犯罪埋下隐患

一是对重大事项没有制定科学合理的管理规定。医院财务处副处长是工作组的组员,他从没听说过张某的房地产中介公司,这说明工作组其他成员对房屋销售几乎一无所知,更谈不上规范管理。二是对售房合同未进行审核,只关注收回买房的成本,而不关注卖房的规范性,许某与两个房产中介公司签订卖房代理合同均为事后补签,合同中也没有关于出售房屋价格的条款,其中张某的房地产中介公司不具备成交二手房的资质,对于这些方面医院未审核、未检查,这表明单位对于重要事项执行过程的监督不到位。三是对重大事项如更换合作单位等缺少集体讨论,医院院务会只原则性地决定出售房屋以收回购买成本作为目标,但对具体运作中的重大事项未重点部署,也未能通过其他方式加强管理。

四、医院用人管理不严谨、财务管理不规范为犯罪提供便利

本案中,许某1991年毕业后当过车工老师,之后做过客房服务、修理、物业等工作,2007年被调回医院拆迁办公室任办事员,到2008年就被委以为单位出售房屋的重任。缺少相应售房经验的许某不明确售楼项目的责任而是急于谋求自身利益,这反映出医院用人的不严谨。同时,售楼项目涉及资金大,也涉及诸多的财务管理问题,许某并没有相应的财务管理经验,医院也并没有委派相应的财务管理人员共同接手此项目,导致许某在面对国有资产增值时,首先想到的是如何将差价占为己有。

【警钟长鸣】

侥幸心理不可有　群众监督无死角

许某认为只要事情做得足够隐蔽就不会被发现,抱有极强的侥幸心理。他“伪装”自己,让自己看着和原来一样,但巨额公款已经悄悄成为他的“资产”。他让房产中介把售房差价用现金形式给他或用他人银行卡开户存房款避免银行转账留下痕迹;他用亲戚朋友的名义购买房产自己却仍然住在地下室;对于非法所得款项他也不敢用于挥霍。他坦言:“我知道这些钱都是我不该得的钱,所以我不敢花,想等这些事过去几年再用。”

许某本以为自己的行动“万无一失”,但他却忽视了群众监督的力量。在医院拆迁扩建过程中,部分对拆迁条件不满意的拆迁户对拆迁安置相关事项的监督是迫切的也是强烈的。许某忽视了他们,这种抱有侥幸心理的做法在群众监督、网络舆论监督发挥重要作用的今天变得越来越不可取。

习近平总书记在十八届中央纪委二次全会中强调“坚持‘老虎’、‘苍蝇’一起打”。打“苍蝇”为的是切实解决发生在群众身边的不正之风和腐败问题。许某的贪污行为正是发生在群众之中,与群众利益密切相关,引起了群众的普遍关注。若在群众之事上动歪脑筋,不仅损害单位和国家工作人员形象,也会动摇群众基础。在党纪国法和群众监督面前,以牺牲群众切身权益为代价满足自己私欲的腐败行为只能是“黄粱美梦”。

【法律解读】

许某庭审辩称“我认为自己的行为是市场行为,收钱只是受贿或返点”,但为何构成贪污犯罪?

首先,我们来界定贪污罪与受贿罪的区别。《刑法》第 382 条规定,国家工作人员利用职务上的便利，侵吞、窃取、骗取或者以其他手段非法占有公共财物的，是贪污罪。第385条规定，国家工作人员利用职务上的便利，索取他人财物的，或非法收受他人财物，为他人谋取利益的，是受贿罪。两者的区别主要体现在：

1. 犯罪对象不同。贪污罪的对象主要是公共财物。受贿罪的对象是公私财物，没有所有权的限制。本案中，医院限定售房价格为每平方米7680元，而许某却私自提高价格谋取差价予以非法占有，售房差价是否为公共财产归医院所有呢？由于许某所售房屋为全民所有制单位所有，其占有差额的行为实际上是对国有财产的一种侵占。

2. 犯罪手段不同。贪污罪是采取侵吞、窃取、骗取等手段，非法占有自己主管、经营、经手的公共财物。受贿罪是采取为他人谋取利益的手段，非法索取、收受他人财物。本案中，许某采用骗取手段，在医院谎称用每平方米7680元的价格卖房而实际上却是提高价格赢取差价，其行为是典型的贪污犯罪行为。

3. 利用职务之便的内容不同。贪污罪利用的是主管、经管、经手公共财物之便，非法占有公共财物。受贿罪利用的职务之便是利用职权或与职权有关的便利条件。本案中，许某利用的是其为拆迁周转房处置负责人，全面负责医院周转房的销售、产权登记委托、税费办理，配合中介公司进行销售的职务便利，属于"经手公共财物之便"。

综上所述，许某的行为不是受贿行为而是典型的贪污行为。

其次，贪污罪与"返点行为"又有什么不同呢？在市场经济发展中的返点通常是指在公开、诚信、平等合作、互利互惠的基本上，卖方出售商品后给代理商的按照一定比例费用或折扣的行为。返点作为一种商业行为目的是为了刺激销售，提高经销商或代理商的积极性。本案中，许某把房地产中介的性质定性为卖方，其自身算是发挥中介作用的"代理商"，但在实际案件中，许某并非中介代理商，而是主犯，是房产销售代理合同签订的主导者、利益分配的决定者。所以，其截留售房差价款的行为不能被认定为"返点"。

【对策建议】

一、制定重大事项管理办法、注重项目过程监督

一是单位需根据市场发展情况制定重大事项管理办法，研究事项

管理流程、事项讨论、备案、调整、汇报机制等，同时引入责任制，明确事项管理义务、权益、分工，避免事项无人管或管理不及时、不全面而导致出现管理漏洞，给项目经手者以可乘之机。二是重大事项立项后，需要对项目进行过程监督，做好跟踪与反馈工作，从而确保项目不会偏离初始的目标。三是做好重大事项完结后的评估工作，利用回访等方式，发现事项中存在的问题，及时予以解决，避免事态的扩展和产生不良的影响。如在许某案件中，如果建立高效的重大事项管理办法，将大大降低出售拆迁周转房的随意性，从而起到压缩犯罪空间的作用。

二、加强对风险岗位的管理，加大内外部监督制约的力度

根据单位的分工情况评估岗位的风险程度，对于风险等级高的，如涉及资金量大、与财务管理关系密切、专业性强监督容易不到位、与普通百姓民生问题有直接联系的岗位要着重监督，并制定切实可行的监督制约措施。一是需加强岗位制约，避免权力过于集中，避免一人决定事项的发展。二是加大检查力度，及时发现权力运行中的风险点。三是发挥审计等外部监督作用，在重点岗位人员上岗、离岗时进行审计，对负责项目进行核查，细化审计项目，扩大监督范围。四是建立举报渠道，发挥群众监督和舆论监督的功效。如在本案中，若许某销售房屋还有其他人参与，单位对成交房屋的价格进行核查，审计监督能更加细致，就可以有效地把权力关进“笼子”里。

三、建立资产处置财务跟进制度，避免国有资产流失

单位需提高财务管理制度对拆迁安置、周转房分配等资产处置事项的指导，建立资产处置财务跟进制度，避免出现国有资产的流失。一般而言，事业单位资产构成是动态的，需掌握资产结构、数量、质量和管理现状，建立一套完备的资产清查制度，并使制度进入执行规范化的轨道。具体来说，需完善事业单位固定资产核算，提高会计报告披露水平，建立固定资产清查盘点核算制度，特别是在处置固定资产时，应首先核算资产的价值增加或减少，及时制定科学的处理对策。

医院基建藏“硕鼠” 贪欲黑手终被捉

——北京某医院基建处原处长吴某、基建处原管理员于某受贿案

【案情介绍】

吴某，男，1955年7月出生，中共党员，北京某医院基建处原处长。

于某，男，1961年11月出生，群众，北京某医院基建处原管理员。

1987年，26岁的于某来到北京某医院基建处当管理员，并在那里认识了早他三年参加工作的吴某。从基建处工作人员到基建处房管科科长再到副处长，吴某在1999年被任命为了基建处处长。昔日的老同事变成了上下级的领导关系，在吴某负责单位基建工程全面管理工作的同时，于某则负责基建工程质量管理、与施工单位进行技术洽商、向施工方反馈医院各科室的施工要求等具体工作。有人说医院的基建部门是职务犯罪的“重灾区”，在这里倒下了一批又一批干部。吴某和于某或许也没有想到，若干年后的一项工程让他们也倒在了这个“重灾区”里。

为拿工程“巧铺垫” 处长默许“好办事”

2003年，某医院外科楼工程主体已经基本完工，需要采购相关内部使用设备，其中就包括教学广播系统的音频视频设备，于某担任采购事宜的具体负责人。项目招标在即，相关的供应商知道这个消息后，纷纷到某医院推销自己代理的产品，于某也因此接待了大大小小若干家供应商。

在众多供应商中，于某发现了北京市某科技有限公司（以下简称某公司）这一熟悉的名字。早在1997年，于某就经人介绍认识了某公司的经理王文（化名），6年中，俩人一直保持着联系。看到某医院教学广

播系统的项目招标公告后，王文第一时间联系了于某，表明该公司想要承接该项目。王文拿了许多他们公司曾经做过的项目的资料，还带着技术人员去某医院进行过技术交流，于某也到过某公司进行技术咨询。

招标前，王文曾多次来到于某的办公室，希望于某能帮助他们公司中标，而且允诺于某如果能中标，他会给于某及基建处的领导大约各10%的好处费。在基建处工作多年的于某明白，教学广播系统项目的合同标的额在几百万以上，10%的好处费将是一笔巨款。想想自己辛辛苦苦工作多年，所有的工资加起来都不如这10%的好处费多。就这样，于某彻底陷入了巨额好处费的诱惑中。

但是于某清楚地知道，这项工程交给谁做，还得他的老领导、也是多年的好朋友吴某点头同意。于是，2003年的一天，于某带着王文一起来到了吴某的办公室，相互寒暄后，王文详细介绍了他们公司的产品。

事后，于某私下里跟吴某说，如果能够让王文的公司中标，他会给一定的好处费。吴某听后表示，工程必须干好了，好处费的事情以后再说。吴某之所以没有明确答应于某而是采取了一种默许的态度，一方面是因为他对于某不放心，不清楚他和王文之间有什么约定；另一方面他以前不认识王文，不清楚他们公司的产品究竟怎么样，所以也就没有表态。

招标文件做文章 里应外合助中标

在整个招投标过程中，于某起到非常关键的作用，他一方面引荐王文与吴某认识，并向吴某转达王文的行贿意图；另一方面，于某利用职权"操纵"了整个招投标过程，最终使某公司顺利中标。

首先，于某按照某公司设备的技术参数制作了技术资料，并将技术资料交给招标代理公司，由招标代理公司按此制作招标文件，确保某公司的应标文件最符合标底的要求。其次，按规定于某应向招标代理公司提供3种以上的技术指标作为参考，但他只提供了某公司1种技术指标。这样标底的关键数据指标就和某公司提供的技术指标相同。最后，吴某和于某作为甲方的代表参与评标，他们的意见直接影响了最后的中标结果。

不出所料，某公司"顺利"中标，吴某代表某医院和该公司签订了合同，合同金额大概为400万元。

耐心潜伏寻时机 收受巨款陷牢狱

于某虽然只是基建处一名普通的管理员，但工作职权却非常广，包括项目规划、报批、组织招标、技术洽商、向施工方反馈施工要求、工程监督、检查、协调、验收等，几乎涵盖了工程项目的所有环节。于某平日工作十分谨慎，初识王文后并没有立即实施犯罪，而是经过6年的交往"铺垫"，彼此熟悉后，终于耐心等到教学培训广播系统采购这一"合作"时机。

某公司中标后，王文及时"兑现"了自己的"承诺"，他分别给了于某和吴某40万元和30万元好处费，于、吴二人也各自心安理得地收下了贿赂款。

2010年6月，检察机关在办理王文所在的某公司涉嫌单位行贿罪一案中发现了吴某、于某涉嫌犯罪，两人利用职务便利收受贿赂的事实真相也就此浮出水面。2010年，法院分别以受贿罪判处于某、吴某有期徒刑十三年和有期徒刑十一年。就这样，于某、吴某为自己对权力和金钱的崇拜付出了惨重的代价。

【案例评析】

一、于某利用职务之便影响招标文件制定，破坏了招投标程序的公平和公正

工程招投标环节的相关制度不健全或执行不到位，给个别职工与投标公司相互串通、谋取利益提供了可能。本案中，于某利用职务之便影响招标文件制定，破坏了招投标程序的公平和公正，具体表现在：一是提前泄露招标信息。发案单位的招投标流程虽是按照国家法律规定交由招标公司具体承办，但于某利用职务之便，提前向行贿方透露招标项目信息，使行贿方借此机会了解标底和赢得更多投标准备时间，变相获得竞争优势，严重地破坏了公平有序的市场竞争秩序。二是以产品技术参数做招标文件。于某利用制作招标文件的环节，在招标前同行贿方进行沟通，并指使招标代理公司按照行贿方的技术参数制作了招标文件，最终协助行贿方中标，违背了招投标制度的公开、公平、公正。

二、一人负责基建项目多个环节工作，权力缺乏制约，容易滋生腐败

本案中，于某虽仅为北京某医院基建处的基建管理员，但管理员的职责内容却十分广泛，包括环卫基建项目规划、报批、组织招标、与施工单位进行技术洽商、向施工方反馈医院各科室的施工要求、工程的监督、检查、协调验收等相关工作，其职责本身基本涵盖了基建工程项目的所有环节。同时,由于缺乏有效的监督制约机制,于某在行使管理员的职权中不受监督,从而滋生腐败。

三、对行贿行为采取默许态度,暴露出个人法制意识淡薄,拒腐防变能力弱

在本案中,作为于某的主管领导,吴某明知若让行贿单位中标可获得相应好处费的做法是违法的,但是他没有明确拒绝,对这件事情采取了一种默许纵容的态度,且自身作为评标成员对行贿公司中标的结果也没有提出反对意见。其供述时表示,“第一次收钱时自己也知道是不对的,但不知道已经触犯法律,不知道是犯罪行为。”可见其个人法制意识淡薄,缺乏对于基本法律法规的理解和认识,虽有抵制意识,却最终没能抵住金钱的诱惑,从而走上了犯罪道路。

【警钟长鸣】

跌入深渊方知痛　悔恨人生难倒回

从 1999 年起,吴某一直担任某医院基建处处长一职,随着与施工单位人员的交往越来越频繁,面临权钱交易的诱惑越来越多,位高权重的他也滋生了“捞一把”的想法,并因此陷入了职务犯罪的深渊中。

本案案发时,吴某的父亲已 90 高龄,并因癌症晚期正住院抢救,生命危在旦夕。吴某系家中独子,承担着照顾父亲的重要家庭责任。不仅如此,吴某本人也患有糖尿病、高血压等 7 种疾病。面对着自己逐渐老去的身体和不再健康的体魄,面对着生命垂危、奄奄一息的父亲,面临牢狱之灾的吴某,心中的悔恨应该比任何人都深刻。如果当初能够抵制金钱的诱惑,坚守法律的底线,对“好处费”坚决说“不”,自己还能再尽到一份儿子的孝心和责任,还能有大把的时间安详度过自己的晚年。只是时光不能倒流,岁月不能重来,吴某只能将所有的悔恨和痛苦带走,在冰冷的铁窗中度过漫长的 11 年光阴,其结果令人唏嘘不已!

【法律解读】

一、于某供述自己受贿的犯罪事实为何不能构成自首?供述之后又翻供的,应当如何处理?

首先,根据《刑法》第 67 条规定,犯罪以后自动投案,如实供述自己的罪行的,是自首;被采取强制措施的犯罪嫌疑人、被告人和正在服刑的罪犯,如实供述司法机关还未掌握的本人其他罪行的,以自首论。在本案中,于某到检察院接受调查后,在采取立案措施之前,未能如实供述自己受贿的犯罪事实,经过办案人员的教育后才开始如实供述检察机关已经掌握王文给予其贿赂款的犯罪问题。于某的行为既不属于自动投案,也不属于如实供述司法机关还未掌握的本人其他罪行,因此不应认定为自首。

其次,根据1998年最高人民法院《关于处理自首和立功具体应用法律若干问题的解释》第1条,犯罪嫌疑人自动投案并如实供述自己的罪行后又翻供的,不能认定为自首;但在一审前又能如实供述的,应当认定为自首。在本案侦查过程直至后来的法庭庭审中,于某在如实供述自己受贿的犯罪事实后,又因惧怕刑罚处罚,全面推翻了自己的供述,表示自己是冤枉的,不承认其在招投标过程中存在职务便利,也并未收受过王文给予的贿赂款。根据上述规定,于某供述之后又翻供的行为,不能认定为自首。

二、单位行贿罪与行贿罪有什么区别?

《刑法》第393条规定,单位行贿罪是指单位为谋取不正当利益而行贿,或者违反国家规定,给予国家工作人员以回扣、手续费,情节严重的行为。单位行贿罪和行贿罪具有以下区别:

首先,犯罪主体不同。单位行贿罪的主体必须是单位,根据《刑法》第30条规定,单位包括公司、企业、事业单位、机关和团体。而行贿犯罪的主体是个人,即年满16周岁、具备刑事责任能力的自然人。司法实践中,主要是将那些名为单位,实为个人谋取不正当利益的个人行贿罪与单位行贿罪区分开来。一是要看以谁的名义去行贿以及行贿资金、财物的来源,如果以单位的名义、利用单位的资金、财物行贿的,属于单位行贿罪;二是要看行贿的决定是谁做出的,如果是经单位集体研究决定或有关负责人在其职权范围内做出的,属于单位行贿罪;三是要看行贿所得的不正当利益的归属,也是区分单位行贿罪和行贿罪的关键,根据《刑法》第393条规定,因行贿所得的违法所得归个人所有的,属于行贿罪。因此,如果行为人事先出于为个人谋取不正当利益的目的,而以单位名义行贿但由个人获取违法所得的,或者在进行单位行贿过程中临时起意而将获取的违法所得归个人所有的,应当以行贿罪论处。

其次，起刑点不同。根据1999年最高人民检察院《关于人民检察院直接受理侦查案件立案标准的规定（试行）》，单位行贿数额在20万元以上的，应当立案；而行贿罪的起刑点相对较低，即行贿数额在1万元以上的，应当立案。

最后，处罚不同。由于是单位犯罪，对单位行贿罪的处罚实行双罚制，即根据《刑法》第31条规定，"单位犯罪的，对单位判处罚金，并对其直接负责的主管人员和其他直接责任人员判处刑罚。"对行贿罪的处罚，则根据《刑法》第390条规定，"对犯行贿罪的，处五年以下有期徒刑或者拘役；因行贿谋取不正当利益，情节严重的，或者使国家利益遭受重大损失的，处五年以上十年以下有期徒刑；情节特别严重的，处十年以上有期徒刑或者无期徒刑，可以并处没收财产。"

在本案中，某公司为在某医院教学广播系统项目中中标而向吴某、于某提出给予好处费，并在中标后分别向两人行贿30万元和40万元，构成单位行贿罪。因此，法院分别对该公司判处罚金50万元，判处其主要负责人王文有期徒刑1年。

三、于某将某公司的技术资料透露给招标代理公司并由后者制作招标文件的做法是否违法？

《招标投标法》第19条规定："招标人应当根据招标项目的特点和需要编制招标文件。招标文件应当包括招标项目的技术要求、对投标人资格审查的标准、投标报价要求和评标标准等所有实质性要求和条件以及拟签订合同的主要条款……"第20条规定："招标文件不得要求或者标明特定的生产供应者以及含有倾向或者排斥潜在投标人的其他内容。"第15条规定："招标代理机构应当在招标人委托的范围内办理招标事宜，并遵守本法关于招标人的规定。"

本案中，某医院委托招标代理公司办理招标事宜，编制招标文件属于委托的事项之一。于某作为项目管理人员，事先将某公司的技术资料透露给招标代理公司并要求后者直接以此制作招标文件。该招标文件并未根据招标项目的特点和需要编制，也缺乏技术要求、审查标准和评标标准等实质性条件。为某公司"量身定做"的招标文件含有严重的倾向性，排斥了其他潜在投标人，因此这一做法是违反上述法律规定的。

【对策建议】

一、严格执行招投标制度，合理编制招标文件，促进招标活动的公平、公正

医疗单位在基建工程工作中应当严格落实招投标制度，依照《招标投标法》的有关规定编制招标文件，列明相应的技术要求和审查标准，不得要求或表明特定的生产供应者或使招标文件含有倾向性。具有相应资格的招标代理单位受委托开展代理招标工作的，也应当遵循招标投标的有关法律、法规，精心编制招标文件，严格依法在代理范围内办事，不得为招标人违规操作提供便利。通过规范招标文件编制提高招标工作质量，维护投标当事人的合法权益，促进建设市场的公平交易与招标投标工作的健康发展。

二、完善单位人事制度体系，加强对基建部门重要岗位人员的监督制约

进一步加强对基建部门重要岗位人员的监督和管理，既要明确职责，也要加强廉政风险防控：一是注重德才兼备，选调廉洁奉公、遵纪守法的人员任职基建部门重要岗位；二是在重要岗位人员上岗前，组织其进行岗前廉政承诺，并对其进行岗前防范教育和岗前廉政谈话；三是在一定时期内进行轮岗交流和廉政考核，随时调整任职人员岗位；四是重点岗位人员离岗前，医疗单位的主管领导应组织基建部门人员对其进行综合评价，并将评价意见存入个人廉政档案。通过上述措施，切实加强对基建部门重要岗位人员的监督制约。

三、医疗单位应加强内部法制宣传教育，对行贿行为予以“零容忍”

医疗单位纪检监察部门要加强对干部职工的廉政教育和法制宣传工作力度，提高干部职工的法制意识和思想修养，增强干部职工在业务往来中拒腐防变的能力，防止被不正当利益所腐化，拒绝被社会“潜规则”所诱惑。特别是对医疗单位中关键岗位职工加大法制教育的力度，要结合医药卫生领域职务犯罪案例，提高对行贿行为危害性的宣传，使关键岗位人员自觉筑牢法律防线，减少和杜绝业务业务往来中的“权钱交易”行为。

关照朋友承揽工程　夫妻双双受贿落马

——北京市某区卫生局原局长王某、某区医院妇产科原主任杨某受贿案

【案情介绍】

王某，男，1952年12月出生，中共党员，北京市某区卫生局原局长。

杨某，女，1951年6月出生，群众，北京市某区医院妇产科原主任。

转账引怀疑　顺藤查实情

2009年7月，北京市某区卫生局的出纳由于挪用公款而案发，检察机关随即进入卫生局对相关人员开展调查。一个蹊跷的银行转账记录引起了侦查人员的注意：局长王某的妻子杨某向北京某建筑装饰工程有限公司法定代表人刘某转账29万元，时间恰恰发生在出纳案发后。

杨某为什么要给刘某转钱？为什么转账数目是29万元？时间在卫生局出纳被立案之后，是巧合还是有意为之？经过细致深入的调查，检察院最终以29万元为突破口，进而查清了某区卫生局原局长王某及其妻子杨某受贿79万元的事实。

饭局初相识　瞄准枕边人

1999年，刘某在朋友的饭局上认识了时任某区卫生局局长的王某和其爱人杨某。知道了王某的身份后，刘某敏锐地意识到：要是能和王某拉上关系，那以后想承揽卫生局下属医院的工程岂不是太容易了？但王某作为卫生局局长、手握实权，想和他接触拉关系的建筑商又岂止他一个？怎样才能和王某走得更近些呢？刘某将目光对准了杨某——卫生局局长的"枕边人"。

此后，刘某便以"和杨某投缘、想结交这个大姐"等理由，经常约请杨某吃饭。即使没有时间见面，也会时常打电话问候杨某。时间长了，杨

某真的以为找到了一个投缘的小老弟，而刘某也觉得时机渐渐成熟了。

一天，刘某再次约杨某吃饭。在聊天过程中，刘某向杨某抱怨最近的工程不好接，他作为单位的负责人很是着急。杨某赶忙劝慰他。于是，刘某顺势提出让她和王某说说，要是卫生系统有活就想着他点儿，他是不会忘了他的杨大姐和姐夫的。看着这个投缘的小老弟，杨某答应了。

局长多关照　工程屡得手

在杨某"枕边人"的作用下，王某和刘某也熟络起来。当时某区妇幼保健医院正在兴建宿舍楼，工程已经承包给了某建筑公司的秦某施工队，并且施工队已经进场平地、定位、打桩、放线准备施工了。刘某此时找到王某，求他帮自己争取到这个工程。王某犹豫了一下，还是答应了。他找到妇幼保健医院的院长张某，明确的告知对方这个工程只能让刘某的施工队干，硬是把工程要了过来。同时，王某还霸道地要求张某以后医院的工程都得用刘某的公司施工。

就这样，在卫生局局长王某的关照下，刘某的公司果然承揽了不少卫生系统的工程。除了妇幼保健医院宿舍楼、病房楼及后续的装修装饰、室外改造工程，该公司后来又陆续承揽了某区新华医院、某区骨伤医院及某区 7 个卫生院的装修改造工程。由于刘某所在的北京某建筑装饰有限公司的施工资质等级起初并不符合要求，为了承接工程，刘某屡次"挂靠"在有资质的建筑公司名下与医院签订合同。由于有了王某这个靠山，这样的违规操作也被视作平常。

为了让刘某顺利承揽工程，在王某的授意下，某区卫生局下属医院 2006 年以前的工程采用种种理由避免进行招投标程序，有的工程甚至没有签订协议；2006 年之后的部分工程虽然履行了招投标手续，但也往往是先开工后补手续。就这样，在局长王某的关照下，刘某的生意做得风生水起。

得利未忘恩　主动送钱财

2002 年的一天，刘某约王某吃饭。席间，刘某握着王某的手，感激地说："王大哥，兄弟我有今天，是您帮了我大忙。现在兄弟生意好做了，无论如何您得给兄弟我一个机会感谢您。"王某笑了，他一边嘴上说"大家都是朋友，不要客气"，一边却把自己随身携带的身份证递给了刘某。刘某心领神会，随即在银行营业点用王某的身份证开了账户并存进了 10 万元钱，第二天，他又亲自将存折送到了王某的办公室。王某推辞了一下，也就收下了。2004 年，刘某又用同样的方法送给了王某 19 万元。

随着工程越接越多，2007 年刘某再次跟王某提出要给他“多存点儿钱”。这次王某让刘某去找了自己的妻子杨某。由于担心存款数额大引起怀疑，杨某将王某弟妹马某的身份证给了刘某，示意刘某将钱存在马某的名下。在银行某营业点，刘某以马某的名义将 50 万元分 3 笔存入 3 个存折中，再把 3 个存折一起交给了杨某。杨某回家后，把收受刘某 50 万元的事告诉了王某，还提醒王某“这次刘某给了这么多，会不会有什么问题”。王某安慰道：“这个事，我知道了，你就不用管了。”就这样，刘某先后给了王某、杨某夫妇共计 79 万元的贿赂款。

风紧忙商议　退款难脱罪

2009 年 7 月，由于王某单位的出纳挪用公款案发，检察院走进该卫生局开展犯罪调查。王某此时有些坐不住了，他担心这样查下去，早晚有一天刘某给他钱的事情也会被检察院发现。于是，他慌忙和爱人杨某商量对策。无奈之下，两人最后决定退钱。这样就算检察机关查到了，他们也可以说这钱是先前向刘某借的而不是受贿所得。

事不宜迟，杨某马上联系了刘某，将存在王某弟妹马某名下 50 万元的 3 个存折还给了他。两三天后，杨某又去银行将 29 万元转账退给了刘某。在刘某开车送杨某回去的路上，杨某还特意叮嘱刘某：“卫生局的小姑娘出事了，这几年有人告老王，说卫生局的工程没有招投标手续。检察院正在查卫生局，把钱先退给你，你先别动这些钱。”

他们本以为神不知鬼不觉地将赃款退掉就可以洗掉受贿的嫌疑，殊不料，正是他们这种自作聪明的“补救”，引起了检察机关的警觉，从而一举查获了王某、杨某多次受贿的犯罪事实。

2010 年 12 月，北京市通州区人民法院以受贿罪判处王某有期徒刑十年零六个月，以受贿罪判处杨某有期徒刑五年。

【案例评析】

一、“家庭型”共同受贿犯罪是本案的突出特点

所谓“家庭型”共同受贿犯罪，是指国家工作人员的家庭成员收受或者索取他人财物，国家工作人员利用职务上的便利，为他人谋取利益的行为。此类犯罪，共同犯罪人之间往往具有密切关系，受贿的财物成

为家庭共有或为家庭成员所共用，共同实施的受贿犯罪是建立在相互信任与相互依靠的基础上。本案中，由于杨某和王某之间是夫妻关系，具有建立在共同财产关系上的共同利益，夫妻二人共同实施受贿犯罪，即属于“家庭型”共同受贿犯罪。

二、案发单位不落实招投标制度，以致招投标程序如同虚设

实践中，为顺利承揽工程，施工方常常和发包单位主管领导“拉关系、套近乎”甚至不惜违反法律、大肆行贿。而发包单位主管领导被“拉下水”后，为了指定与自己有特殊关系的施工方承接工程，往往找出种种理由来规避招投标程序。本案中，为了让刘某顺利承揽工程，在王某的授意下，某区卫生局下属医院2006年以前的工程都没有进行招投标程序；2006年之后的部分工程虽然履行了招投标手续，但也往往是先开工后补手续。如此罔顾单位招投标制度的行为，使已经建立的规章制度成为了摆设，严重干扰了建筑市场的正常秩序，损害了企业间的公平竞争。

三、无资质施工企业通过“挂靠”方式，假借资质承揽工程

“挂靠”行为常常会给工程质量带来诸多安全隐患，是被法律明文禁止的行为。《建筑法》第26条规定：“承包建筑工程的单位应当持有依法取得的资质证书，并在其资质等级许可的业务范围内承揽工程。禁止建筑施工公司超越本公司资质等级许可的业务范围或者以任何形式用其他建筑施工公司的名义承揽工程。”本案中，刘某在承揽工程之初，其所在的北京某建筑装饰工程有限公司经营范围中并不包括“建筑工程”。为了承揽某区妇幼保健医院宿舍楼的工程，刘某向有承揽资质的建筑公司交纳了一定数额的“管理费”，以该公司的名义代为签订工程合同及办理各项手续，即俗称的“挂靠”。由于具体承建的施工单位资质不足，在技术设备、施工经验、组织能力上都难以满足工程要求，容易导致“豆腐渣”工程的出现。实践中，“挂靠”行为不仅无法保证承建项目的质量，也极易成为滋生腐败的温床。

【警钟长鸣】

夫妻双落马　子女无人疼　长辈乏人问

夫妻间本应互助互爱、相互扶持、共同进步，但作为王某妻子的杨某并没有当好家中的贤内助。杨某先是向丈夫王某说情，帮刘某承揽工程；后又亲自和刘某联系，提供王某弟妹马某的身份证帮助王某接受贿赂款50万元。在王某违法犯罪时，杨某不仅没有予以提醒劝勉，反而充当了丈夫受贿的帮助人角色，成了受贿的共犯。古人云“贪如火，不遏则燎原；欲如水，不遏则滔天。”最终王某、杨某夫妻二人双双落马、共陷囹圄。等待二人的不仅是漫长的牢狱生涯，同时也使原本幸福美满的家庭支离破碎。他们的家人很可能由于二人的违法犯罪承担着非常大的心理负担，而且这种困扰和苦楚很难随着时间的推移而消失。“子女无人疼，长辈乏人问”这样的惨状，希望能给那些仍抱有侥幸心理违法犯罪的人敲响警钟！

【法律解读】

一、杨某没有利用自己的职务便利，为何也被认定为受贿？

《全国法院审理经济犯罪案件工作座谈会纪要》中关于“共同受贿犯罪的认定”的规定：“国家工作人员的近亲属向国家工作人员代为转达请托事项，收受请托人财物并告知该国家工作人员，或者国家工作人员明知其近亲属收受了他人财物，仍按照近亲属的要求利用职权为他人谋取利益的，对该国家工作人员应认定为受贿罪，其近亲属以受贿罪共犯论处。”本案中，杨某作为王某的妻子，帮助其实施了受贿犯罪的一系列具体行为。如向王某代为转达刘某的请托事项、提供马某的身份证并接受刘某的贿赂款50万元、拿回家中告知王某具体数额和实际支配该笔款项等。正是由于杨某的积极参与，王某才得以完成这50万元的受贿行为。因此，即使杨某没有利用自己的职务便利为请托人谋利，作为王某的妻子，杨某依法也应以受贿罪共犯论处。

二、收受财物后退还的，是否影响受贿罪的构成？

最高人民法院、最高人民检察院《关于办理受贿刑事案件适用法律若干问题的意见》的规定：“国家工作人员收受请托人财物后及时退还或者上交的，不是受贿。国家工作人员受贿后，因自身或者与其受贿有关联的人、事被查处，为掩饰犯罪而退还或者上交的，不影响认定受贿罪。”本案中，王某、杨某在王某单位原出纳挪用公款案发的情况下，因为害怕受贿事实受到牵连而败露，为掩饰犯罪而向行贿人刘某退还79万元受贿款。此种情形属于上述《意见》中规定的第二种情况，退款行为不影响对王某、杨某二人受贿罪的认定。

【对策建议】

一、开展家庭助廉教育,管好领导干部的身边人、枕边人

一是加强职务犯罪普法宣传工作,定期对领导干部及其家属开展警示教育。运用医药卫生领域中的典型案例以案释法,使其知法、懂法、守法,提高防腐拒变能力,特别是8小时之外要加强对自身和家人的约束。二是加强思想道德教育。培养领导干部及其家属树立正确的人生观、价值观、权力观、金钱观,提升个人修养。三是建议将家庭助廉教育正式纳入当地干部培训的教学计划中,将预防职务犯罪的法制教育同干部培训有机结合起来,充分发挥检察机关的专业优势和区委党校的阵地作用,实现资源共享、优势互补。

二、有效落实招投标公开制度,加强招投标过程的监管

一是将招投标工作在阳光下运行,将招投标内容、条件、结果、流程广泛公开、公示,提高民众的参与度,避免暗箱操作,确保在公开、公平、公正的竞争环境中优选施工队伍。二是监管部门要切实履行职责,严格依法规范施工单位参与招投标活动中的行为,确保招投标活动依法进行。发现围标、串标、违法转包、分包等行为时,要发挥监管职责,严厉打击,净化工程招投标环境,遏制和减少腐败的发生。

三、严格执行施工企业的资质审查制度,减少企业"挂靠"行为的发生

一是加大资质审查力度。在施工开始前,基建单位不仅要对施工团队所属公司的资质进行审查,也要对具体承担施工任务的施工队的资质进行审查;不仅要审查公司的经营范围,也要审查施工方的专业承包资质等级;不仅要查看相关文件进行形式审查,也要实地勘察进行实质审查。二是加大违规惩处力度。一旦发现"挂靠"行为,行业主管部门不仅要对"挂靠方"坚决取缔、绝不手软,对"被挂靠方"也要严格依法处理、予以惩戒。该取缔的取缔,该罚款的罚款,责任人该处理的处理。同时将违规企业列入不良行为黑名单,及时向社会各界予以公示。

主管基建索贿赂　临近退休入牢笼

——某建筑公司医院原副院长林某受贿案

【案情介绍】

林某，男，1949年4月出生，中共党员，某建筑公司医院原副院长。

临近退休　瞄准基建

从1999年4月起，林某在某建筑公司医院一直负责后勤及基建工程工作。作为掌握实权、同时负责“人、财、物”的副院长，林某一直心中牢记党的宗旨，廉洁自律。时间在不经意间慢慢流逝，一晃眼，林某已经55岁了，还有不到1年的时间，他就要调离领导岗位退居二线，不再担任副院长。看看和他经常打交道的那些基建商们灯红酒绿的生活，再回顾自己的大半生，林某的心理开始发生了微妙的变化。“到明年权力就没了，现在再不弄点钱就没机会了”。想到这，这位半生廉洁的老副院长将目光瞄向了自己所负责的医院基建工程上。

主动暗示　初尝甜头

2004年8月，某建筑公司医院要进行氧气改造工程，确定了由北京某设备安装有限公司来承揽。签完合同后，林某主动拨通了该公司经理沈某的手机，说自己在公司投标的时候没少帮忙，希望对方能够表示一下。

其实林某到底帮了公司多少忙，沈某并不清楚。但他知道林某是基建科的主管领导，掌握最后审批权，因此，既然林某开了口，绝不能得罪他。在衡量了利害关系后，第二天，沈某一个人来到了林某的办公室。闲聊几句后，沈某从兜里拿出了事先准备好的2万元钱，放进了林某办公桌的抽屉里，林某简单推托一下就收下了。只打了个电话，基建商第二天就送来了2万元,林某没想到来钱竟然如此容易。初尝甜头的他,马上将这2万元挥霍一空。

多次索贿 再触底线

2004年9月,北京某制冷空调安装有限公司("挂靠"在山东某安装有限公司名下)经理褚某某找到林某,希望对方能够结算医药空调安装的部分工程款。林某意识到收钱的机会又来了,于是对褚某某说道:"你们这个事我心里清楚,会优先给你们结款的。但要钱的人很多,我没少给你们使劲,你可也不能忘了我的好啊。"褚某某连忙应道:"这么长时间了,您多帮忙,我一定不会让您白辛苦的。"没过几天,褚某某再次来到了林某的办公室,塞给他5万元现金。就这样,林某张了一回口,5万元又轻松到手了。

2005年春节前,褚某某又来到了林某的办公室要求再结工程款。有了上次要钱的经验,林某岂能轻易放过这个机会。于是他不紧不慢的扔给褚某某一句话:"上次我们已经给你结了很多钱了,这次应该给别人多结点儿,也不能总紧着你啊。"褚某某明白这是林某又想要钱了,马上将事先已准备好的3万元现金放在林某的桌子上,忙说:"还请您多帮帮忙。"林某简单地回了一句"我会尽力的",就收下了。

退居二线 贿赂照收

2005年,某建筑公司医院并入北京市某医院。此时,已满56岁的林某经调整不再担任副院长职务。但他仍然参加领导班子会议,并继续协助主管副院长分管后勤及基建工程工作,手中权力依旧很大。

2005年"十一"前后,褚某某来到医院办完事后就去顺道看望了林某。林某和他聊了会儿天,抱怨道:"现在我被医院拿了下来,心里挺不是滋味的。现在也没权了,周围的人全都变了。你看你们的工程我使了很大的劲儿,对医院的贡献也很大,没想到现在被医院的人排挤了。"褚某某想想,觉得林某确实也挺不容易的。考虑到之前的工程上林某也确实帮了自己不少忙,虽然他已经不再是副院长了,但还在协助管理基建工程,对自己今后也有帮助。于是,几天后,褚某某又来到了林某的办公室,给了他3万元钱。这一次褚某某送钱,倒是林某所没想到的。但他想起自己曾经给褚某某提供的帮助,也就心安理得地收下了。

在2006年的春节前和中秋节,褚某某又以过节看望的名义,给林某分别送去了5000元和3000元。就这样,林某多次收受褚某某的贿赂款合计 11.8 万元。

深陷囹圄　悔恨已晚

2008 年 11 月，北京市石景山区人民法院以受贿罪判处林某有期徒刑十年，其犯罪所得的全部贿赂款被予以没收，上缴国库。此时的林某已经 59 岁，他即将在冰冷的监狱中开始自己的老年生活，独自度过 10 年的光阴。林某此时悔恨交加，但时光不能倒流，一切为时已晚！

【案例评析】

一、“有权不用、过期作废”错误思想作祟

实践中，有些领导干部在即将退休前，想到手中的权力即将丧失，心中不免有失落感。于是一些意志不坚定的人开始用非法手段为自己谋取利益，其中晚节不保、锒铛入狱的大有人在。究其原因，“有权不用、过期作废”的错误思想占了主流，而这些恰恰是源于他们没有对权力的本质认识清楚。本案中，林某随着退休年龄的临近，愈发感到“有权不用太亏太傻”，滋生了捞“最后一桶金”的想法，利用手中的权力作为捞钱取财的工具，在第一次收受贿赂之后又屡触底线，多次索贿受贿，疯狂的贪欲最终将自己葬送。

二、案发单位重点领导岗位缺乏轮岗机制，同一管理岗位任职时间过长

流水不腐，户枢不蠹。实践证明，一个干部长期在一个部门、岗位工作，不仅容易受人情、关系的束缚，更加容易滋生腐败。本案中，林某在任副院长的 6 年期间中长期负责后勤及基建工程工作，手握实权；在其退居二线、不再担任副院长职务后，仍然继续协助主管副院长分管后勤及基建工程工作达 3 年之久。案发单位在主管基建工程这个重要领导岗位上未能实施干部轮岗交流机制，致使担任该岗位领导职务的人员长期手握重大权力且缺少有效监督，再加上个人私欲作祟，最终滋生腐败。

三、基建领域“潜规则”的不正之风盛行

《资本论》中曾提到，若有 100% 利润，就会使人不顾一切法律；若有 300% 利润，就会使人不怕犯罪、甚至不怕绞首的危险。基建领域正是如此。由于利润空间大，基建领域成了职务犯罪的“重灾区”，权钱交易明显。很多施工单位为了谋取利益，不惜触犯法律，或是大幅度地提高业务招待费用,或是明文设立回扣"返点"等"潜规则",或是暗中向实权人物行贿。也正基于此,本案中的行贿人沈某、褚某某一听到林某的示意,随即将贿赂款奉上。即使冒着触犯法律的危险,在高额利润的面前,他们也要行贿。而这些无形的工程建设"成本"最终只能通过压缩利润甚至降低工程建设质量来收回,这对于关系人民生命健康的医药卫生领域建设工程来说,危害更是巨大。

【警钟长鸣】

临近退休锒铛入狱　悔恨懊恼为时已晚

从1999年4月起,林某这个掌握实权的副院长,在单位一直负责后勤及基建工程工作,和基建商打过不少交道。工作起初,他或许也曾面临过一些金钱和利益的诱惑,但那时的他坚持原则、廉洁自律,在法律的框架内忠实履行着自己的职责。但随着退休年龄的临近,权力的即将丧失,心里不平衡的他被金钱所诱惑,滋生了"退休前捞一把"的想法,开始了职务犯罪,落得个晚节不保的下场。案发后,林某悔恨不已,他在悔过书中亲笔写道:"我现在知道这样做是违反了纪律、触犯了法律造成了医院形象损坏,也违反了财经制度。我要深刻反省自己,也借此警示其他国家工作人员。"林某因为自己的贪念没能守住晚节,本该颐养天年,却在近花甲之年锒铛入狱,处境凄惨。本案也再次警示我们,贪婪是一剂慢性毒药,它会毁掉你的事业和家庭,最终将你送到人生的死角——监狱。正所谓"人不能把金钱带入坟墓,金钱却能把人带入坟墓"。

【法律解读】

一、林某在不担任医院副院长后收受褚某某贿赂款3.8万元的行为,应如何认定?

最高人民法院、最高人民检察院《关于办理受贿刑事案件适用法律若干问题的意见》中关于"在职时为请托人谋利,离职后收受财物问题"的规定:"国家工作人员利用职务上的便利为请托人谋取利益之前或者之后,约定在其离职后收受请托人财物,并在离职后收受的,以受贿论处。国家工作人员利用职务上的便利为请托人谋取利益,离职前后连续收受请托人财物的,离职前后收受部分均应计入受贿数额。”

本案中,林某在担任中国某建筑总公司总医院副院长期间,利用主管医院基建施工工作的职务便利,分别收受施工单位北京某设备安装有限公司总经理沈某的贿赂款人民币2万元和北京某制冷空调安装有限公司经理褚某某的贿赂款人民币8万元。2005年1月以后,林某不再担任医院副院长职务。由于之前他曾利用职务上的便利为请托人褚某某在工程结算过程中谋取利益,褚某某又向他行贿了3.8万元。依据前款法律规定,林某在担任医院副院长职务时收受褚某某的8万元和卸任副院长职务后收受的3.8万元这两部分均应计入受贿数额。因此,林某在不担任医院副院长后仍收受褚某某贿赂款3.8万元的行为,仍应认定为受贿。

二、受贿罪的构成,是否要求受贿行为必须为他人谋取利益?

《刑法》第385条规定:“国家工作人员利用职务上的便利,索取他人财物的,或者非法收受他人财物,为他人谋取利益的,是受贿罪。”可见,受贿罪的构成分为两种情况:一是主动索取他人财物的行为,二是被动非法收受他人财物的行为。

最高人民检察院《关于人民检察院直接受理立案侦查案件立案标准的规定(试行)》中关于“受贿案”的规定:“索取他人财物的,不论是否‘为他人谋取利益’,均可构成受贿罪。非法收受他人财物的,必须同时具备‘为他人谋取利益’的条件,才能构成受贿罪。但是为他人谋取的利益是否正当,为他人谋取的利益是否实现,不影响受贿罪的认定。”本案中,林某多次利用主管医院基建工程的职务便利,向沈某、褚某某索取财物。鉴于他的这种索贿行为,即使他没有为行贿人谋取利益,仍然依法构成受贿罪。

【对策建议】

一、加强对临退休干部的廉政教育,使其站好最后一班岗

一是要继续加强对老干部的理想信念教育和廉政教育,推行领导干部廉政谈话、诫勉谈话、警示谈话,引导老干部牢记党的宗旨不忘本,正确行使权力。二是结合典型案件开展警示教育宣传活动,运用正反面教材,通过以案说法的方式增强个人法制观念、提高守法意识,筑牢思想防线,使其“心不敢想、手不敢伸”。三是要关心临退休老干部,了解他们的诉求。要注意老干部思想上的波动，及时交流化解他们的心理隐患，使其正确对待权力的交叠、岗位的变化。

二、推进重要领导岗位轮岗机制建设，加强干部交流

一是严格执行党政领导干部职务任期制。根据《党政领导干部职务任期暂行规定》，对任职期满需要交流或调离的干部，及时调整，避免一个干部在同一领导岗位任期过长。二是建立健全干部定期交流制度。组织人事部门要加强协调，从各单位、各部门的实际情况出发，切实制定好交流方案，并且做到每年有计划、有步骤的组织实施。对在一个单位一个岗位连续工作5年以上的干部可以考虑交流，连续工作10年以上的应予以交流。要使干部交流工作经常化、制度化、规范化，促进干部科学合理流动，增强干部队伍的生机与活力，提高工作效率。三是在实施干部交流的过程中要注意工作方法。要从有利于工作和保护干部的积极性出发，转变观念，切忌把正常的交流工作变成对干部的惩罚，也不要因为担心被交流的干部“有想法”而不敢交流、惰于交流。

三、运用行贿犯罪档案查询系统，建立工程建设市场准入制度

一是建议行业主管部门在建筑市场全行业强制推行行贿犯罪档案查询制度。出台办法、完善制度，明文规定查询的效力、程序和处置标准，把查询行贿犯罪记录作为企业参与工程建设的必经程序，把查询结果作为招投标前资格审查的重要内容。二是制定全国统一的工程信用评价指标体系，实现互联互通。对失信的人员和企业，列入“黑名单”，将其排除在工程交易市场之外，进行准入限制，逐步形成完善的建筑市场信用体系，净化市场环境，维护公平的市场竞争秩序。

麻醉主任工程索贿　糊涂一时悔恨一生

——某医学研究所麻醉科原主任马某受贿案

【案情介绍】

马某，男，1961年8月出生，群众，某医学研究所麻醉科原主任。

1984年，年仅23岁的马某从吉林某医科大学毕业，获得了大学本科学历。在那个年代，年轻的马某绝对是同龄人中的翘楚，也是国家的宝贵人才。作为高学历人才，马某大学毕业后便被分配到某医学研究所（以下简称“研究所”）工作，至此，他也算是完成了人生的一大跨越——年纪轻轻便在首都北京扎下了根。工作之后，马某一直勤勤恳恳，2000年开始担任研究所麻醉科主任。但在2004年，恰好是马某来到研究所工作的第20年头，一件事情彻底改变了马某的人生。

位高权重遭觊觎　罪恶祸根已埋下

2003年，研究所开始兴建病房楼。项目竣工后，大楼8层手术室需要做净化工程，经医院决定，该项目采用招投标方式确定施工单位。由于麻醉科是该手术室的主要使用部门，因此身为麻醉科主任的马某不但是招标小组成员，而且还负责招标后的工程施工监督和验收工作。鉴于马某的这一特殊身份，在项目开始招标后不久，便有大量建筑公司人员找到了他。

在众多找到马某的公司业务人员中，北京某科技有限公司（以下简称“某科技公司”）的业务员何某算得上是最为殷勤的一个。然而某科技公司并不具有净化施工的资质，故与另一家公司——中国某实业有限公司（以下简称“某实业公司”）共同参与此次投标。两家公司约定，某科技公司负责项目投标的前期运作与提供设备，某实业公司则具体负责项目的施工。作为投标方的主要经办人员，何某深知马某作为麻醉科主任在评标小组中的地位和话语权，早已将目光牢牢锁定在马某身上。

波澜不惊心澎湃　推荐中标功告成

为顺利中标，何某利用送投标材料、医院派员考察投标单位等机会不断向马某游说，希望他们公司能够获得这位“实权人物”的支持。一方面，何某积极向马某介绍某科技公司与某实业公司的经济实力和承建优势；另一方面，何某多次提出希望能有机会对马某“表示”一下。面对何某的“公关”，马某明白何某的言下之意，但其一直没有接受，并且极为妥当地告诉何某中标与否需要由评标小组投票决定，他自己决定不了。

尽管如此，看似平静的马某却已经有了自己的想法。在研究所手术室净化工程的评标过程中，轮到马某发表意见时，他向评标小组提出，某实业公司是以“中国”开头的公司，从资质到实力都比较好，故其推荐这家公司作为中标单位。

由于麻醉科是手术室的主要使用单位，马某的意见代表了临床部门的意见，因此其意见在很大程度上影响着中标结果的形成。果然，听了马某的意见后，大多数评标小组成员在评标投票时都选择了某实业公司。最终，某科技公司和某实业公司顺利中标，共同拿下了研究所手术室净化工程这一高达400余万元的大项目。

感恩戴德行重谢　未进新居入牢房

招标结束后，某科技公司明白马某对于他们顺利中标所发挥的关键作用，自然对马某不但感恩戴德，且殷勤备至。而马某考虑到自己在招投标及后来的施工过程中给予某科技公司的帮助，认为某科技公司应该向自己“表示”一下，并且找到了一个“合理”的借口。

2004年6月，马某给何某打电话，称自己想在北京买一套新房，但购房首付款还差8万元，又不想去银行贷款，想让何某帮忙解决一下。何某明白他的意思，很痛快地答应了。几天后，何某告知马某钱准备好了，并来到马某单位附近，把8万元人民币递到了他手上。马某一边接过钱，一边冠冕堂皇地说这钱算是向何某借的。嘴上虽这么说，马某却打心底觉得这8万元是自己帮助某科技公司应得的好处费，根本就没想还。而何某也明白借钱不过是个幌子，但马某确实帮助他们公司顺利中标，因此“送钱”也是应该的。于是，何某客气地对马某说：“这钱不用还了。”十几天后，马旭东在北京大兴区购买了一套新房，向何某“借来的"8 万元也派上了用场。

马某本以为自己受贿一事做得天衣无缝，不会被发现。然而在2009 年，某科技公司被举报存在向医院工作人员行贿的经济问题，马某受贿的事实也因此败露。2010 年 9 月 16 日，北京市朝阳区人民法院经依法审理后，判决马某犯受贿罪，判处有期徒刑三年，缓刑四年。年近半百的马某，在临退休之际落马，曾经的人中翘楚、医学人才，就这样为自己的人生添上了最耻辱的一笔！

【案例评析】

一、马某身兼多职、权力集中是导致权钱交易发生的重要原因

在本案中，马某作为研究所麻醉科主任，同时担任研究所手术室净化项目的招标负责人、评标小组成员及工程监管负责人，掌握工程招标、评标和监督实施等多项权力。他的意见能够直接影响到相关建筑公司或投标单位的利益，容易成为拉拢腐化的对象。因此，在研究所手术室净化项目招标开始后，马某利用组织招标和评标等职权帮助某科技公司顺利中标，并以此为由向某科技公司索贿，是典型的权钱交易行为。可见，马某身兼多职、权力集中是导致权钱交易发生的重要原因。

二、部分评标成员利用地位优势主导评标结果，难以保证评标的公正与客观

在本案中，马某作为麻醉科主任，代表手术室净化项目的主要使用部门，其所发表的倾向性评标意见，对其他评标成员会造成极大的影响。因此，马某为使某科技公司和某实业公司顺利中标，便在评标过程中以某实业公司是以"中国"开头的公司、资质和实力比较好为由大力加以推荐。可见，马某利用自己作为麻醉科主任的地位优势主导评标过程和结果，帮助某科技公司顺利中标，不仅损害了评标的公正和客观，也损害了其他参与投标主体的合法权益。

三、评标过程流于形式，招投标有名无实

马某受贿一案还暴露出研究所净化项目评标过程流于形式，招投标程序有名无实：一是评标成员在评标的过程中，并未依据投标材料综合考虑投标方承揽标的业务的资质和能力，而是受使用部门负责人倾向性意见的影响，进而做出评标结果，使评标过程难以发挥集体决策的作用。二是在评标过程中，评标成员仅通过投票形成意见并确定中标

结果,欠缺评委打分等程序,使评标成员的自由裁量权过大,评审过程随意性大,从而导致评标不规范行为发生。

【警钟长鸣】

勿把权力当工具　警钟时刻心中鸣

在本案中,马某沦为腐败分子有一个渐进的过程。在招投标阶段,马某面对某科技公司业务员何某意图行贿的表示,并未明确接受,体现出其具备一定的拒腐防变意识。但何某的意图行贿的“表示”使马某的思想产生了动摇,这在评标时马某对某实业公司变相予以推荐的行为中即可体现出来。某科技公司成功中标后,马某又在施工监督过程中再次与该公司接触,其便觉得自己给某科技公司帮忙,理应获得回报,故以缺买房首付款为由向何某索贿。马某之所以会做出索贿的行为,与其认为使用权力即应当有所回报的错误认识有直接关系,因此才将索贿的黑手伸向他人。马某的案例也警示所有国家工作人员,必须树立正确的权力观,时刻将依法行使职权的警钟在心中敲响。一旦认识错误,将手中的权力当成谋取个人利益的工具,便会滑向腐败犯罪的深渊。

【法律解读】

一、“索贿型”犯罪与一般受贿犯罪有何不同?

根据《刑法》第385条第1款规定,“国家工作人员利用职务上的便利,索取他人财物的,或者非法收受他人财物,为他人谋取利益的,是受贿罪”。可见,典型的受贿罪包括两类:一类是主动索取他人财物型的受贿罪,亦即索贿;另一类是非法收受他人财物,并为他人谋取利益的受贿罪,亦即被动收受型的受贿罪。

就这两类受贿罪而言,鉴于其反映的犯罪主体的主观恶性不同,法律对其犯罪构成要件的规定亦有所差别。具体而言,主动索取他人财物型的受贿罪,由于其体现的犯罪主体主观恶性较大,社会影响更为恶劣,故法律对此类受贿犯罪未再规定其他构成要件,只要向他人索取财物的,即构成受贿犯罪。至于被动收受型的受贿罪,由于其体现的犯罪主体主观恶性相对较小,故法律对其还附加了一个构成要件,即要求犯罪主体须利用职权为他人谋取利益。此外,法律对两类受贿犯罪的刑罚处罚亦有所不同。根据《刑法》第386条的规定，“索贿的从重处罚”。

本案中，马某主动向何某表示其购房款不足，希望何某帮忙“解决”8万元人民币。无论马某还是何某都明知这一表示的真实意思便是要求何某给予马某8万元人民币，马某具有索贿的主观故意。因此，马某身为国家工作人员，利用其参与研究所手术室净化工程招投标工作的职务便利，在施工过程中向中标单位某科技公司索要8万元的行为，构成受贿罪。

二、马某受贿8万元，法院为何对其判处缓刑？

首先，我国法律对犯受贿罪的，根据情节轻重分别予以处罚。根据《刑法》第386条、383条第1款第（二）项的规定，个人受贿数额在5万元以上不满10万元的，处5年以上有期徒刑，可以并处没收财产；情节特别严重的，处无期徒刑，并处没收财产。因此，受贿数额8万元应当在这一刑档内确定刑期。

其次，法院可以根据案件情况做出减轻处罚的决定。本案中，马某虽然不具备法定减轻处罚的情节，但其属于初犯，认罪态度较好，有悔罪表现，且能够积极退缴赃款，故最终法院对其所犯罪行酌予减轻处罚。综上，法院判处马某有期徒刑三年。

再次，对满足一定条件的犯罪分子，法院可对其宣告缓刑。根据《刑法》第72条第1款规定，对于被判处拘役、3年以下有期徒刑的犯罪分子，同时满足以下条件的，可以宣告缓刑，对其中不满18周岁的人、怀孕的妇女和已满75周岁的人，应当宣告缓刑：（1）犯罪情节较轻；（2）有悔罪表现；（3）没有再犯罪的危险；（4）宣告缓刑对所居住社区没有重大不良影响。同时根据《刑法》第73条第2款规定，有期徒刑的缓刑考验期限为原判刑期以上5年以下，但是不能少于1年。因此，法院判处马某缓刑4年。

综上，法院根据马某犯罪的事实、犯罪的性质、情节、悔罪表现及其行为对社会的危害程度，判决其有期徒刑3年，缓刑4年。

【对策建议】

一、科学设置岗位职责，避免权力过分集中，防止利益固化

在医疗单位管理过程中，应当科学划分职权，合理分配职责，尽量减少乃至避免一人身兼多职的情况。尤其注意在涉及单位基建等工程项目招投标过程中,不允许一人身兼多个关系紧密的职位,避免权力的过分集中,防止利益的固化。在岗位设置和职权划分过程中,建立健全权力制约机制和监督机制,务必做到有权力即有制约,有权力必有监督,切实减少廉政风险隐患。

二、合理配置评标小组,增强评标人员的独立性与客观性

为了保证评标过程不被利益相关方操纵和主导,评标小组的组成人员应当尽量多元化,各评标成员之间亦应具有独立性,保证其根据自身专业水准发表评标意见并做出评标决断,最终通过科学的投票机制选择中标方,最大限度的发挥集体决策的优势。对于评标主体的组成人员,应当选任专业水平高、责任心强的人员担任评标人员,注意排除评标人员自身利益与其担任评标人员履行职责的利益冲突,切实增强评标人员的独立性和客观性。

三、严格执行招投标法律规定,依法履行评标程序

严格执行国家关于招投标的法律法规,制定详细的评标规范,严格按照评标程序进行评审,不得随意减少中间环节。招标人应科学编制招标文件,在招标文件中对评标标准予以细化,合理限定评标成员的自由裁量权。同时,在评标成员个人评标中,除一般的打分评定外,建议要求评标成员签署个人的评审理由,并按照法律规定承担个人评标责任,增强评标成员个人的责任感,最大限度地避免评标不规范行为发生。

四、加强权力属性的观念教育,确保医疗单位基建部门工作人员树立正确的权力观

通过组织职业道德知识培训、开展廉政法制课、参观廉政教育基地等方式大力加强医疗单位基建部门工作人员的职业道德教育和廉政法制教育,积极构筑抵御腐败侵蚀的思想长城,增强医疗单位职工对腐败的自我防范能力。尤其要加强身处领导岗位人员的权力观念教育,明确权力的公共属性和为人民服务的宗旨,帮助其树立正确的权力观念,杜绝产生以权谋私的腐败歪念。

第七章　涉密信息泄露环节

【导读】

从北京市检察机关近年来查办的职务犯罪案件来看，医药卫生领域涉密信息泄露环节的案例相对而言数量较少。但是，由于泄密犯罪的特殊性，一旦犯罪，社会关注度高，社会危害性大，影响范围广，更应当引起高度重视。本章选取的涉密信息泄露环节的两个典型案例系2007年国家执业医师资格考试泄密系列案，包括：国家某医学考试机构试题开发一处原副处长孟某、某大学医学院口腔修复学原教授王某故意泄露国家秘密案和国家某医学考试机构研究与评价处原负责人于某故意泄露国家秘密案。该泄密系列案件致使原定于2007年9月22日举行的国家执业医师资格考试停考，全国延期考试的考生达22.7万余人，造成了恶劣的政治、经济和社会影响。本章针对该环节的两个案例，对其中所反映的问题进行深入剖析，并总结引发医药卫生领域泄密犯罪的原因，提出避免和预防泄密犯罪的若干对策建议，以期引起有关单位的高度重视和深度思考。

“内鬼”泄露医考题　处长、教授均获刑

——国家某医学考试机构试题开发一处原副处长孟某、某大学医学院口腔修复学原教授王某故意泄露国家秘密案

【案情介绍】

孟某，男，1970 年 11 月出生，群众，国家某医学考试机构试题开发一处原副处长。

王某，男，1953 年 12 月出生，中共党员，某大学医学院口腔修复学原教授。

试题泄密　考试推迟

2007 年 9 月 22 日上午 7 点半，参加国家执业医师资格考试（以下简称“医考”）的浙江考生小朱拦了一辆出租车，从台州经济开发区赶往台州学院椒江校区，医考台州考点就设在那里。待小朱急匆匆赶到考点时，一纸公告打乱了她的考试计划，“试题泄密，考试推迟”。原来，卫生部医师资格考试委员会于 2007 年 9 月 21 日发布了紧急通知：“近日，卫生部接到举报，即将进行的临床执业医师和口腔执业医师两个类别的考试试题外流。为维护医师资格考试的公平性和严肃性，保护考生利益，原定于 2007 年 9 月 22 日、23 日举行的医师资格考试医学综合笔试中的临床执业医师和口腔执业医师考试推迟进行。”

后果严重　追查黑手

卫生部医师资格考试委员会发布紧急通知的原因，是因为国家某医学考试机构（以下简称“某医考机构”）的电子邮箱于 2007 年 9 月 20 日、21 日先后三次收到署名“吴英雄”、“贾英雄”、“公平”的邮件，举报

临床执业医师和口腔执业医师考试部分试题和答案泄露。由于该试题及答案属于国家机密，经卫生部研究决定，取消本次医考，同时与公安部一局沟通，商请对此事件立案侦查。

经有关部门联合调查，确定举报人发件IP地址属于台湾网站。同时经统计，在2005年、2006年的医考中全国的平均通过率只有40%，而某大学医学院台湾班的通过率是100%。作为研究生班的负责人和命题专家，某大学医学院口腔修复学教授王某有重大泄题嫌疑。以此为突破口，检察机关进而锁定了某医考机构试题开发一处原副处长孟某为嫌疑人。2008年4月22日，孟某被带到检察院接受调查，其与王某共同故意泄露国家秘密的犯罪事实浮出水面。

教授利诱　处长泄题

2005年6月，某医考机构召开当年的医考命题审题会。在会场外的大厅里，命题人之一的王某跟负责人孟某讲，他现在是某大学一个口腔类台湾研究生班的负责人，辅导的台湾学生也要参加大陆的医考。他担心如果学生考试通过率太低，会对他本人和某大学声誉产生不良影响，故请求孟某给他透露一些医考试题。孟某知道这样做是违规的，就没有答应。当年7月召开审卷会时，王某又向孟某提出了希望透露试题的事，孟某还是没有答应。

2005年9月初，王某给孟某打电话，再次提出希望把试题透露给他，并且保证不会出问题，只辅导这些台湾学生、绝不会外传。为了防止孟某再次拒绝，王某这次开出了条件，他说可以帮孟某的爱人在某口腔杂志上发表文章，并且可以帮助他爱人到台湾进修。孟某动心了。随后，孟某用U盘将口腔类试题复制到家中的台式机上，并随机抽取了其中的360多道题，把每道题的题干和答案整理成一句话存储到U盘中。考试前一周，在北京某饭店二楼的茶馆内，孟某将U盘中整理后的试题拷到了王某的手提电脑上。

百密一疏　终被举报

2006年、2007年，孟某又采取同样的手段，将医考试题交给了王某。每次，孟某都特别叮嘱王某要注意安全。王某也明确告诉孟某这些试题只会在考前三天用于台湾班研究生的考试辅导，用完就删，绝不会外传。而且王某采用的是电脑投影教学的方法，事先规定好学生不许带手机、录音机，不许带纸和笔，只能用脑子记。就这样，两人自以为做到了万无一失。没想到,却在网上遭人举报。

忙毁证据　难逃刑罚

2007 年医考推迟时,孟某正在黑龙江出差,他从网上看到了相关报道。心虚的他慌忙给王某打电话,让他赶紧把试题销毁了,同时,自己也赶回家把电脑中的试题全部删除。由于担心电脑中已经删除的文件被检察机关恢复,孟某还重新安装了两次电脑系统,希望借此可以彻底的删除电脑中的文件。没想到,他和王某联手泄露试题的行为还是被检察机关发现了。

由于试题泄密,原定于 2007 年 9 月 22 日进行的医考暂时停考,造成了严重的社会影响及经济损失。鉴于孟某、王某认罪态度较好,2009 年 7 月,北京市西城区人民法院以故意泄露国家秘密罪判处孟某有期徒刑三年,以故意泄露国家秘密罪判处王某有期徒刑三年。

【案例评析】

一、发案主体法律素养低,保密意识欠缺

近年来,国家相关部门运用媒体等多种形式大力开展普法宣传、提高民众法律意识,虽然已经取得了一定成效,但法制观念尚未深入人心。部分人认为法律距离自己的工作、生活很遥远,认为自己跟违法犯罪沾不上边,对法律缺乏一个基本的认识。本案中,接受过高等教育、身为大学教授的王某和身为国家级考试机构部门领导的孟某,对于泄漏试题行为的性质并没有准确的认识,对其危害性和严重性也认识不足,未尽到其工作职责中应承担的保密义务。究其原因,正是其法律素养低、欠缺保密意识。在办案过程中侦查机关发现,案发前他们虽然明知泄题不对,但认为这顶多是违规违纪,从没想到会被判刑入狱。王某在接受调查时,还天真地以为来趟北京就是配合调查、完了事就可以走人。可见,二人对泄密危害性、犯罪可能性的认识还存在较大不足。

二、考试泄密行为社会危害性大,造成了比较恶劣的政治、社会影响及重大的经济损失

首先,考试泄密行为破坏了国家考试制度和管理秩序,违反了公开、公正和公平竞争的原则,妨碍了教育功能的正常发挥,败坏了教育机构和考试机构的形象,造成了比较恶劣的政治影响。本案中,举报邮件从台湾地区发出,可见部分台湾地区民众已对大陆医考产生负面评价。其次,考试泄密行为损害了其他广大考生的合法权益,影响了国家对人才的培养和选拔,在社会公众和舆论中造成了极其不良的社会影响。试想如果能力不够的人走这种捷径拿到了医师执业资格,那么当这些原本不合格的医生进入到工作岗位后,最终损害的将是广大患者的利益。最后,考试泄密行为也给国家造成了重大的经济损失。因泄密行为导致的全国范围考试停考、重新组织考试等带来的直接经济损失已非常巨大,其所造成的间接经济损失则更加无法估量。

三、试题和答案保密管理存在漏洞,容易造成泄密

卫生部于2006年颁布实施的《国家医学统一考试安全保密工作管理办法》中规定"国家医学统一考试启用之前的试题(包括备份题)、标准答案和评分标准为机密级国家秘密",并对考试试题命制、印制、运送、交接、考务等过程中的保密义务进行了规定。某医考机构也规定了涉密计算机不允许连接互联网,工作人员彼此间不允许交流。对于已经组成的试卷和考题,都要保存在各自负责的涉密计算机中。但在实际操作过程中,某医考机构的工作人员不仅用涉密计算机登录互联网,甚至知道彼此的计算机密码。某医考机构人员由于互相帮助校对,甚至可以看到彼此的纸质稿。而关于是否开展互相校对及如何在互相校对过程中做到保密,某医考机构却没有进行规定。试卷和考题没有专门的负责人,均为各自保管,致使三类试题的负责人很容易掌握所有考题,提高了泄密的可能性。此外,命题专家和某医考机构虽然签订了保密协议,但他们进入命题组都可以随身带包。本案中,王某甚至多次带着笔记本电脑进入命题组。这些情况均折射出相关部门监管工作不力、试卷保密安全等方面存在漏洞。

【警钟长鸣】

为名为利以身试法　锒铛入狱悔不当初

案发时,37岁的孟某是某医考机构的部门领导,55岁的王某为大学教授。两人本应受人尊敬,却因法制观念淡漠、一时糊涂而犯下错误,锒铛入狱。从表面上看两人是因为对泄露考题的性质认识不清而犯了错误,而实质上是缘于两人在工作过程中疏于加强法律学习、不能做到严于律己、难以抵抗诱惑等综合因素,最终导致二人身败名裂、身陷囹圄。孟某作为某医考机构试题开发部门的负责人员,对于试题的国家机密性质必然有着清醒的认识，因此其最初拒绝向王某提供试题；后来却因为王某提出能够帮助其爱人发表论文、出境进修而发生了动摇。王某曾参加医考命题审题会，其对于医考试题的国家机密性质也应有所认识，然而其为了追求学生通过率、为了搏名，不惜以身试法。这一案件提醒所有在国家统一考试开展过程中可能涉密的人员，应始终保持对试题国家机密性质的清醒认识，严格遵纪守法，诚实勤恳工作。否则，一旦泄题，必将为自己戴上冰冷的手铐。

【法律解读】

一、试题和参考答案何时被认定为"国家秘密"？

根据教育部、国家保密局 2001 年发布的《教育工作中国家秘密及其密级具体范围的规定》，"国家教育全国统一考试在启用之前的试题(包括副题)、参考答案和评分标准为国家秘密中的绝密级事项。"其中，"启用之前"具体是指什么时间呢？2005 年教育部在《关于对〈教育工作中国家秘密及其密级具体范围的规定〉中"启用之前"一词解释的通知》中明确规定："'启用'一词包括'启封'和启封后'使用完毕'两层含义。""启用之前"意即"启封并使用完毕之前"，特指考生按规定结束考试离开考场之前的时间段。这是如实反映国家教育考试实际情况、确保考试正常秩序，且极具针对性和操作性的重要规定。按照这一规定，凡是以各种方式泄露或者获取国家教育考试从命题到考试结束之前的试题、答案的行为，都属于侵害国家秘密的违法行为。

二、王某非法获取国家秘密后又实施了故意泄露国家秘密的行为，是定两罪还是定一罪？

《刑法》第 282 条规定，以窃取、刺探、收买方法，非法获取国家秘密的，处 3 年以下有期徒刑、拘役、管制或者剥夺政治权利；情节严重的，处 3 年以上 7 年以下有期徒刑。非法获取国家秘密罪的主体是一般主体，主观方面是故意，侵犯的客体是国家对国家秘密的管理制度，客观方面表现为行为人通过非法手段获取国家秘密。王某明知医考试题为国家机密，因辅导学生需要而连续 3 年非法获取试题及答案的行为，损害了国家对国家秘密的管理制度，符合非法获取国家秘密罪的犯罪构成。

《刑法》第 398 条规定，国家机关工作人员违反保守国家秘密法的规定,故意或者过失泄露国家秘密,情节严重的,处 3 年以下有期徒刑或者拘役;情节特别严重的,处 3 年以上 7 年以下有期徒刑。非国家机关工作人员犯前款罪的,依照前款的规定酌情处罚。故意泄露国家秘密罪的主体为特殊主体,但非国家工作人员亦可构成该罪主体,主观方面是故意,侵犯的客体是国家对国家秘密的管理制度,客观方面是行为人具有违反国家保密法的规定,故意泄露国家秘密,情节严重的行为。王某明知医考试题为国家机密,连续 3 年将非法获取的医考试题及答案以电脑投影教学的方式泄露给即将参加考试的台湾学生,损害了国家对国家秘密的管理制度,符合故意泄露国家秘密罪的犯罪构成。

王某的行为既构成了非法获取国家秘密罪,又构成了故意泄露国家秘密罪,是否应被数罪并罚呢?此处涉及刑法理论上关于牵连犯的认定和处罚。牵连犯的成立须由两个犯罪行为构成,且这两个行为之间存在目的与手段、原因与结果的关系。对牵连犯的处罚,一般按"从一重处断"原则处罚。本案中,王某客观上实施了非法获取试题及答案并予以泄露的两个犯罪行为。在这两个犯罪行为中,非法获取试题答案的行为仅是一种方法、手段,向他人泄露试题答案才是其目的和结果。王某的方法行为构成非法获取国家秘密罪,目的行为构成故意泄露国家秘密罪。比较两罪的法定刑,故意泄露国家秘密罪重于非法获取国家秘密罪。所以根据"从一重处断"原则,应当认定王某的行为构成故意泄露国家秘密罪。

【对策建议】

一、加强保密法制宣传,提高保密意识

一是加强保密宣传教育。考试主管部门及相关单位应当加强对命题人员和工作人员的保密宣传教育,内容包括党和国家对保密工作的指导思想和方针政策,国家和省、市有关保密工作的法律法规和文件,本行业、本单位制定的保密规章制度,保密工作基本常识,技术防范手段及方法。通过宣传教育活动切实增强法纪观念,强化保密意识。二是以案释法,结合典型泄密案例,对涉密岗位人员开展警示宣传教育活动,使其了解法律规定,正确认识泄密行为定性及渎职犯罪的危害后果,从而增强保密意识、责任意识、法制意识。只有通过长期的正确引导、反复的宣传教育和潜移默化的灌输,才能使保密理念变为涉密岗位

人员的自觉行为,成为遵纪守法的原动力。

二、对涉密人员严格管理,明确保密责任

考试主管部门及相关单位应开展涉密人员专项培训,明确涉密人员的权利、岗位责任和要求,对涉密人员履行职责情况开展经常性监督检查。一是按照涉密工作岗位界定涉密人员,按照涉密人员接触、知悉或经管国家秘密的程度,将涉密人员分为核心涉密人员、重要涉密人员和一般涉密人员,实行分类管理,明确不同程度涉密人员的保密责任。对任用、聘用涉密人员应当按照有关规定进行审查。重点考查其现实政治表现、工作表现,学习、遵守保密法规、制度和保密纪律等方面的情况。二是通过签订保密承诺书等形式,明确其应当履行的保密义务以及违反保密义务应当承担的法律后果等内容,使工作人员提高对涉密工作的认识,增强做好保密工作的自觉性。三是对涉密人员离岗离职的,应实行脱密期管理。要求涉密人员在脱密期内按照规定履行保密义务,不得违反规定就业,不得以任何方式泄露国家秘密。

三、科学设置流程,加强试题和答案的安全保密管理

一是严格流程管理。对命题、印制、运送分发、保管、考务等环节进行严格管理,形成封闭严密、互相制衡和监督有效的工作环境。严格执行命题入围、双人保管、双人押送、在具有印制资质的定点单位印制等保密管理规定。二是要加强监督检查。加强试卷存放场所和运送、交接的监督检查,以及值班和安全保密措施落实情况的监督检查。对不符合保密要求的,必须限期整改到位。坚持查防结合,及时发现问题,堵塞漏洞,消除隐患。三是落实责任制。考试主管部门应当从命题、印制、运送分发、保管、考试等环节层层实行领导负责制,明确各级领导责任及其履行责任的具体措施。四是对考试窃密泄密行为"零容忍",加大查办力度。考试窃密泄密情节严重构成犯罪的,要严格依照《刑法》的有关规定追究其刑事责任;对尚不构成犯罪的有关责任人员及负有领导责任的人员,也应依照党纪政纪的有关规定严肃处理。

动歪念欲改答题卡　泄考题狱中后悔迟

——国家某医学考试机构研究与评价处原负责人于某故意泄露国家秘密案

【案情介绍】

于某，男，1975 年 3 月出生，中共党员，国家某医学考试机构研究与评价处原负责人。

年轻有为受肯定　岳父来电请帮忙

2007 年 1 月，年仅 31 岁的于某因为出色的工作表现被任命为国家某医学考试机构研究与评价处负责人。此时的于某年轻有为，有着大好的前途，领导对他给予厚望，家人也感到十分自豪。

于某的岳父沈某对他也是赞许有佳，每每在外提起这个女婿都感到面上有光。2007 年 5 月，沈某在与好友韩某闲聊时，韩某提到儿子和儿子的女友参加医师资格考试，考了三四年都没通过，今年两人又要参加考试，自己十分忧心。沈某当即提起女婿于某在国家某医学考试机构工作，答应问问于某看能不能帮上忙。7 月，沈某给于某打电话，并把这两个考生的名字和准考证号告诉了于某。

心中明知是犯法　嘴上答应想办法

于某在接到岳父的电话时也被吓了一跳，先不说自己所在的研究与评价处不负责出题，“帮助”考生通过考试可是违法违规的呀！但是，于某并没有一口回绝岳父，而是表示“很困难，不太好办，看看吧”。

不久，于某由于负责组织在当年 9 月初召开的专家会，提前拿到了按照学科排序的 2007 年国家执业医师资格考试的试题和答案用于专家研究，由专家将这些考题进行合格标准判断并确定当年考试通过的分数线。此时，手中握着考试题的于某心中起了涟漪……

于某开始琢磨,怎么帮忙让岳父好友的孩子通过考试呢?几天后,他发现读答题卡的过程有“操作”的可能。因为考试结束后,考生填写的答题卡在正式读卡之前是由于某负责管理的,自己手中又有这两个考生的姓名和准考证号,如果在答题卡送去正式读取之前,将答题卡按照正确答案改了,这样不仅能让他们通过考试,还不会被发现、神不知鬼不觉、万无一失。

标准答案难形成　加密邮件发好友

打定主意的于某,发现又有一个问题摆在了自己的面前——没有标准答案。虽然此时于某已经有试题和答案了,但是都是按照学科来划分的,而于某又不可能接触到正式的考题,形成不了标准答案。该怎么办呢?

于某此时想到了某省卫生厅考试培训中心的干部王某。王某曾多次被借调到国家某医学考试机构,两人早在2004年就认识了,是非常要好的朋友。于某给王某打电话说自己有医师资格考试分学科的题和答案,问他能不能在考试结束后拿到考试试题,与于某给的试题和答案进行对比,整理出考试标准答案。王某由于自己所在的卫生厅负责销毁试卷的人员少,认为自己有机会接触到试卷,答应试试看,并提出自己的妹妹也要参加当年的医师资格考试,请于某也“帮帮忙”,于某当时没有明确表态,说“以后再说”。

王某答应后,于某随即将当年口腔类、临床类、医师与助理医师资格考试的试题及答案用U盘拷到家中的台式电脑里,后又在网站上注册了一个新邮箱,并让王某也注册一个,将考题和答案压缩加密后发到王某的邮箱里,并电话告诉其密码。后经鉴定,上述试题及答案涉及机密级国家秘密共8项。

泄题停考心发慌　主动交代悔已晚

由于在考试的前两三天网上出现了大面积泄题事件,国家卫生部下发紧急通知,原定于2007年9月22日、23日进行的国家执业医师资格考试取消,并就泄题一事展开深入调查。

于某得知后非常害怕,急忙给王某打电话,问他有没有把试题和答案泄露出去。王某斩钉截铁地表示没有向任何人泄露。于某马上告诉王某“事情不弄了”,让王某将试题和答案全部删除,自己也将家里电脑的文件删除,希望能侥幸过关。

在卫生部调查考题外泄事件找于某谈话、了解情况时，承受着巨大心理压力的于某，主动交代了自己将国家执业医师资格考试临床和口腔类试题及答案通过电子邮件发给王某的事实，并向卫生部纪检监察部门以书面形式如实供述了自己泄露试题的情况，作了深刻检查。然而纵使此时的于某多么后悔，他将涉及机密级国家秘密共 8 项的医师资格考试试题泄露给王某的大错已经铸成，为时晚矣！

2009 年 7 月 28 日，北京市西城区人民法院以故意泄露国家秘密罪判处于某有期徒刑二年。

【案例评析】

一、试题管理不严，以致工作人员可以提前接触考题

本案中，组织专家会对试题进行合格标准判断，是为了确定当年考试通过的分数线以及为今后出题提出建议，这项工作理应在考试结束以后进行。但是，国家某医学考试机构为了节约时间，提前确定合格分数线，于 2005 年开始就允许研究与评价处提前接触试题。因此，于某以提前接触试题可以提高工作效率为由，要求在考前就着手对考题进行“研究”，名正言顺的拿到了属于国家秘密的试题。于某在考试之前近两个月就拿到了试题和答案，为其实施犯罪行为提供了重要条件。

二、对于涉密计算机不能连接 U 盘等移动储存介质的规定没有严格执行

该案中暴露出该医学考试机构未严格执行相关保密规定和要求，存在较大的泄密隐患，这也是应当引起重视的问题。本案中，于某在拿着同意提供试题的报告找到试题开发处时，用自己带来的 U 盘，直接从三个命题人的涉密计算机上拷取了试题和答案。安全与保障处的人员以及命题人都在场，却无人制止。随后，于某也是用 U 盘将试题和答案从自己办公室的涉密电脑上拷贝回家的。这严重违反了涉密计算机不能连接 U 盘等移动储存介质的规定，存在重大泄密隐患。

三、答题卡管理过程存在漏洞

答题卡应当在考试结束时收取并用保密袋保存，由考场工作人员贴上封条并签章，严格保管，在正式读取前均不能开启封条。本案中，于某看到了发案单位在答题卡管理过程中存在漏洞，想利用自己管理答题卡的职务便利，采取在正式读取前修改答题卡的方法为考生“改分”，暴露出发案单位在答题卡的保管、读取和监督方面存在一定的问题和风险。

四、于某对泄露国家秘密存在错误认识

于某对泄露国家秘密的认识错误和对违法后果的严重认识不足，是导致于某实施犯罪行为的重要原因。案发后，于某认为自己只把试题和答案给了王某，王某既不参加当年考试又未向他人泄露，而全国停考另有原因，与自己的行为无关，危害性不大。并且，为考试修改答题卡的事情，全国停考后于某也放弃实施了。由此，于某认为自己不构成犯罪，只是违反纪律，最多也就是被纪律处分。另一方面，于某在法庭上，还强调自己的泄密行为是未遂，应当减轻处罚，加上自己有自首情节，请法院对自己免除处罚。然而，于某在把试题给不应知晓的王某之时，他的泄密行为就已经成立。作为国家某医学考试机构研究与评价处的负责人，于某对泄露国家秘密却存在如此严重的认识错误，从另一方面反映出发案单位在保密教育方面存在缺失。

【警钟长鸣】

莫把违法操作当成是“有能耐”的体现

当前有些人，错误地把能违规违法办事当成是“有能耐”的体现。在他们眼里，住好房开好车固然“有能耐”，能办别人办不了的事则是“更有能耐”，而违法违规不被发现和惩处则是“最有能耐”。别人办事要排队，我不用排；别人开车要遵守交规，我不用遵守；别人违规要受罚，我有办法不受罚；别人都说办不了，我却能够做得到。对于自己的行为，他们并不觉得有问题，甚至大肆炫耀。人们虽然痛恨这些做法，但是一些人却也向往甚至追求这种“特权”和“能耐”，不惜违规违法，只是为了让人觉得自己“有能耐”。

本案中，于某的岳父认为自己的女婿“有能耐”，明知“帮助”好友的孩子通过考试是违法违规的事情，仍然打电话问于某能不能帮忙。而于某何尝不是一开始就知道这会违法违规的呢？为了显示自己的“能耐”，他并没有回绝岳父，而是答应“试试看”。于某费尽心思，甚至想到了用改答题卡的方式来帮考生获得高分，接下来则又为了得到标准答案而泄露国家秘密。于某并未想从中获得钱财或者好处，这一系列的违法违规操作，源头却仅仅是让人觉得自己“有能耐”。可他却没有想到“帮助”考生通过考试,破坏了医师资格考试的公平性,侵害了数十万考生的利益;也没想到让一个不符合条件的人通过医师资格考试,将来可能会对病人、对社会产生多大不良后果;更没想到本来前途大好、年仅33岁的自己,会因此而身败名裂,要在监牢里度过两年时光。

于某在后来的供述中,也提到:“自己作为负责人、利用职务便利,在获得试题后,打算更改答题卡来为他人帮忙,并因此向他人泄露了试题和答案等国家机密,是错误的。”然而纵使他多后悔,时间也不可能倒流,所谓“一失足成千古恨,再回头已百年身”。

【法律解读】

为什么于某没有造成试题大面积外泄也构成犯罪呢?

本案中,于某为了帮助岳父好友的孩子通过考试,将考题和标准答案给了王某,让王某根据正式的医师资格考试的试题整理出标准的答案,两人并未向他人泄露,也没有造成试题大面积外泄。而由于国家医师执业资格考试停考,王某也没能整理出于某所需要的试题和标准答案,于某也没有实施帮助考生通过考试的行为。为什么于某还被定罪并判处刑罚呢?

根据《刑法》第398条第1款的规定,故意泄露国家秘密罪是指国家机关工作人员违反保守国家秘密法的规定,故意泄露国家秘密,情节严重的,处3年以下有期徒刑或者拘役;情节特别严重的,处3年以上7年以下有期徒刑。

故意泄露国家秘密罪的犯罪主体一般是国家机关工作人员。但根据《刑法》第398条第2款的规定,非国家机关工作人员也可以构成本罪。于某作为国家某医学考试机构研究与评价处原负责人,符合构成故意泄露国家秘密罪的主体要件。

故意泄露国家秘密罪意在打击违反国家保密制度,故意泄露国家秘密的行为。犯罪主观方面是故意。泄露国家秘密的动机是多种多样的,但是无论出于何种动机都不影响定罪。本案中,于某是受其岳父之托,为了帮助其岳父好友的两个孩子通过考试,而实施了泄密行为,这并不影响其定罪。

故意泄露国家秘密罪的客观方面表现为违反《保守国家秘密法》的

规定,泄露国家秘密的行为。所谓泄露,就是行为人把自己掌握或知道的国家秘密泄露给不应知悉的人。泄露的方式多种多样,不论何种方式,均不影响本罪的成立。

泄露国家秘密罪必须是泄露国家秘密情节严重的,所谓情节严重一般是指泄露绝密、机密的国家秘密的;或者泄露国家秘密造成严重后果的。根据2006年7月26日最高人民检察院《关于渎职侵权案件立案标准的规定》中的相关规定,具有下列情形之一的,应予立案:(1)泄露绝密级国家秘密1项(件)以上的;(2)泄露机密级国家秘密2项(件)以上的;(3)泄露秘密级国家秘密3项(件)以上的;(4)向非境外机构、组织、人员泄露国家秘密,造成或将可能造成社会稳定、经济发展、国防安全或者其他严重危害后果的行为;(5)通过口头、书面或者网络等方式向公众散布、传播国家秘密的;(6)利用职权指使或者强迫他人违反国家保守秘密法的规定泄露国家秘密的;(7)以牟取私利为目的泄露国家秘密的;(8)其他情节严重的情形。本案中,于某泄露的试题及答案涉及机密级国家秘密共8项,所以即使没有实现其动机,也没有造成的全国停考的严重后果,也属于情节严重,应被定罪处罚。

【对策建议】

一、完善调取试题的范围和程序

一是严格限制考前接触考题的事项范围,对于可以等到考后再接触考题的事项,应当要求相关人员考后再接触。二是命题工作场所应当实行封闭管理,不得任意进入。三是在调取试题的过程中,应严格按照保密工作要求,不允许调取试题人员用自带设备拷取试题,要求现场由两人以上监督,并作登记。

二、严格答题卡的管理

一是考试结束后,答题卡先由考点监考老师用专用封条当场密封,再由相关负责人检查验收,验收合格密封后的答题卡袋在正式读取前,任何人不得擅自开启。二是答题卡读取前统一在保密室保管,保密室应当分为里外两层,由两人分别掌管钥匙。保密室要建立全覆盖、全时段的视频监控和录像,并实行监控录像6小时回放制。三是在正式读取答题卡前,要两人以上确认答题卡袋没有破损、封条没有损坏,验收合格后再读取答题卡,并在工作区域设置监控录像。

三、严格管理存储涉密文件的相关设备

一是统一配置用于命题工作的涉密计算机和移动存储介质，严禁携带和使用其他自带设备，严禁非命题计算机和非命题移动存储介质与命题计算机接触，严禁命题移动存储介质在非命题计算机上使用。二是对于存储考题的涉密计算机、移动存储介质要严格管理和监督使用情况，使用完毕后统一由专人回收，每日工作结束后统一清点和集中封存管理，禁止带出工作区域。三是利用技术手段，使涉密计算机无法读取非涉密移动存储介质，涉密移动存储介质每次使用后自动格式化消除数据。对涉密计算机安装后台监控和报警软件，对涉密文件的对外拷贝和发送进行实时监控和拦截。

四、对涉密人员要开展长期保密教育，并对履行保密责任情况进行检查和考核。

一是定期开展涉密人员的保密教育和培训，通过法律法规解读、典型案件分析等方式，使涉密人员对泄露国家秘密的严重性和相关法律后果有正确认识。开展长期教育，每年保密培训时间不得少于两个工作日，使保密人员对保密工作的重要性和具体要求入脑入心。二是涉密人员必须与相关单位签订保密责任书，明确涉密人员的保密职责和保密义务，保密责任书应当规定明晰、责任到人、有针对性，杜绝走形式的情况发生。三是相关单位应定期对涉密人员遵守保密制度、履行保密责任情况进行检查和考核，对于考核不合格的人员，调离涉密岗位，对于泄密事件或隐患及时处理，防止后果扩大。

附　　录

一、贪污贿赂罪、渎职罪相关重要法律规定

中华人民共和国刑法(节录)

1979年7月1日第五届全国人民代表大会第二次会议通过,1997年3月14日第八届全国人民代表大会第五次会议修订。根据《中华人民共和国刑法修正案》(1999年12月25日第九届全国人民代表大会常务委员会第十三次会议通过)修正;根据《中华人民共和国刑法修正案(二)》(2001年8月31日第九届全国人民代表大会常务委员会第二十三次会议通过)修正;根据《中华人民共和国刑法修正案(三)》(2001年12月29日中华人民共和国第九届全国人民代表大会常务委员会第二十五次会议通过)修正;根据《中华人民共和国刑法修正案(四)》(2002年12月28日第九届全国人民代表大会常务委员会第三十一次会议通过)修正;根据《中华人民共和国刑法修正案(五)》(2005年2月28日第十届全国人民代表大会常务委员会第十四次会议通过)修正;根据《中华人民共和国刑法修正案(六)》(2006年6月29日第十届全国人民代表大会常务委员会第二十二次会议通过)修正;根据《中华人民共和国刑法修正案(七)》(2009年2月28日第十一届全国人民代表大会常务委员会第七次会议通过)修正。根据《中华人民共和国刑法修正案(八)》(2011年2月25日第十一届全国人民代表大会常务委员会第十九次会议通过)修正。根据《全国人民代表大会常务委员会关于修改部分法律的决定》修正。

第八章　贪污贿赂罪

第三百八十二条　国家工作人员利用职务上的便利,侵吞、窃取、

骗取或者以其他手段非法占有公共财物的，是贪污罪。

受国家机关、国有公司、企业、事业单位、人民团体委托管理、经营国有财产的人员，利用职务上的便利，侵吞、窃取、骗取或者以其他手段非法占有国有财物的，以贪污论。

与前两款所列人员勾结，伙同贪污的，以共犯论处。

第三百八十三条　对犯贪污罪的，根据情节轻重，分别依照下列规定处罚：

（一）个人贪污数额在十万元以上的，处十年以上有期徒刑或者无期徒刑，可以并处没收财产；情节特别严重的，处死刑，并处没收财产。

（二）个人贪污数额在五万元以上不满十万元的，处五年以上有期徒刑，可以并处没收财产；情节特别严重的，处无期徒刑，并处没收财产。

（三）个人贪污数额在五千元以上不满五万元的，处一年以上七年以下有期徒刑；情节严重的，处七年以上十年以下有期徒刑。个人贪污数额在五千元以上不满一万元，犯罪后有悔改表现、积极退赃的，可以减轻处罚或者免予刑事处罚，由其所在单位或者上级主管机关给予行政处分。

（四）个人贪污数额不满五千元，情节较重的，处二年以下有期徒刑或者拘役；情节较轻的，由其所在单位或者上级主管机关酌情给予行政处分。

对多次贪污未经处理的，按照累计贪污数额处罚。

第三百八十四条　国家工作人员利用职务上的便利，挪用公款归个人使用，进行非法活动的，或者挪用公款数额较大、进行营利活动的，或者挪用公款数额较大、超过三个月未还的，是挪用公款罪，处五年以下有期徒刑或者拘役；情节严重的，处五年以上有期徒刑。挪用公款数额巨大不退还的，处十年以上有期徒刑或者无期徒刑。

挪用用于救灾、抢险、防汛、优抚、扶贫、移民、救济款物归个人使用的，从重处罚。

第三百八十五条　国家工作人员利用职务上的便利，索取他人财物的，或者非法收受他人财物，为他人谋取利益的，是受贿罪。

国家工作人员在经济往来中，违反国家规定，收受各种名义的回扣、手续费，归个人所有的，以受贿论处。

第三百八十六条　对犯受贿罪的，根据受贿所得数额及情节，依照本法第三百八十三条的规定处罚。索贿的从重处罚。

第三百八十七条　国家机关、国有公司、企业、事业单位、人民团体，索取、非法收受他人财物，为他人谋取利益，情节严重的，对单位判处罚金，并对其直接负责的主管人员和其他直接责任人员，处五年以下有期徒刑或者拘役。

前款所列单位，在经济往来中，在账外暗中收受各种名义的回扣、手续费的，以受贿论，依照前款的规定处罚。

第三百八十八条　国家工作人员利用本人职权或者地位形成的便利条件，通过其他国家工作人员职务上的行为，为请托人谋取不正当利益，索取请托人财物或者收受请托人财物的，以受贿论处。

第三百八十八条之一　国家工作人员的近亲属或者其他与该国家工作人员关系密切的人，通过该国家工作人员职务上的行为，或者利用该国家工作人员职权或者地位形成的便利条件，通过其他国家工作人员职务上的行为，为请托人谋取不正当利益，索取请托人财物或者收受请托人财物，数额较大或者有其他较重情节的，处三年以下有期徒刑或者拘役，并处罚金；数额巨大或者有其他严重情节的，处三年以上七年以下有期徒刑，并处罚金；数额特别巨大或者有其他特别严重情节的，处七年以上有期徒刑，并处罚金或者没收财产。

离职的国家工作人员或者其近亲属以及其他与其关系密切的人，利用该离职的国家工作人员原职权或者地位形成的便利条件实施前款行为的，依照前款的规定定罪处罚。

第三百八十九条　为谋取不正当利益，给予国家工作人员以财物的，是行贿罪。

在经济往来中，违反国家规定，给予国家工作人员以财物，数额较大的，或者违反国家规定，给予国家工作人员以各种名义的回扣、手续费的，以行贿论处。

因被勒索给予国家工作人员以财物，没有获得不正当利益的，不是行贿。

第三百九十条　对犯行贿罪的，处五年以下有期徒刑或者拘役；因行贿谋取不正当利益，情节严重的，或者使国家利益遭受重大损失的，处五年以上十年以下有期徒刑；情节特别严重的，处十年以上有期徒刑或者无期徒刑，可以并处没收财产。

行贿人在被追诉前主动交待行贿行为的，可以减轻处罚或者免除处罚。

第三百九十一条　为谋取不正当利益，给予国家机关、国有公司、企业、事业单位、人民团体以财物的，或者在经济往来中，违反国家规定，给予各种名义的回扣、手续费的，处三年以下有期徒刑或者拘役。

单位犯前款罪的，对单位判处罚金，并对其直接负责的主管人员和其他直接责任人员，依照前款的规定处罚。

第三百九十二条　向国家工作人员介绍贿赂，情节严重的，处三年以下有期徒刑或者拘役。

介绍贿赂人在被追诉前主动交待介绍贿赂行为的，可以减轻处罚或者免除处罚。

第三百九十三条　单位为谋取不正当利益而行贿，或者违反国家规定，给予国家工作人员以回扣、手续费，情节严重的，对单位判处罚金，并对其直接负责的主管人员和其他直接责任人员，处五年以下有期徒刑或者拘役。因行贿取得的违法所得归个人所有的，依照本法第三百八十九条、第三百九十条的规定定罪处罚。

第三百九十四条　国家工作人员在国内公务活动或者对外交往中接受礼物，依照国家规定应当交公而不交公，数额较大的，依照本法第三百八十二条、第三百八十三条的规定定罪处罚。

第三百九十五条　国家工作人员的财产、支出明显超过合法收入，差额巨大的，可以责令该国家工作人员说明来源，不能说明来源的，差额部分以非法所得论，处五年以下有期徒刑或者拘役；差额特别巨大的，处五年以上十年以下有期徒刑。财产的差额部分予以追缴。

国家工作人员在境外的存款，应当依照国家规定申报。数额较大、隐瞒不报的，处二年以下有期徒刑或者拘役；情节较轻的，由其所在单位或者上级主管机关酌情给予行政处分。

第三百九十六条　国家机关、国有公司、企业、事业单位、人民团体，违反国家规定，以单位名义将国有资产集体私分给个人，数额较大的，对其直接负责的主管人员和其他直接责任人员，处三年以下有期徒刑或者拘役，并处或者单处罚金；数额巨大的，处三年以上七年以下有期徒刑，并处罚金。

司法机关、行政执法机关违反国家规定，将应当上缴国家的罚没财物，以单位名义集体私分给个人的，依照前款的规定处罚。

第九章　渎职罪

第三百九十七条　国家机关工作人员滥用职权或者玩忽职守，致使公共财产、国家和人民利益遭受重大损失的，处三年以下有期徒刑或者拘役；情节特别严重的，处三年以上七年以下有期徒刑。本法另有规定的，依照规定。

国家机关工作人员徇私舞弊，犯前款罪的，处五年以下有期徒刑或者拘役；情节特别严重的，处五年以上十年以下有期徒刑。本法另有规定的，依照规定。

第三百九十八条　国家机关工作人员违反保守国家秘密法的规定，故意或者过失泄露国家秘密，情节严重的，处三年以下有期徒刑或者拘役；情节特别严重的，处三年以上七年以下有期徒刑。

非国家机关工作人员犯前款罪的，依照前款的规定酌情处罚。

第三百九十九条　司法工作人员徇私枉法、徇情枉法，对明知是无罪的人而使他受追诉、对明知是有罪的人而故意包庇不使他受追诉，或者在刑事审判活动中故意违背事实和法律作枉法裁判的，处五年以下有期徒刑或者拘役；情节严重的，处五年以上十年以下有期徒刑；情节特别严重的，处十年以上有期徒刑。

在民事、行政审判活动中故意违背事实和法律作枉法裁判，情节严重的，处五年以下有期徒刑或者拘役；情节特别严重的，处五年以上十年以下有期徒刑。

在执行判决、裁定活动中，严重不负责任或者滥用职权，不依法采取诉讼保全措施、不履行法定执行职责，或者违法采取诉讼保全措施、强制执行措施，致使当事人或者其他人的利益遭受重大损失的，处五年以下有期徒刑或者拘役；致使当事人或者其他人的利益遭受特别重大损失的，处五年以上十年以下有期徒刑。

司法工作人员收受贿赂，有前三款行为的，同时又构成本法第三百八十五条规定之罪的，依照处罚较重的规定定罪处罚。

第三百九十九条之一　依法承担仲裁职责的人员，在仲裁活动中故意违背事实和法律作枉法裁决，情节严重的，处三年以下有期徒刑或者拘役；情节特别严重的，处三年以上七年以下有期徒刑。

第四百条　司法工作人员私放在押的犯罪嫌疑人、被告人或者罪犯的，处五年以下有期徒刑或者拘役；情节严重的，处五年以上十年以下有期徒刑；情节特别严重的，处十年以上有期徒刑。

司法工作人员由于严重不负责任，致使在押的犯罪嫌疑人、被告人或者罪犯脱逃，造成严重后果的，处三年以下有期徒刑或者拘役；造成特别严重后果的，处三年以上十年以下有期徒刑。

第四百零一条　司法工作人员徇私舞弊，对不符合减刑、假释、暂予监外执行条件的罪犯，予以减刑、假释或者暂予监外执行的，处三年以下有期徒刑或者拘役；情节严重的，处三年以上七年以下有期徒刑。

第四百零二条　行政执法人员徇私舞弊，对依法应当移交司法机关追究刑事责任的不移交，情节严重的，处三年以下有期徒刑或者拘役；造成严重后果的，处三年以上七年以下有期徒刑。

第四百零三条　国家有关主管部门的国家机关工作人员，徇私舞弊，滥用职权，对不符合法律规定条件的公司设立、登记申请或者股票、债券发行、上市申请，予以批准或者登记，致使公共财产、国家和人民利益遭受重大损失的，处五年以下有期徒刑或者拘役。

上级部门强令登记机关及其工作人员实施前款行为的，对其直接负责的主管人员，依照前款的规定处罚。

第四百零四条　税务机关的工作人员徇私舞弊，不征或者少征应征税款，致使国家税收遭受重大损失的，处五年以下有期徒刑或者拘役；造成特别重大损失的，处五年以上有期徒刑。

第四百零五条　税务机关的工作人员违反法律、行政法规的规定，在办理发售发票、抵扣税款、出口退税工作中，徇私舞弊，致使国家利益遭受重大损失的，处五年以下有期徒刑或者拘役；致使国家利益遭受特别重大损失的，处五年以上有期徒刑。

其他国家机关工作人员违反国家规定，在提供出口货物报关单、出口收汇核销单等出口退税凭证的工作中，徇私舞弊，致使国家利益遭受重大损失的，依照前款的规定处罚。

第四百零六条　国家机关工作人员在签订、履行合同过程中，因严重不负责任被诈骗，致使国家利益遭受重大损失的，处三年以下有期徒刑或者拘役；致使国家利益遭受特别重大损失的，处三年以上七年以下有期徒刑。

第四百零七条　林业主管部门的工作人员违反森林法的规定，超过批准的年采伐限额发放林木采伐许可证或者违反规定滥发林木采伐许可证，情节严重，致使森林遭受严重破坏的，处三年以下有期徒刑或者拘役。

第四百零八条　负有环境保护监督管理职责的国家机关工作人员严重不负责任，导致发生重大环境污染事故，致使公私财产遭受重大损失或者造成人身伤亡的严重后果的，处三年以下有期徒刑或者拘役。

第四百零八条之一　负有食品安全监督管理职责的国家机关工作人员，滥用职权或者玩忽职守，导致发生重大食品安全事故或者造成其他严重后果的，处五年以下有期徒刑或者拘役；造成特别严重后果的，处五年以上十年以下有期徒刑。

徇私舞弊犯前款罪的，从重处罚。

第四百零九条　从事传染病防治的政府卫生行政部门的工作人员严重不负责任，导致传染病传播或者流行，情节严重的，处三年以下有期徒刑或者拘役。

第四百一十条　国家机关工作人员徇私舞弊，违反土地管理法规，滥用职权，非法批准征收、征用、占用土地，或者非法低价出让国有土地使用权，情节严重的，处三年以下有期徒刑或者拘役；致使国家或者集体利益遭受特别重大损失的，处三年以上七年以下有期徒刑。

第四百一十一条　海关工作人员徇私舞弊，放纵走私，情节严重的，处五年以下有期徒刑或者拘役；情节特别严重的，处五年以上有期徒刑。

第四百一十二条　国家商检部门、商检机构的工作人员徇私舞弊，伪造检验结果的，处五年以下有期徒刑或者拘役；造成严重后果的，处五年以上十年以下有期徒刑。

前款所列人员严重不负责任，对应当检验的物品不检验，或者延误检验出证、错误出证，致使国家利益遭受重大损失的，处三年以下有期徒刑或者拘役。

第四百一十三条　动植物检疫机关的检疫人员徇私舞弊，伪造检疫结果的，处五年以下有期徒刑或者拘役；造成严重后果的，处五年以上十年以下有期徒刑。

前款所列人员严重不负责任，对应当检疫的检疫物不检疫，或者延误检疫出证、错误出证，致使国家利益遭受重大损失的，处三年以下有期徒刑或者拘役。

第四百一十四条 对生产、销售伪劣商品犯罪行为负有追究责任的国家机关工作人员，徇私舞弊，不履行法律规定的追究职责，情节严重的，处五年以下有期徒刑或者拘役。

第四百一十五条 负责办理护照、签证以及其他出入境证件的国家机关工作人员，对明知是企图偷越国（边）境的人员，予以办理出入境证件的，或者边防、海关等国家机关工作人员，对明知是偷越国（边）境的人员，予以放行的，处三年以下有期徒刑或者拘役；情节严重的，处三年以上七年以下有期徒刑。

第四百一十六条 对被拐卖、绑架的妇女、儿童负有解救职责的国家机关工作人员，接到被拐卖、绑架的妇女、儿童及其家属的解救要求或者接到其他人的举报，而对被拐卖、绑架的妇女、儿童不进行解救，造成严重后果的，处五年以下有期徒刑或者拘役。

负有解救职责的国家机关工作人员利用职务阻碍解救的，处二年以上七年以下有期徒刑；情节较轻的，处二年以下有期徒刑或者拘役。

第四百一十七条 有查禁犯罪活动职责的国家机关工作人员，向犯罪分子通风报信、提供便利，帮助犯罪分子逃避处罚的，处三年以下有期徒刑或者拘役；情节严重的，处三年以上十年以下有期徒刑。

第四百一十八条 国家机关工作人员在招收公务员、学生工作中徇私舞弊，情节严重的，处三年以下有期徒刑或者拘役。

第四百一十九条 国家机关工作人员严重不负责任，造成珍贵文物损毁或者流失，后果严重的，处三年以下有期徒刑或者拘役。

最高人民法院、最高人民检察院
关于办理渎职刑事案件具体应用法律若干问题的解释（一）

（2013 年 1 月 9 日施行 法释〔2012〕18 号）

为依法惩治渎职犯罪，根据刑法有关规定，现就办理渎职刑事案件适用法律的若干问题解释如下：

第一条 国家机关工作人员滥用职权或者玩忽职守，具有下列情形之一的，应当认定为刑法第三百九十七条规定的“致使公共财产、国家和人民利益遭受重大损失”：

（一）造成死亡1人以上，或者重伤3人以上，或者轻伤9人以上，或者重伤2人、轻伤3人以上，或者重伤1人、轻伤6人以上的；

（二）造成经济损失30万元以上的；

（三）造成恶劣社会影响的；

（四）其他致使公共财产、国家和人民利益遭受重大损失的情形。

具有下列情形之一的，应当认定为刑法第三百九十七条规定的“情节特别严重”：

（一）造成伤亡达到前款第（一）项规定人数3倍以上的；

（二）造成经济损失150万元以上的；

（三）造成前款规定的损失后果，不报、迟报、谎报或者授意、指使、强令他人不报、迟报、谎报事故情况，致使损失后果持续、扩大或者抢救工作延误的；

（四）造成特别恶劣社会影响的；

（五）其他特别严重的情节。

第二条　国家机关工作人员实施滥用职权或者玩忽职守犯罪行为，触犯刑法分则第九章第三百九十八条至第四百一十九条规定的，依照该规定定罪处罚。

国家机关工作人员滥用职权或者玩忽职守，因不具备徇私舞弊等情形，不符合刑法分则第九章第三百九十八条至第四百一十九条的规定，但依法构成第三百九十七条规定的犯罪的，以滥用职权罪或者玩忽职守罪定罪处罚。

第三条　国家机关工作人员实施渎职犯罪并收受贿赂，同时构成受贿罪的，除刑法另有规定外，以渎职犯罪和受贿罪数罪并罚。

第四条　国家机关工作人员实施渎职行为，放纵他人犯罪或者帮助他人逃避刑事处罚，构成犯罪的，依照渎职罪的规定定罪处罚。

国家机关工作人员与他人共谋，利用其职务行为帮助他人实施其他犯罪行为，同时构成渎职犯罪和共谋实施的其他犯罪共犯的，依照处罚较重的规定定罪处罚。

国家机关工作人员与他人共谋，既利用其职务行为帮助他人实施其他犯罪，又以非职务行为与他人共同实施该其他犯罪行为，同时构成渎职犯罪和其他犯罪的共犯的,依照数罪并罚的规定定罪处罚。

第五条 国家机关负责人员违法决定,或者指使、授意、强令其他国家机关工作人员违法履行职务或者不履行职务,构成刑法分则第九章规定的渎职犯罪的,应当依法追究刑事责任。

以“集体研究”形式实施的渎职犯罪,应当依照刑法分则第九章的规定追究国家机关负有责任的人员的刑事责任。对于具体执行人员,应当在综合认定其行为性质、是否提出反对意见、危害结果大小等情节的基础上决定是否追究刑事责任和应当判处的刑罚。

第六条 以危害结果为条件的渎职犯罪的追诉期限,从危害结果发生之日起计算;有数个危害结果的,从最后一个危害结果发生之日起计算。

第七条 依法或者受委托行使国家行政管理职权的公司、企业、事业单位的工作人员,在行使行政管理职权时滥用职权或者玩忽职守,构成犯罪的,应当依照《全国人民代表大会常务委员会关于〈中华人民共和国刑法〉第九章渎职罪主体适用问题的解释》的规定,适用渎职罪的规定追究刑事责任。

第八条 本解释规定的“经济损失”,是指渎职犯罪或者与渎职犯罪相关联的犯罪立案时已经实际造成的财产损失,包括为挽回渎职犯罪所造成损失而支付的各种开支、费用等。立案后至提起公诉前持续发生的经济损失,应一并计入渎职犯罪造成的经济损失。

债务人经法定程序被宣告破产,债务人潜逃、去向不明,或者因行为人的责任超过诉讼时效等,致使债权已经无法实现的,无法实现的债权部分应当认定为渎职犯罪的经济损失。

渎职犯罪或者与渎职犯罪相关联的犯罪立案后,犯罪分子及其亲友自行挽回的经济损失,司法机关或者犯罪分子所在单位及其上级主管部门挽回的经济损失,或者因客观原因减少的经济损失,不予扣减,但可以作为酌定从轻处罚的情节。

第九条 负有监督管理职责的国家机关工作人员滥用职权或者玩忽职守,致使不符合安全标准的食品、有毒有害食品、假药、劣药等流入社会,对人民群众生命、健康造成严重危害后果的,依照渎职罪的规定从严惩处。

第十条 最高人民法院、最高人民检察院此前发布的司法解释与本解释不一致的,以本解释为准。

最高人民法院、最高人民检察院
关于办理行贿刑事案件具体应用法律若干问题的解释

（2012年12月26日施行　法释〔2012〕22号）

为依法惩治行贿犯罪活动，根据刑法有关规定，现就办理行贿刑事案件具体应用法律的若干问题解释如下：

第一条　为谋取不正当利益，向国家工作人员行贿，数额在一万元以上的，应当依照刑法第三百九十条的规定追究刑事责任。

第二条　因行贿谋取不正当利益，具有下列情形之一的，应当认定为刑法第三百九十条第一款规定的"情节严重"：

（一）行贿数额在二十万元以上不满一百万元的；

（二）行贿数额在十万元以上不满二十万元，并具有下列情形之一的：

1. 向三人以上行贿的；

2. 将违法所得用于行贿的；

3. 为实施违法犯罪活动，向负有食品、药品、安全生产、环境保护等监督管理职责的国家工作人员行贿，严重危害民生、侵犯公众生命财产安全的；

4. 向行政执法机关、司法机关的国家工作人员行贿，影响行政执法和司法公正的；

（三）其他情节严重的情形。

第三条　因行贿谋取不正当利益，造成直接经济损失数额在一百万元以上的，应当认定为刑法第三百九十条第一款规定的"使国家利益遭受重大损失"。

第四条　因行贿谋取不正当利益，具有下列情形之一的，应当认定为刑法第三百九十条第一款规定的"情节特别严重"：

（一）行贿数额在一百万元以上的；

（二）行贿数额在五十万元以上不满一百万元，并具有下列情形之一的：

1. 向三人以上行贿的；

2. 将违法所得用于行贿的；

3. 为实施违法犯罪活动，向负有食品、药品、安全生产、环境保护等监督管理职责的国家工作人员行贿，严重危害民生、侵犯公众生命财产安全的；

4. 向行政执法机关、司法机关的国家工作人员行贿，影响行政执法和司法公正的；

（三）造成直接经济损失数额在五百万元以上的；

（四）其他情节特别严重的情形。

第五条 多次行贿未经处理的，按照累计行贿数额处罚。

第六条 行贿人谋取不正当利益的行为构成犯罪的，应当与行贿犯罪实行数罪并罚。

第七条 因行贿人在被追诉前主动交待行贿行为而破获相关受贿案件的，对行贿人不适用刑法第六十八条关于立功的规定，依照刑法第三百九十条第二款的规定，可以减轻或者免除处罚。

单位行贿的，在被追诉前，单位集体决定或者单位负责人决定主动交待单位行贿行为的，依照刑法第三百九十条第二款的规定，对单位及相关责任人员可以减轻处罚或者免除处罚；受委托直接办理单位行贿事项的直接责任人员在被追诉前主动交待自己知道的单位行贿行为的，对该直接责任人员可以依照刑法第三百九十条第二款的规定减轻处罚或者免除处罚。

第八条 行贿人被追诉后如实供述自己罪行的，依照刑法第六十七条第三款的规定，可以从轻处罚；因其如实供述自己罪行，避免特别严重后果发生的，可以减轻处罚。

第九条 行贿人揭发受贿人与其行贿无关的其他犯罪行为，查证属实的，依照刑法第六十八条关于立功的规定，可以从轻、减轻或者免除处罚。

第十条 实施行贿犯罪，具有下列情形之一的，一般不适用缓刑和免予刑事处罚：

（一）向三人以上行贿的；

（二）因行贿受过行政处罚或者刑事处罚的；

（三）为实施违法犯罪活动而行贿的；

（四）造成严重危害后果的；

（五）其他不适用缓刑和免予刑事处罚的情形。

具有刑法第三百九十条第二款规定的情形的，不受前款规定的限制。

第十一条　行贿犯罪取得的不正当财产性利益应当依照刑法第六十四条的规定予以追缴、责令退赔或者返还被害人。

因行贿犯罪取得财产性利益以外的经营资格、资质或者职务晋升等其他不正当利益，建议有关部门依照相关规定予以处理。

第十二条　行贿犯罪中的"谋取不正当利益"，是指行贿人谋取的利益违反法律、法规、规章、政策规定，或者要求国家工作人员违反法律、法规、规章、政策、行业规范的规定，为自己提供帮助或者方便条件。

违背公平、公正原则，在经济、组织人事管理等活动中，谋取竞争优势的，应当认定为"谋取不正当利益"。

第十三条　刑法第三百九十条第二款规定的"被追诉前"，是指检察机关对行贿人的行贿行为刑事立案前。

最高人民法院、最高人民检察院关于办理职务犯罪案件严格适用缓刑、免予刑事处罚若干问题的意见

（2012年8月8日发布）

为进一步规范贪污贿赂、渎职等职务犯罪案件缓刑、免予刑事处罚的适用，确保办理职务犯罪案件的法律效果和社会效果，根据刑法有关规定并结合司法工作实际，就职务犯罪案件缓刑、免予刑事处罚的具体适用问题，提出以下意见：

一、严格掌握职务犯罪案件缓刑、免予刑事处罚的适用。职务犯罪案件的刑罚适用直接关系反腐败工作的实际效果。人民法院、人民检察院要深刻认识职务犯罪的严重社会危害性，正确贯彻宽严相济刑事政策，充分发挥刑罚的惩治和预防功能。要在全面把握犯罪事实和量刑情节的基础上严格依照刑法规定的条件适用缓刑、免予刑事处罚，既要考虑从宽情节，又要考虑从严情节；既要做到刑罚与犯罪相当，又要做到刑罚执行方式与犯罪相当，切实避免缓刑、免予刑事处罚不当适用造成的消极影响。

二、具有下列情形之一的职务犯罪分子，一般不适用缓刑或者免予刑事处罚：

（一）不如实供述罪行的；

（二）不予退缴赃款赃物或者将赃款赃物用于非法活动的；

（三）属于共同犯罪中情节严重的主犯的；

（四）犯有数个职务犯罪依法实行并罚或者以一罪处理的；

（五）曾因职务违纪违法行为受过行政处分的；

（六）犯罪涉及的财物属于救灾、抢险、防汛、优抚、扶贫、移民、救济、防疫等特定款物的；

（七）受贿犯罪中具有索贿情节的；

（八）渎职犯罪中徇私舞弊情节或者滥用职权情节恶劣的；

（九）其他不应适用缓刑、免予刑事处罚的情形。

三、不具有本意见第二条规定的情形，全部退缴赃款赃物，依法判处三年有期徒刑以下刑罚，符合刑法规定的缓刑适用条件的贪污、受贿犯罪分子，可以适用缓刑；符合刑法第三百八十三条第一款第（三）项的规定，依法不需要判处刑罚的，可以免予刑事处罚。

不具有本意见第二条所列情形，挪用公款进行营利活动或者超过三个月未还构成犯罪，一审宣判前已将公款归还，依法判处三年有期徒刑以下刑罚，符合刑法规定的缓刑适用条件的，可以适用缓刑；在案发前已归还，情节轻微，不需要判处刑罚的，可以免予刑事处罚。

四、人民法院审理职务犯罪案件时应当注意听取检察机关、被告人、辩护人提出的量刑意见，分析影响性案件案发前后的社会反映，必要时可以征求案件查办等机关的意见。对于情节恶劣、社会反映强烈的职务犯罪案件，不得适用缓刑、免予刑事处罚。

五、对于具有本意见第二条规定的情形之一，但根据全案事实和量刑情节，检察机关认为确有必要适用缓刑或者免予刑事处罚并据此提出量刑建议的，应经检察委员会讨论决定；审理法院认为确有必要适用缓刑或者免予刑事处罚的，应经审判委员会讨论决定。

最高人民法院、最高人民检察院关于办理国家出资企业中职务犯罪案件具体应用法律若干问题的意见

（法发〔2010〕49 号）

随着企业改制的不断推进，人民法院、人民检察院在办理国家出资

企业中的贪污、受贿等职务犯罪案件时遇到了一些新情况、新问题。这些新情况、新问题具有一定的特殊性和复杂性，需要结合企业改制的特定历史条件，依法妥善地进行处理。现根据刑法规定和相关政策精神，就办理此类刑事案件具体应用法律的若干问题，提出以下意见：

一、关于国家出资企业工作人员在改制过程中隐匿公司、企业财产归个人持股的改制后公司、企业所有的行为的处理

国家工作人员或者受国家机关、国有公司、企业、事业单位、人民团体委托管理、经营国有财产的人员利用职务上的便利，在国家出资企业改制过程中故意通过低估资产、隐瞒债权、虚设债务、虚构产权交易等方式隐匿公司、企业财产，转为本人持有股份的改制后公司、企业所有，应当依法追究刑事责任的，依照刑法第三百八十二条、第三百八十三条的规定，以贪污罪定罪处罚。贪污数额一般应当以所隐匿财产全额计算；改制后公司、企业仍有国有股份的，按股份比例扣除归于国有的部分。

所隐匿财产在改制过程中已为行为人实际控制，或者国家出资企业改制已经完成的，以犯罪既遂处理。

第一款规定以外的人员实施该款行为的，依照刑法第二百七十一条的规定，以职务侵占罪定罪处罚；第一款规定以外的人员与第一款规定的人员共同实施该款行为的，以贪污罪的共犯论处。

在企业改制过程中未采取低估资产、隐瞒债权、虚设债务、虚构产权交易等方式故意隐匿公司、企业财产的，一般不应当认定为贪污；造成国有资产重大损失，依法构成刑法第一百六十八条或者第一百六十九条规定的犯罪的，依照该规定定罪处罚。

二、关于国有公司、企业在改制过程中隐匿公司、企业财产归职工集体持股的改制后公司、企业所有的行为的处理

国有公司、企业违反国家规定，在改制过程中隐匿公司、企业财产，转为职工集体持股的改制后公司、企业所有的，对其直接负责的主管人员和其他直接责任人员，依照刑法第三百九十六条第一款的规定，以私分国有资产罪定罪处罚。

改制后的公司、企业中只有改制前公司、企业的管理人员或者少数职工持股，改制前公司、企业的多数职工未持股的，依照本意见第一条的规定，以贪污罪定罪处罚。

三、关于国家出资企业工作人员使用改制公司、企业的资金担保个人贷款，用于购买改制公司、企业股份的行为的处理

国家出资企业的工作人员在公司、企业改制过程中为购买公司、企业股份，利用职务上的便利，将公司、企业的资金或者金融凭证、有价证券等用于个人贷款担保的，依照刑法第二百七十二条或者第三百八十四条的规定.以挪用资金罪或者挪用公款罪定罪处罚。

行为人在改制前的国家出资企业持有股份的，不影响挪用数额的认定，但量刑时应当酌情考虑。

经有关主管部门批准或者按照有关政策规定，国家出资企业的工作人员为购买改制公司、企业股份实施前款行为的，可以视具体情况不作为犯罪处理。

四、关于国家工作人员在企业改制过程中的渎职行为的处理

国家出资企业中的国家工作人员在公司、企业改制或者国有资产处置过程中严重不负责任或者滥用职权，致使国家利益遭受重大损失的，依照刑法第一百六十八条的规定，以国有公司、企业人员失职罪或者国有公司、企业人员滥用职权罪定罪处罚。

国家出资企业中的国家工作人员在公司、企业改制或者国有资产处置过程中徇私舞弊，将国有资产低价折股或者低价出售给其本人未持有股份的公司、企业或者其他个人，致使国家利益遭受重大损失的，依照刑法第一百六十九条的规定，以徇私舞弊低价折股、出售国有资产罪定罪处罚。

国家出资企业中的国家工作人员在公司、企业改制或者国有资产处置过程中徇私舞弊，将国有资产低价折股或者低价出售给特定关系人持有股份或者本人实际控制的公司、企业，致使国家利益遭受重大损失的，依照刑法第三百八十二条、第三百八十三条的规定，以贪污罪定罪处罚。贪污数额以国有资产的损失数额计算。

国家出资企业中的国家工作人员因实施第一款、第二款行为收受贿赂，同时又构成刑法第三百八十五条规定之罪的，依照处罚较重的规定定罪处罚。

五、关于改制前后主体身份发生变化的犯罪的处理

国家工作人员在国家出资企业改制前利用职务上的便利实施犯罪，在其不再具有国家工作人员身份后又实施同种行为，依法构成不同

犯罪的,应当分别定罪,实行数罪并罚。

国家工作人员利用职务上的便利,在国家出资企业改制过程中隐匿公司、企业财产,在其不再具有国家工作人员身份后将所隐匿财产据为己有的,依照刑法第三百八十二条、第三百八十三条的规定,以贪污罪定罪处罚。

国家工作人员在国家出资企业改制过程中利用职务上的便利为请托人谋取利益,事先约定在其不再具有国家工作人员身份后收受请托人财物,或者在身份变化前后连续收受请托人财物的,依照刑法第三百八十五条、第三百八十六条的规定,以受贿罪定罪处罚。

六、关于国家出资企业中国家工作人员的认定

经国家机关、国有公司、企业、事业单位提名、推荐、任命、批准等,在国有控股、参股公司及其分支机构中从事公务的人员,应当认定为国家工作人员。具体的任命机构和程序,不影响国家工作人员的认定。

经国家出资企业中负有管理、监督国有资产职责的组织批准或者研究决定,代表其在国有控股、参股公司及其分支机构中从事组织、领导、监督、经营、管理工作的人员,应当认定为国家工作人员。

国家出资企业中的国家工作人员,在国家出资企业中持有个人股份或者同时接受非国有股东委托的,不影响其国家工作人员身份的认定。

七、关于国家出资企业的界定

本意见所称"国家出资企业",包括国家出资的国有独资公司、国有独资企业,以及国有资本控股公司、国有资本参股公司。

是否属于国家出资企业不清楚的,应遵循"谁投资、谁拥有产权"的原则进行界定。企业注册登记中的资金来源与实际出资不符的,应根据实际出资情况确定企业的性质。企业实际出资情况不清楚的,可以综合工商注册、分配形式、经营管理等因素确定企业的性质。

八、关于宽严相济刑事政策的具体贯彻

办理国家出资企业中的职务犯罪案件时,要综合考虑历史条件、企业发展、职工就业、社会稳定等因素,注意具体情况具体分析,严格把握犯罪与一般违规行为的区分界限。对于主观恶意明显、社会危害严重、群众反映强烈的严重犯罪,要坚决依法从严惩处;对于特定历史条件下、为了顺利完成企业改制而实施的违反国家政策法律规定的行为,行

为人无主观恶意或者主观恶意不明显，情节较轻，危害不大的，可以不作为犯罪处理。

对于国家出资企业中的职务犯罪，要加大经济上的惩罚力度，充分重视财产刑的适用和执行，最大限度地挽回国家和人民利益遭受的损失。不能退赃的，在决定刑罚时，应当作为重要情节予以考虑。

最高人民法院、最高人民检察院、公安部、国家安全部、司法部《关于对司法工作人员在诉讼活动中的渎职行为加强法律监督的若干规定（试行）》

（2010年7月26日发布　高检会〔2010〕4号）

第一条　加强对司法工作人员在诉讼活动中的渎职行为的法律监督，完善和规范监督措施，保证司法工作人员公正司法，根据《中华人民共和国刑法》、《中华人民共和国刑事诉讼法》、《中华人民共和国民事诉讼法》、《中华人民共和国行政诉讼法》等有关法律的规定，制定本规定。

第二条　人民检察院依法对诉讼活动实行法律监督。对司法工作人员的渎职行为可以通过依法审查案卷材料、调查核实违法事实、提出纠正违法意见或者建议更换办案人、立案侦查职务犯罪等措施进行法律监督。

第三条　司法工作人员在诉讼活动中具有下列情形之一的，可以认定为司法工作人员具有涉嫌渎职的行为，人民检察院应当调查核实：

（一）徇私枉法、徇情枉法，对明知是无罪的人而使其受追诉，或者对明知是有罪的人而故意包庇不使其受追诉，或者在审判活动中故意违背事实和法律作枉法裁判的；

（二）非法拘禁他人或者以其他方法非法剥夺他人人身自由的；

（三）非法搜查他人身体、住宅，或者非法侵入他人住宅的；

（四）对犯罪嫌疑人、被告人实行刑讯逼供或者使用暴力逼取证人证言，或者以暴力、威胁、贿买等方法阻止证人作证或者指使他人作伪证的，或者帮助当事人毁灭、伪造证据的；

（五）侵吞或者违法处置被查封、扣押、冻结的款物的；

（六）违反法律规定的拘留期限、侦查羁押期限或者办案期限，对犯

罪嫌疑人、被告人超期羁押,情节较重的;

(七)私放在押的犯罪嫌疑人、被告人、罪犯,或者严重不负责任,致使在押的犯罪嫌疑人、被告人、罪犯脱逃的;

(八)徇私舞弊,对不符合减刑、假释、暂予监外执行条件的罪犯,违法提请或者裁定、决定、批准减刑、假释、暂予监外执行的;

(九)在执行判决、裁定活动中严重不负责任或者滥用职权,不依法采取诉讼保全措施、不履行法定执行职责,或者违法采取诉讼保全措施、强制执行措施,致使当事人或者其他人的合法利益遭受损害的;

(十)对被监管人进行殴打或者体罚虐待或者指使被监管人殴打、体罚虐待其他被监管人的;

(十一)收受或者索取当事人及其近亲属或者其委托的人等的贿赂的;

(十二)其他严重违反刑事诉讼法、民事诉讼法、行政诉讼法和刑法规定,不依法履行职务,损害当事人合法权利,影响公正司法的诉讼违法行为和职务犯罪行为。

第四条　人民检察院在开展法律监督工作中,发现有证据证明司法工作人员在诉讼活动中涉嫌渎职的,应当报经检察长批准,及时进行调查核实。

对于单位或者个人向人民检察院举报或者控告司法工作人员在诉讼活动中有渎职行为的,人民检察院应当受理并进行审查,对于需要进一步调查核实的,应当报经检察长批准,及时进行调查核实。

第五条　人民检察院认为需要核实国家安全机关工作人员在诉讼活动中的渎职行为的,应当报经检察长批准,委托国家安全机关进行调查。国家安全机关应当及时将调查结果反馈人民检察院。必要时,人民检察院可以会同国家安全机关共同进行调查。

对于公安机关工作人员办理危害国家安全犯罪案件中渎职行为的调查,比照前款规定执行。

第六条　人民检察院发现检察人员在诉讼活动中涉嫌渎职的,应当报经检察长批准,及时进行调查核实。

人民法院、公安机关、国家安全机关、司法行政机关有证据证明检察人员涉嫌渎职的,可以向人民检察院提出,人民检察院应当及时进行调查核实并反馈调查结果。

上一级人民检察院接到对检察人员在诉讼活动中涉嫌渎职行为的举报、控告的,可以直接进行调查,也可以交由下级人民检察院调查。交下级人民检察院调查的,下级人民检察院应当将调查结果及时报告上一级人民检察院。

第七条 人民检察院调查司法工作人员在诉讼活动中的渎职行为,可以询问有关当事人或者知情人,查阅、调取或者复制相关法律文书或者报案登记材料、案卷材料、罪犯改造材料,对受害人可以进行伤情检查,但是不得限制被调查人的人身自由或者财产权利。

人民检察院通过查阅、复制、摘录等方式能够满足调查需要的,一般不调取相关法律文书或者报案登记材料、案卷材料、罪犯改造材料。

人民检察院在调查期间,应当对调查内容保密。

第八条 人民检察院对司法工作人员在诉讼活动中的涉嫌渎职行为进行调查,调查期限不得超过一个月。确需延长调查期限的,可以报经检察长批准,延长二个月。

第九条 人民检察院对司法工作人员在诉讼活动中的涉嫌渎职行为进行调查,在查证属实并由有关机关作出停止执行职务的处理前,被调查人不停止执行职务。

第十条 人民检察院对司法工作人员在诉讼活动中的涉嫌渎职行为调查完毕后,应当制作调查报告,根据已经查明的情况提出处理意见,报检察长决定后作出处理。

(一)认为有犯罪事实需要追究刑事责任的,应当按照刑事诉讼法关于管辖的规定依法立案侦查或者移送有管辖权的机关立案侦查,并建议有关机关停止被调查人执行职务,更换办案人。

(二)对于确有渎职违法行为,但是尚未构成犯罪的,应当依法向被调查人所在机关发出纠正违法通知书,并将证明其渎职行为的材料按照干部管理权限移送有关机关处理。对于确有严重违反法律的渎职行为,虽未构成犯罪,但被调查人继续承办案件将严重影响正在进行的诉讼活动的公正性,且有关机关未更换办案人的,应当建议更换办案人。

(三)对于审判人员在审理案件时有贪污受贿、徇私舞弊、枉法裁判或者其他违反法律规定的诉讼程序的行为,可能影响案件正确判决、裁定的,应当分别依照刑事诉讼法、民事诉讼法和行政诉讼法规定的程序对该案件的判决、裁定提出抗诉。

（四）对于举报、控告不实的，应当及时向被调查人所在机关说明情况。调查中询问过被调查人的，应当及时向被调查人本人说明情况，并采取适当方式在一定范围内消除不良影响。同时，将调查结果及时回复举报人、控告人。

（五）对于举报人、控告人捏造事实诬告陷害，意图使司法工作人员受刑事追究，情节严重的，依法追究刑事责任。调查人员与举报人、控告人恶意串通，诬告陷害司法工作人员的，一并追究相关法律责任。

对于司法工作人员涉嫌渎职犯罪需要立案侦查的，对渎职犯罪的侦查和对诉讼活动的其他法律监督工作应当分别由不同的部门和人员办理。

第十一条　被调查人不服人民检察院的调查结论的，可以向人民检察院提出申诉，人民检察院应当进行复查，并在十日内将复查决定反馈申诉人及其所在机关。申诉人不服人民检察院的复查决定的，可以向上一级人民检察院申请复核。上一级人民检察院应当进行复核，并在二十日内将复核决定及时反馈申诉人，通知下级人民检察院。

第十二条　人民检察院经过调查，认为作为案件证据材料的犯罪嫌疑人、被告人供述、证人证言、被害人陈述系司法工作人员采用暴力、威胁、引诱、欺骗等违法手段获取的，在审查或者决定逮捕、审查起诉时应当依法予以排除，不得作为认定案件事实的根据。有关调查材料应当存入诉讼卷宗，随案移送。

第十三条　人民检察院提出纠正违法意见或者更换办案人建议的，有关机关应当在十五日内作出处理并将处理情况书面回复人民检察院。对于人民检察院的纠正违法通知书和更换办案人建议书，有关机关应当存入诉讼卷宗备查。

有关机关对人民检察院提出的纠正违法意见有异议的，应当在收到纠正违法通知书后五日内将不同意见书面回复人民检察院，人民检察院应当在七日内进行复查。人民检察院经过复查，认为纠正违法意见正确的，应当立即向上一级人民检察院报告；认为纠正违法意见错误的，应当撤销纠正违法意见，并及时将撤销纠正违法意见书送达有关机关。

上一级人民检察院经审查，认为下级人民检察院的纠正违法意见正确的，应当及时与同级有关机关进行沟通，同级有关机关应当督促其下级机关进行纠正;认为下级人民检察院的纠正违法意见不正确的,应当书面通知下级人民检察院予以撤销,下级人民检察院应当执行,并依照本规定第十条第一款第四项的规定,说明情况,消除影响。

第十四条 有关机关在查处本机关司法工作人员的违纪违法行为时,发现已经涉嫌职务犯罪的,应当及时将犯罪线索及相关材料移送人民检察院。人民检察院应当及时进行审查,符合立案条件的,依法立案侦查,并将有关情况反馈移送犯罪线索的机关。

第十五条 检察人员对于司法工作人员在诉讼活动中的渎职行为不依法履行法律监督职责,造成案件被错误处理或者其他严重后果,或者放纵司法工作人员职务犯罪,或者滥用职权违法干扰有关司法机关依法办案的,人民检察院的纪检监察部门应当进行查处;构成犯罪的,依法追究刑事责任。

第十六条 本规定所称的司法工作人员,是指依法负有侦查、检察、审判、监管和判决、裁定执行职责的国家工作人员。

第十七条 本规定所称的对司法工作人员渎职行为的调查,是指人民检察院在对刑事诉讼、民事审判、行政诉讼活动进行法律监督中,为准确认定和依法纠正司法工作人员的渎职行为,而对该司法工作人员违反法律的事实是否存在及其性质、情节、后果等进行核实、查证的活动。

第十八条 本规定自公布之日起试行。

最高人民法院、最高人民检察院关于办理职务犯罪案件认定自首、立功等量刑情节若干问题的意见

(2009 年 3 月 12 日发布　法发〔2009〕13 号)

为依法惩处贪污贿赂、渎职等职务犯罪,根据刑法和相关司法解释的规定,结合办案工作实际,现就办理职务犯罪案件有关自首、立功等量刑情节的认定和处理问题,提出如下意见:

一、关于自首的认定和处理

根据刑法第六十七条第一款的规定,成立自首需同时具备自动投案和如实供述自己的罪行两个要件。犯罪事实或者犯罪分子未被办案机关掌握,或者虽被掌握,但犯罪分子尚未受到调查谈话、讯问,或者未

被宣布采取调查措施或者强制措施时,向办案机关投案的,是自动投案。在此期间如实交代自己的主要犯罪事实的,应当认定为自首。

犯罪分子向所在单位等办案机关以外的单位、组织或者有关负责人员投案的,应当视为自动投案。

没有自动投案,在办案机关调查谈话、讯问、采取调查措施或者强制措施期间,犯罪分子如实交代办案机关掌握的线索所针对的事实的,不能认定为自首。

没有自动投案,但具有以下情形之一的,以自首论:(1)犯罪分子如实交代办案机关未掌握的罪行,与办案机关已掌握的罪行属不同种罪行的;(2)办案机关所掌握线索针对的犯罪事实不成立,在此范围外犯罪分子交代同种罪行的。

单位犯罪案件中,单位集体决定或者单位负责人决定而自动投案,如实交代单位犯罪事实的,或者单位直接负责的主管人员自动投案,如实交代单位犯罪事实的,应当认定为单位自首。单位自首的,直接负责的主管人员和直接责任人员未自动投案,但如实交代自己知道的犯罪事实的,可以视为自首;拒不交代自己知道的犯罪事实或者逃避法律追究的,不应当认定为自首。单位没有自首,直接责任人员自动投案并如实交代自己知道的犯罪事实的,对该直接责任人员应当认定为自首。

对于具有自首情节的犯罪分子,办案机关移送案件时应当予以说明并移交相关证据材料。

对于具有自首情节的犯罪分子,应当根据犯罪的事实、性质、情节和对于社会的危害程度,结合自动投案的动机、阶段、客观环境,交代犯罪事实的完整性、稳定性以及悔罪表现等具体情节,依法决定是否从轻、减轻或者免除处罚以及从轻、减轻处罚的幅度。

二、关于立功的认定和处理

立功必须是犯罪分子本人实施的行为。为使犯罪分子得到从轻处理,犯罪分子的亲友直接向有关机关揭发他人犯罪行为,提供侦破其他案件的重要线索,或者协助司法机关抓捕其他犯罪嫌疑人的,不应当认定为犯罪分子的立功表现。

据以立功的他人罪行材料应当指明具体犯罪事实;据以立功的线索或者协助行为对于侦破案件或者抓捕犯罪嫌疑人要有实际作用。犯罪分子揭发他人犯罪行为时没有指明具体犯罪事实的;揭发的犯罪事实与查实的犯罪事实不具有关联性的；提供的线索或者协助行为对于其他案件的侦破或者其他犯罪嫌疑人的抓捕不具有实际作用的，不能认定为立功表现。

犯罪分子揭发他人犯罪行为，提供侦破其他案件重要线索的，必须经查证属实，才能认定为立功。审查是否构成立功，不仅要审查办案机关的说明材料，还要审查有关事实和证据以及与案件定性处罚相关的法律文书，如立案决定书、逮捕决定书、侦查终结报告、起诉意见书、起诉书或者判决书等。

据以立功的线索、材料来源有下列情形之一的，不能认定为立功：(1)本人通过非法手段或者非法途径获取的；(2)本人因原担任的查禁犯罪等职务获取的；(3)他人违反监管规定向犯罪分子提供的；(4)负有查禁犯罪活动职责的国家机关工作人员或者其他国家工作人员利用职务便利提供的。

犯罪分子检举、揭发的他人犯罪，提供侦破其他案件的重要线索，阻止他人的犯罪活动，或者协助司法机关抓捕的其他犯罪嫌疑人，犯罪嫌疑人、被告人依法可能被判处无期徒刑以上刑罚的，应当认定为有重大立功表现。其中，可能被判处无期徒刑以上刑罚，是指根据犯罪行为的事实、情节可能判处无期徒刑以上刑罚。案件已经判决的，以实际判处的刑罚为准。但是，根据犯罪行为的事实、情节应当判处无期徒刑以上刑罚，因被判刑人有法定情节经依法从轻、减轻处罚后判处有期徒刑的，应当认定为重大立功。

对于具有立功情节的犯罪分子，应当根据犯罪的事实、性质、情节和对于社会的危害程度，结合立功表现所起作用的大小、所破获案件的罪行轻重、所抓获犯罪嫌疑人可能判处的法定刑以及立功的时机等具体情节，依法决定是否从轻、减轻或者免除处罚以及从轻、减轻处罚的幅度。

三、关于如实交代犯罪事实的认定和处理

犯罪分子依法不成立自首，但如实交代犯罪事实，有下列情形之一的，可以酌情从轻处罚：(1)办案机关掌握部分犯罪事实，犯罪分子交代了同种其他犯罪事实的；(2)办案机关掌握的证据不充分，犯罪分子如实交代有助于收集定案证据的。

犯罪分子如实交代犯罪事实，有下列情形之一的，一般应当从轻处罚:(1)办案机关仅掌握小部分犯罪事实,犯罪分子交代了大部分未被掌握的同种犯罪事实的;(2)如实交代对于定案证据的收集有重要作用的。

四、关于赃款赃物追缴等情形的处理

贪污案件中赃款赃物全部或者大部分追缴的,一般应当考虑从轻处罚。

受贿案件中赃款赃物全部或者大部分追缴的,视具体情况可以酌定从轻处罚。

犯罪分子及其亲友主动退赃或者在办案机关追缴赃款赃物过程中积极配合的,在量刑时应当与办案机关查办案件过程中依职权追缴赃款赃物的有所区别。

职务犯罪案件立案后,犯罪分子及其亲友自行挽回的经济损失,司法机关或者犯罪分子所在单位及其上级主管部门挽回的经济损失,或者因客观原因减少的经济损失,不予扣减,但可以作为酌情从轻处罚的情节。

最高人民法院、最高人民检察院
关于办理商业贿赂刑事案件适用法律若干问题的意见

（2008年11月20日发布　法发〔2008〕33号）

为依法惩治商业贿赂犯罪,根据刑法有关规定,结合办案工作实际,现就办理商业贿赂刑事案件适用法律的若干问题,提出如下意见:

一、商业贿赂犯罪涉及刑法规定的以下八种罪名:(1)非国家工作人员受贿罪(刑法第一百六十三条);(2)对非国家工作人员行贿罪(刑法第一百六十四条);(3)受贿罪(刑法第三百八十五条);(4)单位受贿罪(刑法第三百八十七条);(5)行贿罪(刑法第三百八十九条);(6)对单位行贿罪(刑法第三百九十一条);(7)介绍贿赂罪(刑法第三百九十二条);(8)单位行贿罪(刑法第三百九十三条)。

二、刑法第一百六十三条、第一百六十四条规定的"其他单位",既包括事业单位、社会团体、村民委员会、居民委员会、村民小组等常设性的组织,也包括为组织体育赛事、文艺演出或者其他正当活动而成立的组委会、筹委会、工程承包队等非常设性的组织。

三、刑法第一百六十三条、第一百六十四条规定的“公司、企业或者其他单位的工作人员”，包括国有公司、企业以及其他国有单位中的非国家工作人员。

四、医疗机构中的国家工作人员，在药品、医疗器械、医用卫生材料等医药产品采购活动中，利用职务上的便利，索取销售方财物，或者非法收受销售方财物，为销售方谋取利益，构成犯罪的，依照刑法第三百八十五条的规定，以受贿罪定罪处罚。

医疗机构中的非国家工作人员，有前款行为，数额较大的，依照刑法第一百六十三条的规定，以非国家工作人员受贿罪定罪处罚。

医疗机构中的医务人员，利用开处方的职务便利，以各种名义非法收受药品、医疗器械、医用卫生材料等医药产品销售方财物，为医药产品销售方谋取利益，数额较大的，依照刑法第一百六十三条的规定，以非国家工作人员受贿罪定罪处罚。

五、学校及其他教育机构中的国家工作人员，在教材、教具、校服或者其他物品的采购等活动中，利用职务上的便利，索取销售方财物，或者非法收受销售方财物，为销售方谋取利益，构成犯罪的，依照刑法第三百八十五条的规定，以受贿罪定罪处罚。

学校及其他教育机构中的非国家工作人员，有前款行为，数额较大的，依照刑法第一百六十三条的规定，以非国家工作人员受贿罪定罪处罚。

学校及其他教育机构中的教师，利用教学活动的职务便利，以各种名义非法收受教材、教具、校服或者其他物品销售方财物，为教材、教具、校服或者其他物品销售方谋取利益，数额较大的，依照刑法第一百六十三条的规定，以非国家工作人员受贿罪定罪处罚。

六、依法组建的评标委员会、竞争性谈判采购中谈判小组、询价采购中询价小组的组成人员，在招标、政府采购等事项的评标或者采购活动中，索取他人财物或者非法收受他人财物，为他人谋取利益，数额较大的，依照刑法第一百六十三条的规定，以非国家工作人员受贿罪定罪处罚。

依法组建的评标委员会、竞争性谈判采购中谈判小组、询价采购中询价小组中国家机关或者其他国有单位的代表有前款行为的，依照刑法第三百八十五条的规定，以受贿罪定罪处罚。

七、商业贿赂中的财物，既包括金钱和实物，也包括可以用金钱计算数额的财产性利益，如提供房屋装修、含有金额的会员卡、代币卡（券）、旅游费用等。具体数额以实际支付的资费为准。

八、收受银行卡的，不论受贿人是否实际取出或者消费，卡内的存款数额一般应全额认定为受贿数额。使用银行卡透支的，如果由给予银行卡的一方承担还款责任，透支数额也应当认定为受贿数额。

九、在行贿犯罪中，“谋取不正当利益”，是指行贿人谋取违反法律、法规、规章或者政策规定的利益，或者要求对方违反法律、法规、规章、政策、行业规范的规定提供帮助或者方便条件。

在招标投标、政府采购等商业活动中，违背公平原则，给予相关人员财物以谋取竞争优势的，属于“谋取不正当利益”。

十、办理商业贿赂犯罪案件，要注意区分贿赂与馈赠的界限。主要应当结合以下因素全面分析、综合判断：（1）发生财物往来的背景，如双方是否存在亲友关系及历史上交往的情形和程度；（2）往来财物的价值；（3）财物往来的缘由、时机和方式，提供财物方对于接受方有无职务上的请托；（4）接受方是否利用职务上的便利为提供方谋取利益。

十一、非国家工作人员与国家工作人员通谋，共同收受他人财物，构成共同犯罪的，根据双方利用职务便利的具体情形分别定罪追究刑事责任：

（1）利用国家工作人员的职务便利为他人谋取利益的，以受贿罪追究刑事责任。

（2）利用非国家工作人员的职务便利为他人谋取利益的，以非国家工作人员受贿罪追究刑事责任。

（3）分别利用各自的职务便利为他人谋取利益的，按照主犯的犯罪性质追究刑事责任，不能分清主从犯的，可以受贿罪追究刑事责任。

最高人民法院、最高人民检察院关于办理受贿刑事案件适用法律若干问题的意见

（2007 年 7 月 8 日发布　法发〔2007〕22 号）

为依法惩治受贿犯罪活动，根据刑法有关规定，现就办理受贿刑事案件具体适用法律若干问题，提出以下意见：

一、关于以交易形式收受贿赂问题

国家工作人员利用职务上的便利为请托人谋取利益,以下列交易形式收受请托人财物的,以受贿论处:

(1)以明显低于市场的价格向请托人购买房屋、汽车等物品的;

(2)以明显高于市场的价格向请托人出售房屋、汽车等物品的;

(3)以其他交易形式非法收受请托人财物的。

受贿数额按照交易时当地市场价格与实际支付价格的差额计算。

前款所列市场价格包括商品经营者事先设定的不针对特定人的最低优惠价格。根据商品经营者事先设定的各种优惠交易条件,以优惠价格购买商品的,不属于受贿。

二、关于收受干股问题

干股是指未出资而获得的股份。国家工作人员利用职务上的便利为请托人谋取利益,收受请托人提供的干股的,以受贿论处。进行了股权转让登记,或者相关证据证明股份发生了实际转让的,受贿数额按转让行为时股份价值计算,所分红利按受贿孳息处理。股份未实际转让,以股份分红名义获取利益的,实际获利数额应当认定为受贿数额。

三、关于以开办公司等合作投资名义收受贿赂问题

国家工作人员利用职务上的便利为请托人谋取利益,由请托人出资,“合作”开办公司或者进行其他“合作”投资的,以受贿论处。受贿数额为请托人给国家工作人员的出资额。

国家工作人员利用职务上的便利为请托人谋取利益,以合作开办公司或者其他合作投资的名义获取“利润”,没有实际出资和参与管理、经营的,以受贿论处。

四、关于以委托请托人投资证券、期货或者其他委托理财的名义收受贿赂问题

国家工作人员利用职务上的便利为请托人谋取利益,以委托请托人投资证券、期货或者其他委托理财的名义,未实际出资而获取“收益”,或者虽然实际出资,但获取“收益”明显高于出资应得收益的,以受贿论处。受贿数额,前一情形,以“收益”额计算;后一情形,以“收益”额与出资应得收益额的差额计算。

五、关于以赌博形式收受贿赂的认定问题

根据《最高人民法院、最高人民检察院关于办理赌博刑事案件具体

应用法律若干问题的解释》第七条规定，国家工作人员利用职务上的便利为请托人谋取利益，通过赌博方式收受请托人财物的，构成受贿。

实践中应注意区分贿赂与赌博活动、娱乐活动的界限。具体认定时，主要应当结合以下因素进行判断：(1)赌博的背景、场合、时间、次数；(2)赌资来源；(3)其他赌博参与者有无事先通谋；(4)输赢钱物的具体情况和金额大小。

六、关于特定关系人“挂名”领取薪酬问题

国家工作人员利用职务上的便利为请托人谋取利益，要求或者接受请托人以给特定关系人安排工作为名，使特定关系人不实际工作却获取所谓薪酬的，以受贿论处。

七、关于由特定关系人收受贿赂问题

国家工作人员利用职务上的便利为请托人谋取利益，授意请托人以本意见所列形式，将有关财物给予特定关系人的，以受贿论处。

特定关系人与国家工作人员通谋，共同实施前款行为的，对特定关系人以受贿罪的共犯论处。特定关系人以外的其他人与国家工作人员通谋，由国家工作人员利用职务上的便利为请托人谋取利益，收受请托人财物后双方共同占有的，以受贿罪的共犯论处。

八、关于收受贿赂物品未办理权属变更问题

国家工作人员利用职务上的便利为请托人谋取利益，收受请托人房屋、汽车等物品，未变更权属登记或者借用他人名义办理权属变更登记的，不影响受贿的认定。

认定以房屋、汽车等物品为对象的受贿，应注意与借用的区分。具体认定时，除双方交代或者书面协议之外，主要应当结合以下因素进行判断：(1)有无借用的合理事由；(2)是否实际使用；(3)借用时间的长短；(4)有无归还的条件；(5)有无归还的意思表示及行为。

九、关于收受财物后退还或者上交问题

国家工作人员收受请托人财物后及时退还或者上交的，不是受贿。

国家工作人员受贿后，因自身或者与其受贿有关联的人、事被查处，为掩饰犯罪而退还或者上交的，不影响认定受贿罪。

十、关于在职时为请托人谋利，离职后收受财物问题

国家工作人员利用职务上的便利为请托人谋取利益之前或者之后，约定在其离职后收受请托人财物，并在离职后收受的，以受贿论处。

国家工作人员利用职务上的便利为请托人谋取利益，离职前后连续收受请托人财物的，离职前后收受部分均应计入受贿数额。

十一、关于“特定关系人”的范围

本意见所称“特定关系人”，是指与国家工作人员有近亲属、情妇(夫)以及其他共同利益关系的人。

十二、关于正确贯彻宽严相济刑事政策的问题

依照本意见办理受贿刑事案件，要根据刑法关于受贿罪的有关规定和受贿罪权钱交易的本质特征，准确区分罪与非罪、此罪与彼罪的界限，惩处少数，教育多数。在从严惩处受贿犯罪的同时，对于具有自首、立功等情节的，依法从轻、减轻或者免除处罚。

全国法院审理经济犯罪案件工作座谈会纪要

(2003年11月13日　法〔2003〕167号)

为了进一步加强人民法院审判经济犯罪案件工作，最高人民法院于2002年6月4日至6日在重庆市召开了全国法院审理经济犯罪案件工作座谈会。各省、自治区、直辖市高级人民法院和解放军军事法院主管刑事审判工作的副院长和刑庭庭长参加了座谈会，全国人大常委会法制工作委员会、最高人民检察院、公安部也应邀派员参加了座谈会。座谈会总结了刑法和刑事诉讼法修订实施以来人民法院审理经济犯罪案件工作的情况和经验，分析了审理经济犯罪案件工作面临的形势和任务，对当前和今后一个时期进一步加强人民法院审判经济犯罪案件的工作做了部署。座谈会重点讨论了人民法院在审理贪污贿赂和渎职犯罪案件中遇到的有关适用法律的若干问题，并就其中一些带有普遍性的问题形成了共识。经整理并征求有关部门的意见，纪要如下：

一、关于贪污贿赂犯罪和渎职犯罪的主体

(一)国家机关工作人员的认定

刑法中所称的国家机关工作人员，是指在国家机关中从事公务的人员，包括在各级国家权力机关、行政机关、司法机关和军事机关中从事公务的人员。

根据有关立法解释的规定，在依照法律、法规规定行使国家行政管理职权的组织中从事公务的人员，或者在受国家机关委托代表国家行

使职权的组织中从事公务的人员，或者虽未列入国家机关人员编制但在国家机关中从事公务的人员，视为国家机关工作人员。在乡(镇)以上中国共产党机关、人民政协机关中从事公务的人员，司法实践中也应当视为国家机关工作人员。

(二)国家机关、国有公司、企业、事业单位委派到非国有公司、企业、事业单位、社会团体从事公务的人员的认定

所谓委派，即委任、派遣，其形式多种多样，如任命、指派、提名、批准等。不论被委派的人身份如何，只要是接受国家机关、国有公司、企业、事业单位委派，代表国家机关、国有公司、企业、事业单位在非国有公司、企业、事业单位、社会团体中从事组织、领导、监督、管理等工作，都可以认定为国家机关、国有公司、企业、事业单位委派到非国有公司、企业、事业单位、社会团体从事公务的人员。如国家机关、国有公司、企业、事业单位委派在国有控股或者参股的股份有限公司从事组织、领导、监督、管理等工作的人员，应当以国家工作人员论。国有公司、企业改制为股份有限公司后，原国有公司、企业的工作人员和股份有限公司新任命的人员中，除代表国有投资主体行使监督、管理职权的人外，不以国家工作人员论。

(三)“其他依照法律从事公务的人员”的认定

刑法第九十三条第二款规定的“其他依照法律从事公务的人员”应当具有两个特征：一是在特定条件下行使国家管理职能；二是依照法律规定从事公务。具体包括：(1)依法履行职责的各级人民代表大会代表；(2)依法履行审判职责的人民陪审员；(3)协助乡镇人民政府、街道办事处从事行政管理工作的村民委员会、居民委员会等农村和城市基层组织人员；(4)其他由法律授权从事公务的人员。

(四)关于“从事公务”的理解

从事公务，是指代表国家机关、国有公司、企业、事业单位、人民团体等履行组织、领导、监督、管理等职责。公务主要表现为与职权相联系的公共事务以及监督、管理国有财产的职务活动。如国家机关工作人员依法履行职责，国有公司的董事、经理、监事、会计、出纳人员等管理、监督国有财产等活动，属于从事公务。那些不具备职权内容的劳务活动、技术服务工作，如售货员、售票员等所从事的工作，一般不认为是公务。

二、关于贪污罪

（一）贪污罪既遂与未遂的认定

贪污罪是一种以非法占有为目的的财产性职务犯罪，与盗窃、诈骗、抢夺等侵犯财产罪一样，应当以行为人是否实际控制财物作为区分贪污罪既遂与未遂的标准。对于行为人利用职务上的便利，实施了虚假平帐等贪污行为，但公共财物尚未实际转移，或者尚未被行为人控制就被查获的，应当认定为贪污未遂。行为人控制公共财物后，是否将财物据为己有，不影响贪污既遂的认定。

（二）"受委托管理、经营国有财产"的认定

刑法第三百八十二条第二款规定的"受委托管理、经营国有财产"，是指因承包、租赁、临时聘用等管理、经营国有财产。

（三）国家工作人员与非国家工作人员勾结共同非法占有单位财物行为的认定

对于国家工作人员与他人勾结，共同非法占有单位财物的行为，应当按照《最高人民法院关于审理贪污、职务侵占案件如何认定共同犯罪几个问题的解释》的规定定罪处罚。对于在公司、企业或者其他单位中，非国家工作人员与国家工作人员勾结，分别利用各自的职务便利，共同将本单位财物非法占有的，应当尽量区分主从犯，按照主犯的犯罪性质定罪。司法实践中，如果根据案件的实际情况，各共同犯罪人在共同犯罪中的地位、作用相当，难以区分主从犯的，可以贪污罪定罪处罚。

（四）共同贪污犯罪中"个人贪污数额"的认定

刑法第三百八十三条第一款规定的"个人贪污数额"，在共同贪污犯罪案件中应理解为个人所参与或者组织、指挥共同贪污的数额，不能只按个人实际分得的赃款数额来认定。对共同贪污犯罪中的从犯，应当按照其所参与的共同贪污的数额确定量刑幅度，并依照刑法第二十七条第二款的规定，从轻、减轻处罚或者免除处罚。

三、关于受贿罪

（一）关于"利用职务上的便利"的认定

刑法第三百八十五条第一款规定的"利用职务上的便利"，既包括利用本人职务上主管、负责、承办某项公共事务的职权，也包括利用职务上有隶属、制约关系的其他国家工作人员的职权。担任单位领导职务的国家工作人员通过不属自己主管的下级部门的国家工作人员的职

务为他人谋取利益的，应当认定为“利用职务上的便利”为他人谋取利益。

（二）“为他人谋取利益”的认定

为他人谋取利益包括承诺、实施和实现三个阶段的行为。只要具有其中一个阶段的行为，如国家工作人员收受他人财物时，根据他人提出的具体请托事项，承诺为他人谋取利益的，就具备了为他人谋取利益的要件。明知他人有具体请托事项而收受其财物的，视为承诺为他人谋取利益。

（三）“利用职权或地位形成的便利条件”的认定

刑法第三百八十八条规定的“利用本人职权或者地位形成的便利条件”，是指行为人与被其利用的国家工作人员之间在职务上虽然没有隶属、制约关系，但是行为人利用了本人职权或者地位产生的影响和一定的工作联系，如单位内不同部门的国家工作人员之间、上下级单位没有职务上隶属、制约关系的国家工作人员之间、有工作联系的不同单位的国家工作人员之间等。

（四）离职国家工作人员收受财物行为的处理

参照《最高人民法院关于国家工作人员利用职务上的便利为他人谋取利益离退休后收受财物行为如何处理问题的批复》规定的精神，国家工作人员利用职务上的便利为请托人谋取利益，并与请托人事先约定，在其离职后收受请托人财物，构成犯罪的，以受贿罪定罪处罚。

（五）共同受贿犯罪的认定

根据刑法关于共同犯罪的规定，非国家工作人员与国家工作人员勾结，伙同受贿的，应当以受贿罪的共犯追究刑事责任。非国家工作人员是否构成受贿罪共犯，取决于双方有无共同受贿的故意和行为。国家工作人员的近亲属向国家工作人员代为转达请托事项，收受请托人财物并告知该国家工作人员，或者国家工作人员明知其近亲属收受了他人财物，仍按照近亲属的要求利用职权为他人谋取利益的，对该国家工作人员应认定为受贿罪，其近亲属以受贿罪共犯论处。近亲属以外的其他人与国家工作人员通谋，由国家工作人员利用职务上的便利为请托人谋取利益，收受请托人财物后双方共同占有的，构成受贿罪共犯。国家工作人员利用职务上的便利为他人谋取利益，并指定他人将财物送给其他人，构成犯罪的，应以受贿罪定罪处罚。

（六）以借款为名索取或者非法收受财物行为的认定

国家工作人员利用职务上的便利，以借款为名向他人索取财物，或者非法收受财物为他人谋取利益的，应当认定为受贿。具体认定时，不能仅仅看是否有书面借款手续，应当根据以下因素综合判定：（1）有无正当、合理的借款事由；（2）款项的去向；（3）双方平时关系如何、有无经济往来；（4）出借方是否要求国家工作人员利用职务上的便利为其谋取利益；（5）借款后是否有归还的意思表示及行为；（6）是否有归还的能力；（7）未归还的原因；等等。

（七）涉及股票受贿案件的认定

在办理涉及股票的受贿案件时，应当注意：（1）国家工作人员利用职务上的便利，索取或非法收受股票，没有支付股本金，为他人谋取利益，构成受贿罪的，其受贿数额按照收受股票时的实际价格计算。（2）行为人支付股本金而购买较有可能升值的股票，由于不是无偿收受请托人财物，不以受贿罪论处。（3）股票已上市且已升值，行为人仅支付股本金，其"购买"股票时的实际价格与股本金的差价部分应认定为受贿。

四、关于挪用公款罪

（一）单位决定将公款给个人使用行为的认定

经单位领导集体研究决定将公款给个人使用，或者单位负责人为了单位的利益，决定将公款给个人使用的，不以挪用公款罪定罪处罚。上述行为致使单位遭受重大损失，构成其他犯罪的，依照刑法的有关规定对责任人员定罪处罚。

（二）挪用公款供其他单位使用行为的认定

根据全国人大常委会《关于〈中华人民共和国刑法〉第三百八十四条第一款的解释》的规定，"以个人名义将公款供其他单位使用的"、"个人决定以单位名义将公款供其他单位使用，谋取个人利益的"，属于挪用公款"归个人使用"。在司法实践中，对于将公款供其他单位使用的，认定是否属于"以个人名义"，不能只看形式，要从实质上把握。对于行为人逃避财务监管，或者与使用人约定以个人名义进行，或者借款、还款都以个人名义进行，将公款给其他单位使用的，应认定为"以个人名义"。"个人决定"既包括行为人在职权范围内决定，也包括超越职权范围决定。"谋取个人利益"，既包括行为人与使用人事先约定谋取个人利益实际尚未获取的情况，也包括虽未事先约定但实际已获取了个人利益的情况。其中的“个人利益”，既包括不正当利益，也包括正当利益；既包括财产性利益，也包括非财产性利益，但这种非财产性利益应当是具体的实际利益，如升学、就业等。

（三）国有单位领导向其主管的具有法人资格的下级单位借公款归个人使用的认定

国有单位领导利用职务上的便利指令具有法人资格的下级单位将公款供个人使用的，属于挪用公款行为，构成犯罪的，应以挪用公款罪定罪处罚。

（四）挪用有价证券、金融凭证用于质押行为性质的认定

挪用金融凭证、有价证券用于质押，使公款处于风险之中，与挪用公款为他人提供担保没有实质的区别，符合刑法关于挪用公款罪规定的，以挪用公款罪定罪处罚，挪用公款数额以实际或者可能承担的风险数额认定。

（五）挪用公款归还个人欠款行为性质的认定

挪用公款归还个人欠款的，应当根据产生欠款的原因，分别认定属于挪用公款的何种情形。归还个人进行非法活动或者进行营利活动产生的欠款，应当认定为挪用公款进行非法活动或者进行营利活动。

（六）挪用公款用于注册公司、企业行为性质的认定

申报注册资本是为进行生产经营活动作准备，属于成立公司、企业进行营利活动的组成部分。因此，挪用公款归个人用于公司、企业注册资本验资证明的，应当认定为挪用公款进行营利活动。

（七）挪用公款后尚未投入实际使用的行为性质的认定

挪用公款后尚未投入实际使用的，只要同时具备“数额较大”和“超过三个月未还”的构成要件，应当认定为挪用公款罪，但可以酌情从轻处罚。

（八）挪用公款转化为贪污的认定

挪用公款罪与贪污罪的主要区别在于行为人主观上是否具有非法占有公款的目的。挪用公款是否转化为贪污，应当按照主客观相一致的原则，具体判断和认定行为人主观上是否具有非法占有公款的目的。在司法实践中，具有以下情形之一的，可以认定行为人具有非法占有公款的目的：

1. 根据《最高人民法院关于审理挪用公款案件具体应用法律若干问题的解释》第六条的规定,行为人“携带挪用的公款潜逃的”,对其携带挪用的公款部分,以贪污罪定罪处罚。

2. 行为人挪用公款后采取虚假发票平帐、销毁有关帐目等手段,使所挪用的公款已难以在单位财务帐目上反映出来,且没有归还行为的,应当以贪污罪定罪处罚。

3. 行为人截取单位收入不入帐,非法占有,使所占有的公款难以在单位财务帐目上反映出来,且没有归还行为的,应当以贪污罪定罪处罚。

4. 有证据证明行为人有能力归还所挪用的公款而拒不归还,并隐瞒挪用的公款去向的,应当以贪污罪定罪处罚。

五、关于巨额财产来源不明罪

(一)行为人不能说明巨额财产来源合法的认定

刑法第三百九十五条第一款规定的“不能说明”,包括以下情况:(1)行为人拒不说明财产来源;(2)行为人无法说明财产的具体来源;(3)行为人所说的财产来源经司法机关查证并不属实;(4)行为人所说的财产来源因线索不具体等原因,司法机关无法查实,但能排除存在来源合法的可能性和合理性的。

(二)“非法所得”的数额计算

刑法第三百九十五条规定的“非法所得”,一般是指行为人的全部财产与能够认定的所有支出的总和减去能够证实的有真实来源的所得。在具体计算时,应注意以下问题:(1)应把国家工作人员个人财产和与其共同生活的家庭成员的财产、支出等一并计算,而且一并减去他们所有的合法收入以及确属与其共同生活的家庭成员个人的非法收入。(2)行为人所有的财产包括房产、家具、生活用品、学习用品及股票、债券、存款等动产和不动产;行为人的支出包括合法支出和不合法的支出,包括日常生活、工作、学习费用、罚款及向他人行贿的财物等;行为人的合法收入包括工资、奖金、稿酬、继承等法律和政策允许的各种收入。(3)为了便于计算犯罪数额,对于行为人的财产和合法收入,一般可以从行为人有比较确定的收入和财产时开始计算。

六、关于渎职罪

(一)渎职犯罪行为造成的公共财产重大损失的认定

根据刑法规定,玩忽职守、滥用职权等渎职犯罪是以致使公共财产、国家和人民利益遭受重大损失为构成要件的。其中，公共财产的重大损失，通常是指渎职行为已经造成的重大经济损失。在司法实践中，有以下情形之一的，虽然公共财产作为债权存在，但已无法实现债权的，可以认定为行为人的渎职行为造成了经济损失：(1)债务人已经法定程序被宣告破产；(2)债务人潜逃，去向不明；(3)因行为人责任，致使超过诉讼时效；(4)有证据证明债权无法实现的其他情况。

（二）玩忽职守罪的追诉时效

玩忽职守行为造成的重大损失当时没有发生，而是玩忽职守行为之后一定时间发生的，应从危害结果发生之日起计算玩忽职守罪的追诉期限。

（三）国有公司、企业人员渎职犯罪的法律适用

对于1999年12月24日《中华人民共和国刑法修正案》实施以前发生的国有公司、企业人员渎职行为（不包括徇私舞弊行为），尚未处理或者正在处理的，不能按照刑法修正案追究刑事责任。

（四）关于“徇私”的理解

徇私舞弊型渎职犯罪的“徇私”应理解为徇个人私情、私利。国家机关工作人员为了本单位的利益，实施滥用职权、玩忽职守行为，构成犯罪的，依照刑法第三百九十七条第一款的规定定罪处罚。

最高人民法院关于如何认定挪用公款归个人使用有关问题的解释

（法释〔2001〕29号）

为依法惩处挪用公款犯罪活动，根据刑法的有关规定，现就如何认定挪用公款归个人使用的有关问题解释如下：

第一条　国家工作人员利用职务上的便利，以个人名义将公款借给其他自然人或者不具有法人资格的私营独资企业、私营合伙企业等使用的，属于挪用公款归个人使用。

第二条　国家工作人员利用职务上的便利，为谋取个人利益，以个人名义将公款借给其他单位使用的，属于挪用公款归个人使用。

第三条　本解释施行后，我院此前发布的司法解释的有关内容与本解释不一致的，不再适用。

最高人民检察院关于人民检察院直接受理立案侦查案件立案标准的规定(试行)

(高检发释字〔1999〕2号)

根据《中华人民共和国刑法》、《中华人民共和国刑事诉讼法》和其他法律的有关规定,对人民检察院直接受理立案侦查案件的立案标准规定如下:

一、贪污贿赂犯罪案件

(一)贪污案(第382条、第383条,第183条第2款,第271条第2款,第394条)

贪污罪是指国家工作人员利用职务上的便利,侵吞、窃取、骗取或者以其他手段非法占有公共财物的行为。

"利用职务上的便利"是指利用职务上主管、管理、经手公共财物的权力及方便条件。

受国家机关、国有公司、企业、事业单位、人民团体委托管理、经营国有财产的人员,利用职务上的便利,侵吞、窃取、骗取或者以其他手段非法占有国有财物的,以贪污罪追究其刑事责任。

"受委托管理、经营国有财产"是指因承包、租赁、聘用等而管理、经营国有财产。

国有保险公司的工作人员和国有保险公司委派到非国有保险公司从事公务的人员利用职务上的便利,故意编造未曾发生的保险事故进行虚假理赔,骗取保险金归自己所有的,以贪污罪追究刑事责任。

国有公司、企业或者其他国有单位中从事公务的人员和国有公司、企业或者其他国有单位委派到非国有公司、企业以及其他非国有单位从事公务的人员,利用职务上的便利,将本单位财物非法占为己有的,以贪污罪追究刑事责任。

国家工作人员在国内公务活动或者对外交往中接受礼物,依照国家规定应当交公而不交公,数额较大的,以贪污罪追究刑事责任。

涉嫌下列情形之一的,应予立案:

1. 个人贪污数额在5千元以上的;

2. 个人贪污数额不满5千元,但具有贪污救灾、抢险、防汛、防疫、优抚、扶贫、移民、救济款物及募捐款物、赃款赃物、罚没款物、暂扣款物，以及贪污手段恶劣、毁灭证据、转移赃物等情节的。

（二）挪用公款案（第 384 条，第 185 条第 2 款，第 272 条第 2 款）

挪用公款罪是指国家工作人员利用职务上的便利，挪用公款归个人使用，进行非法活动的，或者挪用公款数额较大、进行营利活动的，或者挪用公款数额较大、超过三个月未还的行为。

国有金融机构工作人员和国有金融机构委派到非国有金融机构从事公务的人员，利用职务上的便利，挪用本单位或者客户资金的，以挪用公款罪追究刑事责任。

国有公司、企业或者其他国有单位中从事公务的人员和国有公司、企业或者其他国有单位委派到非国有公司、企业以及其他单位从事公务的人员，利用职务上的便利，挪用本单位资金归个人使用或者借贷给他人，数额较大，超过三个月未还的，或者虽未超过三个月，但数额较大，进行营利活动的，或者进行非法活动的，以挪用公款罪追究刑事责任。

涉嫌下列情形之一的，应予立案：

1. 挪用公款归个人使用，数额在 5 千元至 1 万元以上，进行非法活动的；

2. 挪用公款数额在 1 万元至 3 万元以上，归个人进行营利活动的；

3. 挪用公款归个人使用，数额在 1 万元至 3 万元以上，超过 3 个月未还的。

各省级人民检察院可以根据本地实际情况，在上述数额幅度内，确定本地区执行的具体数额标准，并报最高人民检察院备案。

“挪用公款归个人使用”，既包括挪用者本人使用，也包括给他人使用。

多次挪用公款不还的，挪用公款数额累计计算；多次挪用公款并以后次挪用的公款归还前次挪用的公款，挪用公款数额以案发时未还的数额认定。

挪用公款给其他个人使用的案件，使用人与挪用人共谋，指使或者参与策划取得挪用款的，对使用人以挪用公款罪的共犯追究刑事责任。

（三）受贿案（第 385 条、第 386 条，第 388 条，第 163 条第 3 款，第 184 条第 2 款）

受贿罪是指国家工作人员利用职务上的便利，索取他人财物的，或者非法收受他人财物，为他人谋取利益的行为。

“利用职务上的便利”，是指利用本人职务范围内的权力，即自己职务上主管、负责或者承办某项公共事务的职权及其所形成的便利条件。

索取他人财物的，不论是否“为他人谋取利益”，均可构成受贿罪。非法收受他人财物的，必须同时具备“为他人谋取利益”的条件，才能构成受贿罪。但是为他人谋取的利益是否正当，为他人谋取的利益是否实现，不影响受贿罪的认定。

国家工作人员在经济往来中，违反国家规定，收受各种名义的回扣、手续费，归个人所有的，以受贿罪追究刑事责任。

国有公司、企业中从事公务的人员和国有公司、企业委派到非国有公司、企业从事公务的人员利用职务上的便利，索取他人财物或者非法收受他人财物，为他人谋取利益，或者在经济往来中，违反国家规定，收受各种名义的回扣、手续费，归个人所有的，以受贿罪追究刑事责任。

国有金融机构工作人员和国有金融机构委派到非国有金融机构从事公务的人员在金融业务活动中索取他人财物或者非法收受他人财物，为他人谋取利益的，或者违反国家规定，收受各种名义的回扣、手续费归个人所有的，以受贿罪追究刑事责任。

国家工作人员利用本人职权或者地位形成的便利条件，通过其他国家工作人员职务上的行为，为请托人谋取不正当利益，索取请托人财物或者收受请托人财物的，以受贿罪追究刑事责任。

涉嫌下列情形之一的，应予立案：

1. 个人受贿数额在5千元以上的；

2. 个人受贿数额不满5千元，但具有下列情形之一的：

(1)因受贿行为而使国家或者社会利益遭受重大损失的；

(2)故意刁难、要挟有关单位、个人，造成恶劣影响的；

(3)强行索取财物的。

(四)单位受贿案(第387条)

单位受贿罪是指国家机关、国有公司、企业、事业单位、人民团体，索取、非法收受他人财物，为他人谋取利益，情节严重的行为。

索取他人财物或者非法收受他人财物，必须同时具备为他人谋取利益的条件，且是情节严重的行为，才能构成单位受贿罪。

国家机关、国有公司、企业、事业单位、人民团体，在经济往来中，在账外暗中收受各种名义的回扣、手续费的，以单位受贿罪追究刑事责任。

涉嫌下列情形之一的，应予立案：

1. 单位受贿数额在10万元以上的；

2. 单位受贿数额不满10万元，但具有下列情形之一的：

（1）故意刁难、要挟有关单位、个人，造成恶劣影响的；

（2）强行索取财物的；

（3）致使国家或者社会利益遭受重大损失的。

（五）行贿案（第389条、第390条）

行贿罪是指为谋取不正当利益，给予国家工作人员以财物的行为。

在经济往来中，违反国家规定，给予国家工作人员以财物，数额较大的，或者违反国家规定，给予国家工作人员以各种名义的回扣、手续费的，以行贿罪追究刑事责任。

涉嫌下列情形之一的，应予立案：

1. 行贿数额在1万元以上的；

2. 行贿数额不满1万元，但具有下列情形之一的：

（1）为谋取非法利益而行贿的；

（2）向3人以上行贿的；

（3）向党政领导、司法工作人员、行政执法人员行贿的；

（4）致使国家或者社会利益遭受重大损失的。

因被勒索给予国家工作人员以财物，已获得不正当利益的，以行贿罪追究刑事责任。

（六）对单位行贿案（第391条）

对单位行贿罪是指为谋取不正当利益，给予国家机关、国有公司、企业、事业单位、人民团体以财物，或者在经济往来中，违反国家规定，给予上述单位各种名义的回扣、手续费的行为。

涉嫌下列情形之一的，应予立案：

1. 个人行贿数额在10万元以上、单位行贿数额在20万元以上的；

2. 个人行贿数额不满10万元、单位行贿数额在10万元以上不满20万元，但具有下列情形之一的：

（1）为谋取非法利益而行贿的；

(2)向3个以上单位行贿的;

(3)向党政机关、司法机关、行政执法机关行贿的;

(4)致使国家或者社会利益遭受重大损失的。

(七)介绍贿赂案(第392条)

介绍贿赂罪是指向国家工作人员介绍贿赂,情节严重的行为。

"介绍贿赂"是指在行贿人与受贿人之间沟通关系、撮合条件,使贿赂行为得以实现的行为。

涉嫌下列情形之一的,应予立案:

1. 介绍个人向国家工作人员行贿,数额在2万元以上的;介绍单位向国家工作人员行贿,数额在20万元以上的;

2. 介绍贿赂数额不满上述标准,但具有下列情形之一的:

(1)为使行贿人获取非法利益而介绍贿赂的;

(2) 3次以上或者为3人以上介绍贿赂的;

(3)向党政领导、司法工作人员、行政执法人员介绍贿赂的;

(4)致使国家或者社会利益遭受重大损失的。

(八)单位行贿案(第393条)

单位行贿罪是指公司、企业、事业单位、机关、团体为谋取不正当利益而行贿,或者违反国家规定,给予国家工作人员以回扣、手续费,情节严重的行为。

涉嫌下列情形之一的,应予立案:

1. 单位行贿数额在20万元以上的;

2. 单位为谋取不正当利益而行贿,数额在10万元以上不满20万元,但具有下列情形之一的:

(1)为谋取非法利益而行贿的;

(2)向3人以上行贿的;

(3)向党政领导、司法工作人员、行政执法人员行贿的;

(4)致使国家或者社会利益遭受重大损失的。

因行贿取得的违法所得归个人所有的,依照本规定关于个人行贿的规定立案,追究其刑事责任。

(九)巨额财产来源不明案(第395条第1款)

巨额财产来源不明罪是指国家工作人员的财产或者支出明显超出合法收入,差额巨大,而本人又不能说明其来源是合法的行为。

涉嫌巨额财产来源不明，数额在30万元以上的，应予立案。

（十）隐瞒境外存款案（第395条第2款）

隐瞒境外存款罪是指国家工作人员违反国家规定，故意隐瞒不报在境外的存款，数额较大的行为。

涉嫌隐瞒境外存款，折合人民币数额在30万元以上的，应予立案。

（十一）私分国有资产案（第396条第1款）

私分国有资产罪是指国家机关、国有公司、企业、事业单位、人民团体，违反国家规定，以单位名义将国有资产集体私分给个人，数额较大的行为。

涉嫌私分国有资产，累计数额在10万元以上的，应予立案。

（十二）私分罚没财物案（第396条第2款）

私分罚没财物罪是指司法机关、行政执法机关违反国家规定，将应当上缴国家的罚没财物，以单位名义集体私分给个人的行为。

涉嫌私分罚没财物，累计数额在10万元以上，应予立案。

二、渎职犯罪案件

（一）滥用职权案（第397条）

滥用职权罪是指国家机关工作人员超越职权，违法决定、处理其无权决定、处理的事项，或者违反规定处理公务，致使公共财产、国家和人民利益遭受重大损失的行为。

涉嫌下列情形之一的，应予立案：

1. 造成死亡1人以上，或者重伤2人以上，或者轻伤5人以上的；
2. 造成直接经济损失20万元以上的；
3. 造成有关公司、企业等单位停产、严重亏损、破产的；
4. 严重损害国家声誉，或者造成恶劣社会影响的；
5. 其他致使公共财产、国家和人民利益遭受重大损失的情形；
6. 徇私舞弊，具有上述情形之一的。

（二）玩忽职守案（第397条）

玩忽职守罪是指国家机关工作人员严重不负责任，不履行或者不认真履行职责，致使公共财产、国家和人民利益遭受重大损失的行为。

涉嫌下列情形之一的，应予立案：

1. 造成死亡1人以上，或者重伤3人以上，或者轻伤10人以上的；
2. 造成直接经济损失30万元以上的，或者直接经济损失不满30

万元，但间接经济损失超过100万元的；

3. 徇私舞弊，造成直接经济损失20万元以上的；

4. 造成有关公司、企业等单位停产、严重亏损、破产的；

5. 严重损害国家声誉，或者造成恶劣社会影响的；

6. 海关、外汇管理部门的工作人员严重不负责任，造成巨额外汇被骗或者逃汇的；

7. 其他致使公共财产、国家和人民利益遭受重大损失的情形；

8. 徇私舞弊，具有上述情形之一的。

（三）故意泄露国家秘密案（第398条）

故意泄露国家秘密罪是指国家机关工作人员或者非国家机关工作人员违反保守国家秘密法，故意使国家秘密被不应知悉者知悉，或者故意使国家秘密超出了限定的接触范围，情节严重的行为。

国家机关工作人员涉嫌故意泄露国家秘密行为，具有下列情形之一的，应予立案：

1. 泄露绝密级或机密级国家秘密的；

2. 泄露秘密级国家秘密3项以上的；

3. 向公众散布、传播国家秘密的；

4. 泄露国家秘密已造成严重危害后果的；

5. 利用职权指使或者强迫他人违反国家保守秘密法的规定泄露国家秘密的；

6. 以牟取私利为目的泄露国家秘密的；

7. 其他情节严重的情形。

非国家机关工作人员涉嫌故意泄露国家秘密犯罪行为的立案标准参照上述标准执行。

（四）过失泄露国家秘密案（第398条）

过失泄露国家秘密罪是指国家机关工作人员或者非国家机关工作人员违反保守国家秘密法，过失泄露国家秘密，或者遗失秘密文件，致使国家秘密被不应知悉者知悉或者超出了限定的接触范围，情节严重的行为。

国家机关工作人员涉嫌过失泄露国家秘密行为，具有下列情形之一的，应予立案：

1. 泄露绝密级国家秘密的；

2. 泄露机密级国家秘密3项以上的；

3. 泄露秘密级国家秘密3项以上，造成严重危害后果的；

4. 泄露国家秘密或者遗失秘密文件不如实提供有关情况的；

5. 其他情节严重的情形。

非国家机关工作人员涉嫌过失泄露国家秘密犯罪行为的立案标准参照上述标准执行。

（五）枉法追诉、裁判案（第399条）

枉法追诉、裁判罪是指司法工作人员徇私枉法、徇情枉法，对明知是无罪的人而使他受追诉、对明知是有罪的人而故意包庇不使他受追诉，或者在刑事审判活动中故意违背事实和法律作枉法裁判的行为。

涉嫌下列情形之一的，应予立案：

1. 对明知是无罪的人，采取伪造、隐匿、毁灭证据或者其他隐瞒事实、违背法律的手段，以追究刑事责任为目的进行立案、侦查（含采取强制措施）、起诉、审判的；

2. 对明知是有罪的人，即对明知有犯罪事实需要追究刑事责任的人，采取伪造、隐匿、毁灭证据或者其他隐瞒事实、违背法律的手段，故意包庇使其不受立案、侦查（含采取强制措施）、起诉、审判的；

3. 在立案后，故意违背事实和法律，应该采取强制措施而不采取强制措施，或者虽然采取强制措施，但无正当理由中断侦查或者超过法定期限不采取任何措施，实际放任不管，以及违法撤销、变更强制措施，致使犯罪嫌疑人、被告人实际脱离司法机关侦控的；

4. 在刑事审判活动中故意违背事实和法律，作出枉法判决、裁定，即有罪判无罪、无罪判有罪，或者重罪轻判、轻罪重判的；

5. 其他枉法追诉、不追诉、枉法裁判行为。

（六）民事、行政枉法裁判案（第399条）

民事、行政枉法裁判罪是指审判人员在民事、行政审判活动中，故意违背事实和法律作枉法裁判，情节严重的行为。

涉嫌下列情形之一的，应予立案：

1. 枉法裁判，致使公民财产损失或者法人或者其他组织财产损失重大的；

2. 枉法裁判，引起当事人及其亲属自杀、伤残、精神失常的；

3. 伪造有关材料、证据，制造假案枉法裁判的；

4. 串通当事人制造伪证，毁灭证据或者篡改庭审笔录而枉法裁判的；

5. 其他情节严重的情形。

（七）私放在押人员案（第400条第1款）

私放在押人员罪是指司法工作人员私放在押（包括在羁押场所和押解途中）的犯罪嫌疑人、被告人或者罪犯的行为。

涉嫌下列情形之一的，应予立案：

1. 私自将在押的犯罪嫌疑人、被告人、罪犯放走，或者授意、指使、强迫他人将在押的犯罪嫌疑人、被告人、罪犯放走的；

2. 伪造、变造有关法律文书，以使在押的犯罪嫌疑人、被告人、罪犯脱逃的；

3. 为在押的犯罪嫌疑人、被告人、罪犯通风报信、提供条件，帮助其脱逃的；

4. 其他私放在押的犯罪嫌疑人、被告人、罪犯的行为。

（八）失职致使在押人员脱逃案（第400条第2款）

失职致使在押人员脱逃罪是指司法工作人员由于严重不负责任，不履行或者不认真履行职责，致使在押的犯罪嫌疑人、被告人、罪犯脱逃，造成严重后果的行为。

涉嫌下列情形之一的，应予立案：

1. 致使依法可能判处或者已经判处10年以上有期徒刑、无期徒刑、死刑的犯罪嫌疑人、被告人、罪犯脱逃的；

2. 3次以上致使犯罪嫌疑人、被告人、罪犯脱逃，或者一次致使3名以上犯罪嫌疑人、被告人、罪犯脱逃的；

3. 犯罪嫌疑人、被告人、罪犯脱逃以后，打击报复控告人、检举人、被害人、证人和司法工作人员等，或者继续犯罪，危害社会的；

4. 其他致使在押的犯罪嫌疑人、被告人、罪犯脱逃，造成严重后果的行为。

（九）徇私舞弊减刑、假释、暂予监外执行案（第401条）

徇私舞弊减刑、假释、暂予监外执行罪是指司法工作人员徇私舞弊，对不符合减刑、假释、暂予监外执行条件的罪犯予以减刑、假释、暂予监外执行的行为。

涉嫌下列情形之一的，应予立案：

1. 刑罚执行机关的工作人员对不符合减刑、假释、暂予监外执行条件的罪犯，捏造事实，伪造材料，违法报请减刑、假释、暂予监外执行的；

2. 人民法院和监狱管理机关以及公安机关的工作人员为徇私情、私利，对不符合减刑、假释、暂予监外执行条件的罪犯的减刑、假释、暂予监外执行申请，违法裁定、决定减刑、假释、暂予监外执行的；

3. 不具有报请、裁定或决定减刑、假释、暂予监外执行权的司法工作人员利用职务上的便利，徇私情、私利，伪造有关材料，导致不符合减刑、假释、暂予监外执行条件的罪犯被减刑、假释、暂予监外执行的；

4. 其他违法减刑、假释、暂予监外执行的行为。

（十）徇私舞弊不移交刑事案件案（第402条）

徇私舞弊不移交刑事案件罪是指行政执法人员，徇私情、私利，伪造材料，隐瞒情况，弄虚作假，对依法应当移交司法机关追究刑事责任的刑事案件，不移交司法机关处理，情节严重的行为。

涉嫌下列情形之一的，应予立案：

1. 对依法可能判处3年以上有期徒刑、无期徒刑、死刑的犯罪案件不移交的；

2. 3次以上不移交犯罪案件，或者一次不移交犯罪案件涉及3名以上犯罪嫌疑人的；

3. 司法机关发现并提出意见后，无正当理由仍然不予移交的；

4. 以罚代刑，放纵犯罪嫌疑人，致使犯罪嫌疑人继续进行违法犯罪活动的；

5. 行政执法部门主管领导阻止移交的；

6. 隐瞒、毁灭证据，伪造材料，改变刑事案件性质的；

7. 直接负责的主管人员和其他直接责任人员为牟取本单位私利而不移交刑事案件，情节严重的；

8. 其他情节严重的情形。

（十一）滥用管理公司、证券职权案（第403条）

滥用管理公司、证券职权罪是指工商行政管理、人民银行、证券管理等国家有关主管部门的工作人员徇私舞弊，滥用职权，对不符合法律规定条件的公司设立、登记申请或者股票、债券发行、上市申请予以批准或者登记，致使公共财产、国家和人民利益遭受重大损失的行为，以及上级部门、当地政府强令登记机关及其工作人员实施上述行为的行为。

涉嫌下列情形之一的,应予立案:

1. 工商管理部门的工作人员对不符合法律规定条件的公司设立、登记申请,违法予以批准、登记,严重扰乱市场秩序的;

2. 金融证券管理机构工作人员对不符合法律规定条件的股票、债券发行、上市申请,违法予以批准,严重损害公众利益,或者严重扰乱金融秩序的;

3. 工商管理部门、金融证券管理机构的工作人员对不符合法律规定条件的公司设立、登记申请或者股票、债券发行、上市申请违法予以批准或者登记,致使犯罪行为得逞的;

4. 上级部门强令登记机关及其工作人员实施徇私舞弊,滥用职权,对不符合法律规定条件的公司设立、登记申请或者股票、债券发行、上市申请予以批准或者登记,致使公共财产、国家或者人民利益遭受重大损失的;

5. 其他致使公共财产、国家和人民利益遭受重大损失的情形。

(十二)徇私舞弊不征、少征税款案(第404条)

徇私舞弊不征、少征税款罪是指税务机关工作人员徇私舞弊,不征、少征应征税款,致使国家税收遭受重大损失的行为。

涉嫌下列情形之一的,应予立案:

1. 为徇私情、私利,违反规定,对应当征收的税款擅自决定停征、减征或者免征,或者伪造材料,隐瞒情况,弄虚作假,不征、少征应征税款,致使国家税收损失累计达10万元以上的;

2. 徇私舞弊不征、少征应征税款不满10万元,但具有索取或者收受贿赂或者其他恶劣情节的。

(十三)徇私舞弊发售发票、抵扣税款、出口退税案(第405条第1款)

徇私舞弊发售发票、抵扣税款、出口退税罪是指税务机关工作人员违反法律、行政法规的规定,在办理发售发票、抵扣税款、出口退税工作中徇私舞弊,致使国家利益遭受重大损失的行为。

涉嫌下列情形之一的,应予立案:

1. 为徇私情、私利,违反法律、行政法规的规定,伪造材料,隐瞒情况,弄虚作假,对不应发售的发票予以发售,对不应抵扣的税款予以抵扣，对不应给予出口退税的给予退税，或者擅自决定发售不应发售的发票、抵扣不应抵扣的税款、给予出口退税，致使国家税收损失累计达 10 万元以上的；

2. 徇私舞弊，致使国家税收损失累计不满 10 万元，但具有索取、收受贿赂或者其他恶劣情节的。

（十四）违法提供出口退税凭证案（第 405 条第 2 款）

违法提供出口退税凭证罪是指海关、商检、外汇管理等国家机关工作人员违反国家规定，在提供出口货物报关单、出口收汇核销单等出口退税凭证的工作中徇私舞弊，致使国家利益遭受重大损失的行为。

涉嫌下列情形之一的，应予立案：

1. 为徇私情、私利，违反国家规定，伪造材料，隐瞒情况，弄虚作假，提供不真实的出口货物报关单、出口收汇核销单等出口退税凭证，致使国家税收损失累计达 10 万元以上的；

2. 徇私舞弊，致使国家税收损失累计不满 10 万元，但具有索取、收受贿赂或者其他恶劣情节的。

（十五）国家机关工作人员签订、履行合同失职被骗案（第 406 条）

国家机关工作人员签订、履行合同失职被骗罪是指国家机关工作人员在签订、履行合同过程中，因严重不负责任，不履行或者不认真履行职责被诈骗，致使国家利益遭受重大损失的行为。

涉嫌下列情形之一的，应予立案：

1. 造成直接经济损失 30 万元以上的；

2. 其他致使国家利益遭受重大损失的情形。

（十六）违法发放林木采伐许可证案（第 407 条）

违法发放林木采伐许可证罪是指林业主管部门的工作人员违反森林法的规定，超过批准的年采伐限额发放林木采伐许可证或者违反规定滥发林木采伐许可证，情节严重，致使森林遭受严重破坏的行为。

涉嫌下列情形之一的，应予立案：

1. 发放林木采伐许可证允许采伐数量累计超过批准的年采伐限额，导致林木被伐数量超过 10 立方米的；

2. 滥发林木采伐许可证，导致林木被滥伐 20 立方米以上的；

3. 滥发林木采伐许可证，导致珍贵树木被滥伐的；

4. 批准采伐国家禁止采伐的林木，情节恶劣的；

5. 其他情节严重，致使森林遭受严重破坏的情形。

（十七）环境监管失职案（第408条）

环境监管失职罪是指负有环境保护监督管理职责的国家机关工作人员严重不负责任，不履行或不认真履行环境保护监管职责导致发生重大环境污染事故，致使公私财产遭受重大损失或者造成人身伤亡的严重后果的行为。

涉嫌下列情形之一的，应予立案：

1. 造成直接经济损失30万元以上的；

2. 造成人员死亡1人以上，或者重伤3人以上，或者轻伤10人以上的；

3. 使一定区域内的居民的身心健康受到严重危害的；

4. 其他致使公私财产遭受重大损失或者造成人身伤亡严重后果的情形。

（十八）传染病防治失职案（第409条）

传染病防治失职罪是指从事传染病防治的政府卫生行政部门的工作人员严重不负责任，不履行或者不认真履行传染病防治监管职责导致传染病传播或者流行，情节严重的行为。

涉嫌下列情形之一的，应予立案：

1. 导致甲类传染病传播的；

2. 导致乙类、丙类传染病流行的；

3. 因传染病传播或者流行，造成人员死亡或者残疾的；

4. 因传染病传播或者流行，严重影响正常的生产、生活秩序的；

5. 其他情节严重的情形。

（十九）非法批准征用、占用土地案（第410条）

非法批准征用、占用土地罪是指国家机关工作人员徇私舞弊，违反土地管理法规，滥用职权，非法批准征用、占用土地，情节严重的行为。

涉嫌下列情形之一的，应予立案：

1. 一次性非法批准征用、占用基本农田0. 67公顷（10亩）以上，或者其他耕地2公顷（30亩）以上，或者其他土地3. 33公顷（50亩）以上的；

2. 十二个月内非法批准征用、占用土地累计达到上述标准的；

3. 非法批准征用、占用土地数量虽未达到上述标准，但接近上述标准且导致被非法批准征用、占用的土地或者植被遭到严重破坏，或者造成有关单位、个人直接经济损失20万元以上的；

4. 非法批准征用、占用土地，影响群众生产、生活，引起纠纷，造成恶劣影响或者其他严重后果的。

（二十）非法低价出让国有土地使用权案（第410条）

非法低价出让国有土地使用权罪是指国家机关工作人员徇私舞弊，违反土地管理法规，滥用职权，非法低价出让国有土地使用权，情节严重的行为。

涉嫌下列情形之一的，应予立案：

1. 非法低价（包括无偿）出让国有土地使用权2公顷（30亩）以上，并且价格低于规定的最低价格的60%的；

2. 非法低价出让国有土地使用权的数量虽未达到上述标准，但造成国有土地资产流失价值20万元以上或者植被遭到严重破坏的；

3. 非法低价出让国有土地使用权，影响群众生产、生活，引起纠纷，造成恶劣影响或者其他严重后果的。

（二十一）放纵走私案（第411条）

放纵走私罪是指海关工作人员徇私舞弊，放纵走私，情节严重的行为。

涉嫌下列情形之一的，应予立案：

1. 放纵走私犯罪的；

2. 因放纵走私致使国家应收税额损失累计达10万元以上的；

3. 3次以上放纵走私行为或者一次放纵3起以上走私行为的；

4. 因收受贿赂而放纵走私的。

（二十二）商检徇私舞弊案（第412条第1款）

商检徇私舞弊罪是指国家商检部门、商检机构的工作人员徇私舞弊，伪造检验结果的行为。

国家商检部门、商检机构的工作人员涉嫌在商品检验过程中，为徇私情、私利，对报检的商品采取伪造、变造的手段对商检的单证、印章、标志、封识、质量认证标志等作虚假的证明或者出具不真实的结论，包括将送检的合格商品检验为不合格，或者将不合格检验为合格等行为的，应予立案。

（二十三）商检失职案（第412条第2款）

商检失职罪是国家商检部门、商检机构的工作人员严重不负责任，对应当检验的物品不检验，或者延误检验出证、错误出证，致使国家利益遭受重大损失的行为。

涉嫌下列情形之一的，应予立案：

1. 因不检验或者延误检验出证、错误出证，致使依法进出口商品不能进口或者出口，导致合同、订单被取消，或者外商向我方索赔或影响我方向外商索赔，直接经济损失达30万元以上的；

2. 因不检验或者延误检验出证、错误出证，致使不合格商品进口或者出口，严重损害国家和人民利益的；

3. 3次以上不检验或者延误检验出证、错误出证，严重影响国家对外经贸关系或者国家声誉的。

（二十四）动植物检疫徇私舞弊案（第413条第1款）

动植物检疫徇私舞弊罪是指国家检验检疫部门及检验检疫机构中从事动植物检疫工作的人员徇私舞弊，伪造检疫结果的行为。

国家检验检疫部门及检验检疫机构中从事动植物检疫工作的人员涉嫌在动植物检疫过程中，为徇私情、私利，采取伪造、变造的手段对检疫的单证、印章、标志、封识等作虚假的证明或出具不真实的结论，包括将合格检为不合格，或者将不合格检为合格等行为的，应予立案。

（二十五）动植物检疫失职案（第413条第2款）

动植物检疫失职罪是指国家检验检疫部门及检验检疫机构中从事动植物检疫工作的人员严重不负责任，对应当检疫的检疫物不检疫，或者延误检疫出证、错误出证，致使国家利益遭受重大损失的行为。

涉嫌下列情形之一的，应予立案：

1. 因不检疫，或者延误检疫出证、错误出证，致使依法进出口的动植物不能进口或者出口，导致合同、订单被取消，或者外商向我方索赔或影响我方向外商索赔，直接经济损失达30万元以上的；

2. 因不检疫，或者延误检疫出证、错误出证，导致重大疫情发生、传播或者流行的；

3. 因不检疫或者延误检疫出证、错误出证，导致疫情发生，造成人员死亡或者残疾的；

4. 3次以上不检疫，或者延误检疫出证、错误出证，严重影响国家对外经贸关系和国家声誉的。

（二十六）放纵制售伪劣商品犯罪行为案（第414条）

放纵制售伪劣商品犯罪行为罪是指对生产、销售伪劣商品犯罪行为负有追究责任的国家工商行政管理、质量技术监督等机关工作人员徇私舞弊，不履行法律规定的追究职责，情节严重的行为。

涉嫌下列情形之一的，应予立案：

1. 放纵制售假药，有毒、有害食品犯罪行为的；

2. 放纵依法可能判处3年有期徒刑以上刑罚的生产、销售伪劣商品犯罪行为的；

3. 对生产、销售伪劣商品犯罪行为不履行追究职责，致使生产、销售伪劣商品犯罪行为得以继续的；

4. 对生产、销售伪劣商品犯罪行为不履行追究职责，致使国家和人民利益遭受重大损失或者造成恶劣影响的；

5. 3次以上不履行追究职责，或者对3个以上有生产、销售伪劣商品犯罪行为的单位或者个人不履行追究职责的。

（二十七）办理偷越国（边）境人员出入境证件案（第415条）

办理偷越国（边）境人员出入境证件罪是指负责办理护照、签证以及其他出入境证件的国家机关工作人员对明知是企图偷越国（边）境的人员，予以办理出入境证件的行为。

负责办理护照、签证以及其他出入境证件的国家机关工作人员涉嫌在办理护照、签证以及其他出入境证件的过程中，对明知是企图偷越国（边）境的人员而予以办理出入境证件的，应予立案。

（二十八）放行偷越国（边）境人员案（第415条）

放行偷越国（边）境人员罪是指边防、海关等国家机关工作人员对明知是偷越国（边）境的人员予以放行的行为。

边防、海关等国家机关工作人员涉嫌在履行职务过程中，对明知是偷越国（边）境的人员而予以放行的，应予立案。

（二十九）不解救被拐卖、绑架妇女、儿童案（第416条第1款）

不解救被拐卖、绑架妇女、儿童罪是指对被拐卖、绑架的妇女、儿童负有解救职责的公安、司法等国家机关工作人员接到被拐卖、绑架的妇女、儿童及其家属的解救要求或者接到其他人的举报，而对被拐卖、绑架的妇女、儿童不进行解救，造成严重后果的行为。

涉嫌下列情形之一的，应予立案：

1. 因不进行解救,导致被拐卖、绑架的妇女、儿童及其亲属伤残、死亡、精神失常的;

2. 因不进行解救,导致被拐卖、绑架的妇女、儿童被转移、隐匿、转卖,不能及时解救的;

3. 3 次以上或者对 3 名以上被拐卖、绑架的妇女、儿童不进行解救的;

4. 对被拐卖、绑架的妇女、儿童不进行解救,造成恶劣社会影响的。

(三十)阻碍解救被拐卖、绑架妇女、儿童案(第 416 条第 2 款)

阻碍解救被拐卖、绑架妇女、儿童罪是指对被拐卖、绑架的妇女、儿童负有解救职责的公安、司法等国家机关工作人员利用职务阻碍解救被拐卖、绑架妇女、儿童的行为。

涉嫌下列情形之一的,应予立案:

1. 利用职权,禁止、阻止或者妨碍有关部门、人员解救被拐卖、绑架的妇女、儿童的;

2. 利用职务上的便利,向拐卖、绑架者或者收买者通风报信,妨碍解救工作正常进行的;

3. 其他利用职务阻碍解救被拐卖、绑架的妇女、儿童的行为。

(三十一)帮助犯罪分子逃避处罚案(第 417 条)

帮助犯罪分子逃避处罚罪是指有查禁犯罪活动职责的司法及公安、国家安全、海关、税务等国家机关的工作人员向犯罪分子通风报信、提供便利,帮助犯罪分子逃避处罚的行为。

涉嫌下列情形之一的,应予立案:

1. 为使犯罪分子逃避处罚,向犯罪分子及其亲属泄漏有关部门查禁犯罪活动的部署、人员、措施、时间、地点等情况的;

2. 为使犯罪分子逃避处罚,向犯罪分子及其亲属提供交通工具、通讯设备、隐藏处所等便利条件的;

3. 为使犯罪分子逃避处罚,向犯罪分子及其亲属泄漏案情,帮助、指示其隐匿、毁灭、伪造证据及串供、翻供的;

4. 其他向犯罪分子通风报信、提供便利,帮助犯罪分子逃避处罚的行为。

(三十二)招收公务员、学生徇私舞弊案(第 418 条)

招收公务员、学生徇私舞弊罪是指国家机关工作人员在招收公务员、省级以上教育行政部门组织招收的学生工作中徇私舞弊，情节严重的行为。

涉嫌下列情形之一的，应予立案：

1. 徇私情、私利，利用职务便利，伪造、变造人事、户口档案、考试成绩等，弄虚作假招收公务员、学生的；

2. 徇私情、私利，3 次以上招收或者一次招收 3 名以上不合格的公务员、学生的；

3. 因招收不合格的公务员、学生，导致被排挤的合格人员或者其亲属精神失常或者自杀的；

4. 因徇私舞弊招收公务员、学生，导致该项招收工作重新进行的；

5. 招收不合格的公务员、学生，造成恶劣社会影响的。

（三十三）失职造成珍贵文物损毁、流失案（第 419 条）

失职造成珍贵文物损毁、流失罪是指国家机关工作人员严重不负责任，造成珍贵文物损毁或者流失，后果严重的行为。

涉嫌下列情形之一的，应予立案：

1. 导致国家一、二、三级文物损毁或者流失的；

2. 导致全国重点文物保护单位或者省级文物保护单位损毁的；

3. 其他后果严重的情形。

三、国家机关工作人员利用职权实施的侵犯公民人身权利、民主权利犯罪案件

（一）国家机关工作人员利用职权实施的非法拘禁案（第 238 条）

非法拘禁罪是指以拘禁或者其他强制方法非法剥夺他人人身自由的行为。

国家机关工作人员涉嫌利用职权非法拘禁，具有下列情形之一的，应予立案：

1. 非法拘禁持续时间超过 24 小时的；

2. 3 次以上非法拘禁他人，或者一次非法拘禁 3 人以上的；

3. 非法拘禁他人，并实施捆绑、殴打、侮辱等行为的；

4. 非法拘禁，致人伤残、死亡、精神失常的；

5. 为索取债务非法扣押、拘禁他人，具有上述情形之一的；

6. 司法工作人员对明知是无辜的人而非法拘禁的。

（二）国家机关工作人员利用职权实施的非法搜查案（第 245 条）

非法搜查罪是指非法搜查他人身体、住宅的行为。

国家机关工作人员涉嫌利用职权非法搜查,具有下列情形之一的,应予立案:

1. 非法搜查他人身体、住宅,手段恶劣的;

2. 非法搜查引起被搜查人精神失常、自杀或者造成财物严重损坏的;

3. 司法工作人员对明知是与涉嫌犯罪无关的人身、场所非法搜查的;

4. 3 次以上或者对 3 人(户)以上进行非法搜查的。

(三)刑讯逼供案(第 247 条)

刑讯逼供罪是指司法工作人员对犯罪嫌疑人、被告人使用肉刑或者变相肉刑逼取口供的行为。

涉嫌下列情形之一的,应予立案:

1. 手段残忍、影响恶劣的;

2. 致人自杀或者精神失常的;

3. 造成冤、假、错案的;

4. 3 次以上或者对 3 人以上进行刑讯逼供的;

5. 授意、指使、强迫他人刑讯逼供的。

(四)暴力取证案(第 247 条)

暴力取证罪是指司法工作人员以暴力逼取证人证言、被害人陈述的行为。

涉嫌下列情形之一的,应予立案:

1. 手段残忍、影响恶劣的;

2. 致人自杀或者精神失常的;

3. 造成冤、假、错案的;

4. 3 次以上或者对 3 人以上进行暴力取证的;

5. 授意、指使、强迫他人暴力取证的。

(五)虐待被监管人案(第 248 条)

虐待被监管人罪是指监狱、拘留所、看守所、拘役所、劳教所等监管机构的监管人员对被监管人进行殴打或者体罚虐待,情节严重的行为。

涉嫌下列情形之一的,应予立案:

1. 造成被监管人轻伤的;

2. 致使被监管人自杀、精神失常或其他严重后果的；

3. 对被监管人3人以上或3次以上实施殴打、体罚虐待的；

4. 手段残忍、影响恶劣的；

5. 指使被监管人殴打、体罚虐待其他被监管人，具有上述情形之一的。

（六）报复陷害案（第254条）

报复陷害罪是指国家机关工作人员滥用职权、假公济私，对控告人、申诉人、批评人、举报人实行打击报复、陷害的行为。

涉嫌下列情形之一的，应予立案：

1. 致使被害人的人身权利、民主权利或者其他合法权利受到严重损害的；

2. 致人精神失常或者自杀的；

3. 手段恶劣、后果严重的。

（七）国家机关工作人员利用职权实施的破坏选举案（第256条）

破坏选举罪是指在选举各级人民代表大会代表和国家机关领导人员时，以暴力、威胁、欺骗、贿赂、伪造选举文件、虚报选举票数或者编造选举结果等手段破坏选举或者妨害选民和代表自由行使选举权和被选举权，情节严重的行为。

国家机关工作人员涉嫌利用职权破坏选举，具有下列情形之一的，应予立案：

1. 以暴力、威胁、欺骗、贿赂等手段，妨害选民、各级人民代表大会代表自由行使选举权和被选举权，致使选举无法正常进行或者选举结果不真实的；

2. 以暴力破坏选举场所或者选举设备，致使选举无法正常进行的；

3. 伪造选举文件，虚报选举票数，产生不真实的选举结果或者强行宣布合法选举无效、非法选举有效的；

4. 聚众冲击选举场所或者故意扰乱选举会场秩序，使选举工作无法进行的。

四、附则

（一）本规定中每个罪案名称后所注明的法律条款系《中华人民共和国刑法》的有关条款。

（二）本规定中有关犯罪数额“不满”，是指接近该数额且已达到该数额的百分之八十以上。

（三）本规定中的"直接经济损失"，是指与行为有直接因果关系而造成的财产损毁、减少的实际价值。"间接经济损失"，是指由直接经济损失引起和牵连的其他损失，包括失去的在正常情况下可能获得的利益和为恢复正常的管理活动或者挽回所造成的损失所支付的各种开支、费用等。

（四）本规定中有关挪用公款罪案中的"非法活动"，既包括犯罪活动，也包括其他违法活动。

（五）本规定中有关贿赂罪案中的"谋取不正当利益"，是指谋取违反法律、法规、国家政策和国务院各部门规章规定的利益，以及谋取违反法律、法规、国家政策和国务院各部门规章规定的帮助或者方便条件。

（六）本规定中有关私分国有资产罪案中的"国有资产"，是指国家依法取得和认定的，或者国家以各种形式对企业投资和投资收益、国家向行政事业单位拨款等形成的资产。

（七）本规定自公布之日起施行。本规定发布前有关人民检察院直接受理立案侦查案件的立案标准，与本规定有重复或者不一致的，适用本规定。

二、贪污贿赂罪、渎职罪相关法律规定索引

1. 全国人民代表大会常务委员会关于《中华人民共和国刑法》第三百八十四条第一款的解释（2002 年 4 月 28 日第九届全国人民代表大会常务委员会第二十七次会议通过）

2. 最高人民法院关于审理环境污染刑事案件具体应用法律若干问题的解释（2006 年 7 月 28 日施行　法释〔2006〕4 号）

3. 最高人民检察院关于渎职侵权犯罪案件立案标准的规定（2006 年 7 月 26 日施行　高检发释字〔2006〕2 号）

4. 最高人民法院研究室关于对行为人通过伪造国家机关公文、证件担任国家工作人员职务并利用职务上的便利侵占本单位财物、收受贿赂、挪用本单位资金等行为如何适用法律问题的答复（2004 年 3 月 30 日　法研〔2004〕38 号）

5. 最高人民法院关于挪用公款犯罪如何计算追诉期限问题的批复

(2003年9月22日发布　法释〔2003〕16号)

6. 关于非司法工作人员是否可以构成徇私枉法罪共犯问题的答复(2003年4月16日公布　〔2003〕高检研发第11号)

7. 关于集体性质的乡镇卫生院院长利用职务之便收受他人财物的行为如何适用法律问题的答复(2003年4月2日　〔2003〕高检研发第9号)

8. 最高人民检察院关于挪用失业保险基金和下岗职工基本生活保障资金的行为适用法律问题的批复(2003年1月30日施行　高检发释字〔2003〕1号)

9. 最高人民检察院关于企业事业单位的公安机构在机构改革过程中其工作人员能否构成渎职侵权犯罪主体问题的批复(2002年5月16日施行　高检发释字〔2002〕3号)

10. 最高人民检察院关于印发《人民检察院直接受理立案侦查的渎职侵权重特大案件标准(试行)》的通知(2002年1月1日施行　高检发〔2001〕13号)

11. 关于工人等非监管机关在编监管人员私放在押人员行为和失职致使在押人员脱逃行为适用法律问题的解释(2001年3月2日施行　高检发释字〔2001〕2号)

12. 最高人民检察院关于属工人编制的乡(镇)工商所所长能否依照刑法第397条的规定追究刑事责任问题的批复(2000年10月31日　高检发研字〔2000〕23号)

13. 最高人民检察院关于挪用尚未注册成立公司资金的行为适用法律问题的批复(2000年10月9日发布　高检发研字〔2000〕19号)

14. 最高人民检察院关于合同制民警能否成为玩忽职守罪主体问题的批复(2000年10月9日　高检发研字〔2000〕20号)

15. 最高人民法院关于未被公安机关正式录用的人员、狱医能否构成失职致使在押人员脱逃罪主体问题的批复(2000年9月22日施行　法释〔2000〕28号)

16. 最高人民法院关于国家工作人员利用职务上的便利为他人谋取利益离退休后收受财物行为如何处理问题的批复(2000年7月21日施行　法释〔2000〕21号)

17. 最高人民法院关于审理贪污、职务侵占案件如何认定共同犯罪

几个问题的解释(2000 年 7 月 8 日施行　法释〔2000〕15 号)

18. 最高人民检察院关于镇财政所所长是否适用国家机关工作人员的批复(2000 年 5 月 4 日　高检发研字〔2000〕9 号)

19. 最高人民检察院对《关于中国证监会主体认定的请示》的答复函(2000 年 4 月 30 日　高检发法字〔2000〕7 号)

20. 最高人民检察院关于国家工作人员挪用非特定公物能否定罪的请示的批复(2000 年 3 月 15 日施行　高检发释字〔2000〕1 号)

21. 最高人民检察院关于挪用公款给私有公司、私有企业使用行为的法律适用问题的批复(2000 年 3 月 14 日　高检发研字〔2000〕7 号)

22. 最高人民法院关于对受委托管理、经营国有财产人员挪用国有资金行为如何定罪问题的批复(2000 年 2 月 24 日施行　法释〔2000〕5 号)

23. 最高人民法院、最高人民检察院关于在办理受贿犯罪大要案的同时要严肃查处严重行贿犯罪分子的通知(1999 年 3 月 4 日　高检会〔1999〕1 号)

24. 最高人民法院关于审理挪用公款案件具体应用法律若干问题的解释(1998 年 5 月 9 日施行　法释〔1998〕9 号)

25. 关于挪用国库券如何定性问题的批复(1997 年 10 月 13 日公布　高检发释字〔1997〕5 号)

26. 最高人民法院关于贪污、挪用公款所生利息应否计入贪污、挪用公款犯罪数额问题的批复(1993 年 12 月 15 日　法释〔1993〕11 号)

后　　记

晨兴夜寐，思患预防满怀居安思危；

仆仆风尘，反腐倡廉一路清风无声。

经过半年多的充分准备，这本《医药卫生领域职务犯罪预防与警示》终于问世了。本书是在北京市人民检察院各级领导的关怀帮助和悉心指导下，由全市检察机关业务骨干共同编纂而成。书中所析的每一个案例、每一点思索，无不凝聚着每一位检察干警的心血和智慧。

众所周知，医药卫生领域覆盖面极广、专业性很强，尤其是随着近年来医疗卫生体制改革的推进，各方面的问题更是纷繁复杂。作为检察机关工作人员，为了尽可能梳理清楚其中的职务犯罪现象和问题，挖掘犯罪诱因，我们坚持发挥检察机关查办和预防职务犯罪的工作优势，从个案出发，从犯罪事实中挖掘医药卫生领域各个阶段、环节存在的具体问题。以事实说话，以问题警示，以解读答疑，以对策助防，我们的目的就是要更好地协助各单位进一步强化内部廉政风险防控管理，以更加科学有效地防治腐败。

在本书的编写过程中，承蒙医药卫生领域多位专家学者结合自己的深厚理论和生动实践，多次对书稿进行讨论、修改和完善，为我们的编写工作和本书最终顺利出版发行提供莫大的支持和帮助，在此表示衷心的感谢！

当然，由于时间仓促，一些问题可能考虑得不够全面和成熟，论述也可能不够深入，难免有些许不足之处，还望各界同仁及专家、读者不吝斧正。

编　者

2013 年 10 月